海底隧道盾构施工风险控制

Risk Control in Shield Tunnelling Construction of Subsea Tunnels

孟 康
钟林志 著
卢立宇

化学工业出版社
·北京·

内容简介

《海底隧道盾构施工风险控制》系统梳理了海底隧道盾构施工风险控制的理论与方法，结合国内外在该领域的最新研究成果与工程实践，从风险识别、评估、控制等多维度展开深入探讨。书中详细介绍了累积风险、脆弱性理论及系统动力学等先进理论在海底隧道施工风险控制中的应用，通过构建风险传导机制模型，揭示了风险在施工过程中的动态演化规律，为风险管理者提供了科学的理论依据和实用的分析工具。本书不仅注重理论创新，而且强调实践指导价值。通过实际案例分析，展示了如何运用系统动力学模型对海底隧道盾构施工风险进行动态评估与控制，验证了模型的有效性和实用性。

本书适用于工程管理等专业科研人员、研究生等学习参考，同时可帮助工程管理人员和项目决策者提高风险管理水平。

图书在版编目（CIP）数据

海底隧道盾构施工风险控制 / 孟康，钟林志，卢立宇著. -- 北京 ：化学工业出版社，2025. 12. -- ISBN 978-7-122-49584-6

Ⅰ. U455. 49

中国国家版本馆 CIP 数据核字第 2025LD7593 号

责任编辑：刘丽菲

责任校对：刘　一　　　　装帧设计：刘丽华

出版发行：化学工业出版社

（北京市东城区青年湖南街 13 号　邮政编码 100011）

印　　装：河北延风印务有限公司

710mm×1000mm　1/16　印张 11　字数 214 千字

2026 年 4 月北京第 1 版第 1 次印刷

购书咨询：010-64518888　　售后服务：010-64518899

网　　址：http://www.cip.com.cn

凡购买本书，如有缺损质量问题，本社销售中心负责调换。

定　　价：78.00 元

前言

在我国积极推进“交通强国”战略、“一带一路”倡议的大背景下，基础设施建设领域正迎来前所未有的黄金发展期。交通基础设施作为国家发展的“大动脉”，其建设水平直接关系到区域经济的协同发展、国家战略的有效实施以及人民群众生活质量的提升。在众多交通基础设施建设项目中，海底隧道以其独特的优势脱颖而出——它不仅能够极大地缩短海峡两岸的时空距离，打破地理隔阂，促进区域间人流、物流、信息流的高效流通，而且在国家安全保障、战略资源调配以及国防建设等方面发挥着关键作用。

然而，海底隧道建设绝非易事。其施工过程面临着诸多复杂且严峻的挑战：地质条件变幻莫测，可能遭遇断层、软土、高压水等不利因素；海洋环境恶劣，海水腐蚀、潮汐作用、台风等自然灾害随时可能对施工造成影响；施工空间受限，作业难度大，对施工技术、设备和管理水平都提出了极高的要求。这些因素相互交织，使得海底隧道建设成为一项高风险、高难度的工程，任何一个环节出现疏忽，都可能引发严重的安全事故，造成巨大的人员伤亡和财产损失，甚至影响整个工程的进度和质量。因此，全面而有效的风险管理成为确保海底隧道施工安全、质量和进度的重中之重。

《海底隧道盾构施工风险控制》旨在系统梳理海底隧道盾构施工风险控制的理论与方法，将国内外在该领域的最新研究成果与工程实践经验相结合，为海底隧道施工风险控制提供一套科学、全面、实用的建议方案。本书不仅深入总结了国内外海底隧道建设的成功经验和技术成果，而且紧跟时代步伐，引入了累积风险、脆弱性分析、系统动力学等先进理论和方法，对海底隧道施工过程中的风险识别、评估、控制等关键环节进行了深入细致的探讨。通过构建一套完整的风险管理框架，本书为海底隧道施工风险控制提供了新的视角和工具，有助于提升风险管理的科学性和精准性。

本书由西华大学建筑与土木工程学院孟康统筹本书的编撰工作，具体包括：整体框架设计、理论体系构建、案例项目遴选与整合、实证数据分析处理及核心研究结论提炼等关键环节。四川省科源建设工程质量检测鉴定有限公司钟林志负责基础研究支撑工作，主要涵盖：国内外文献系统性梳理、调查问卷优化设计、行业市场动态调研以及模型验证数据分析等。西华大学建筑与土木工程学院卢立宇专注于量化研究部分，具体承担：问卷数据深度分析、统计模型构建与优化及研究数据的可视化处理等工作。

著　者

2025 年 11 月

目录

第一部分　基础理论与研究概览

第二部分 风险传导机制

第三章 海底隧道盾构施工风险因素 // 052

第四章 基于脆弱性的累积风险动态评估 // 092

第三部分 风险控制与工程实践

第五章 系统动力学在风险控制中的应用 // 105

第一部分

基础理论与研究概览

第一章　海底隧道工程概述

第一节 盾构施工技术发展历程

一、盾构法施工

盾构法的发明历程堪称工程仿生学的经典范例。19 世纪初，法国工程师 Brunel 在观察船蛆的钻孔行为时获得重要启示。这种海洋软体动物通过其前端特化的贝壳锉状嵴进行机械钻孔，同时分泌含有碳酸钙的黏液构建管状衬砌，完美解决了钻孔过程中的结构稳定问题。Brunel 将这一自然智慧工程化，于 1818 年成功研制出世界首台矩形盾构机并获得专利，其设计采用了 36 个独立工作舱的蜂窝状结构，每个工作舱都配有可调节的支护板，这一创新理念彻底改变了传统隧道施工方式。1825 年，这项革命性技术在伦敦泰晤士河隧道工程中首次得到应用，该工程穿越复杂的水下地层，历时 18 年最终建成，开创了盾构法在水底隧道建设中的先河。1886 年，英国工程师 Greathead 在伦敦地下铁路南线工程中取得重大突破，他不仅首次将圆形盾构引入实际工程，还创新性地采用压缩空气平衡地下水压力，开发出铸铁管片衬砌系统，这三项核心技术构成了现代盾构机的雏形，为此后盾构技术的发展奠定了坚实的理论基础和实践框架[1]。

盾构法是一种利用盾构机械进行掘进的施工方法，它结合了土体开挖、出渣、管片拼装和注浆等多个步骤，具有高度机械化和暗挖的特点。在掘进过程中，顶端切削装置用于开挖土体，出渣机械负责将废土排出，而尾端千斤顶则通过加压的方式推动盾构前进。同时，在掘进的过程中，通过拼装预制管片和注浆形成衬砌，最终实现隧道结构的形成。图 1.1 为盾构法施工的示意图[2]。

盾构法施工是一个高度集成化、智能化的系统工程，其成功实施依赖于六大核心系统的协同运作与精确配合。这六大系统包括推进系统、挖掘系统、出土系统、支撑稳定系统、拼装注浆系统和后配套系统，每个系统都具有独特的功能和先进的技术特点。

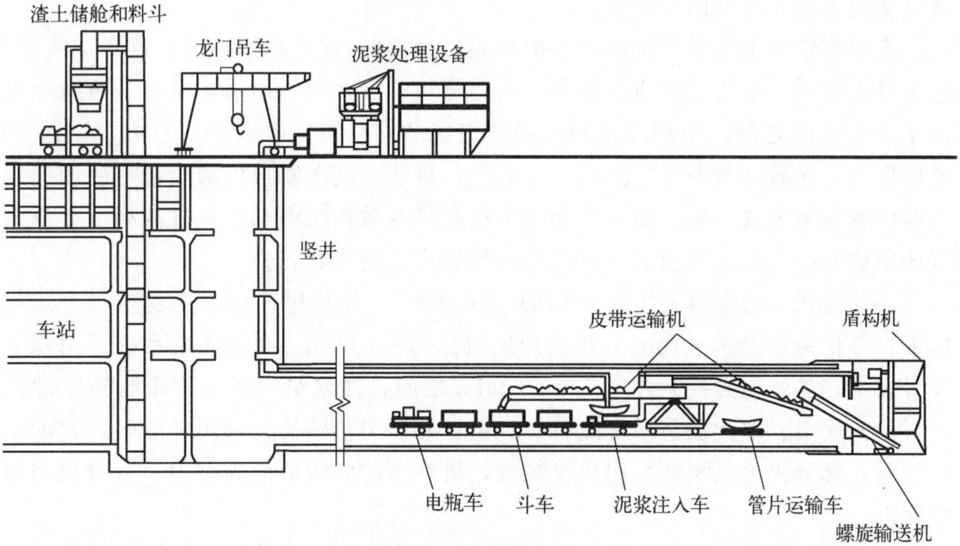

图 1.1　盾构法施工的示意图

推进系统作为盾构机的“动力心脏”，采用分布式液压千斤顶集群设计，通常配置 16～32 组大推力液压千斤顶，每组千斤顶可独立控制压力和行程。现代先进的推进系统配备有智能压力感应装置和计算机同步控制系统，能够实时监测并调整各千斤顶的推力，确保盾构机以毫米级精度向前推进。推进力通过千斤顶传递至已拼装的预制混凝土管片上，形成反作用力系统。为保护管片使其不受损坏，千斤顶顶靴采用特殊设计的压力分布板，确保接触压力均匀分布。推进速度可根据地质条件智能调节，一般在 20～50mm/min 范围内变化，在复杂地层中可实现更精确的速度控制。

挖掘系统是盾构机的“开路先锋”，其核心部件是重型合金钢刀盘。刀盘直径根据工程需求从 3～18m 不等，采用辐条式或面板式设计。刀盘上安装有可更换的各类刀具，包括用于硬岩地层的滚刀、软土地层的刮刀以及适应复合地层的先行刀等。刀盘由大功率变频电机驱动，功率范围从 1000～5000kW 不等，转速可根据地层条件在 20～60r/min 之间智能调节。先进的刀盘设计还集成有磨损监测系统，可以实时监测刀具磨损情况。在刀盘后方设有搅拌装置，用于将开挖土体与添加剂充分混合，改善土体的流动性和可塑性。

出土系统是盾构施工的“物流通道”，根据不同的盾构类型采用不同的配置。土压平衡式盾构主要采用变频调速的螺旋输送机，其直径通常在 600～1200mm 之间，通过调节转速来控制出土量，维持压力舱内的土压平衡。泥水式盾构则配备高压泥浆泵和管道输送系统，泥浆流量可达 200～500m^3/h。现代出土系统还配备有渣土计量装置和成分分析仪，可以实时监测出土量和土质变化，为施工参数调整提供依据。在隧道内，渣土通过电瓶机车或连续皮带输送机运至井口，再通过龙门吊提升至地面处理场。

支撑稳定系统是盾构机的“保护外壳”，由高强度钢结构组成。这个“盾壳”通常分为前盾、中盾和尾盾三部分，采用分块式设计便于运输和组装。盾壳厚度在 40～80mm 之间，由环形梁和纵向梁组成的网格结构可承受 0.3～0.6MPa 的地层压力。在盾壳与地层之间设有注浆孔，可注入润滑浆液以减少推进阻力。尾盾处设有密封装置，防止地下水和注浆材料进入盾构机内部。先进的稳定支撑系统还集成有应力监测传感器，可以实时掌握盾壳受力状态。

拼装注浆系统是隧道永久结构的“建造者”。管片拼装机采用真空吸盘式机械手，定位精度可达±1mm，拼装速度可达 4～6 片/h。同步注浆系统采用双液注浆技术，注浆压力控制在 0.2～0.5MPa 之间，注浆量一般为理论建筑空隙的 120%～150%。现代注浆系统配备有流量计和压力传感器，可实现注浆过程的精确控制。部分先进系统还采用速凝浆液，可在短时间内形成支撑力，有效控制地层变形。

后配套系统构成完整的“后勤保障链”。隧道内运输采用电瓶机车编组，牵引力 50～100kN，配备防撞系统和自动调度系统。地面设置龙门吊，起重量 20～50t，用于管片和材料的垂直运输。地面监控中心配备先进的数据采集与监视控制系统，可实时显示盾构机各项运行参数，实现远程监控和智能预警。

盾构法的工程适用性体现在多个方面：在城市中心区建设中，其先进的地层变形控制技术可将地表沉降控制在 3mm 以内，确保邻近建筑物的安全。这种特性使其特别适合在建筑物密集区（如距隧道边缘 3m 内有重要建筑物）和交通繁忙区域（如城市主干道下方）施工。在深埋隧道领域，盾构法可以轻松实现 30～50m 的埋深要求，有效避开地下管网密集区，且不需要进行大规模的地面开挖。对于长度超过 5km 的长距离隧道，盾构法凭借其机械化程度高、施工速度快的优势，可实现 10～30m/d 的进尺，大大缩短工期。在复杂地层条件下，通过配置复合刀盘、超前地质预报和土体改良系统，盾构法能够有效应对上软下硬、富水砂层、孤石群等不良地质情况。在水下隧道工程中，压力平衡技术可抵御 0.6MPa 的水压，已成功应用于最大水深 60m 的跨海通道建设，展现出卓越的安全性和经济性。

然而，盾构法也并非适用于所有的隧道工程施工，盾构法的选用需要满足以下基本条件[3]：

① 隧道线路上有条件建造工作井以用于盾构机、材料、渣土的进出；

② 隧道间或与其他建（构）筑物间所夹土（岩）体加固处理的最小厚度，竖直方向不得小于 1.5m，水平方向不得小于 1m；

③ 隧道满足最小覆土深度要求，不宜小于 6m；

④ 地质条件相对均质；

⑤ 除了特殊情况外，隧道连续施工长度不小于 300m。

二、盾构机简介

盾构机是一种采用盾构法进行隧道掘进，集土（岩）体开挖、渣土输送、同步注浆、渣土改良、管片拼接、测量导向等功能于一体的专用工程施工机械。

盾构机按其工作原理分为敞开式和闭胸式，具体分类如图 1.2 所示。

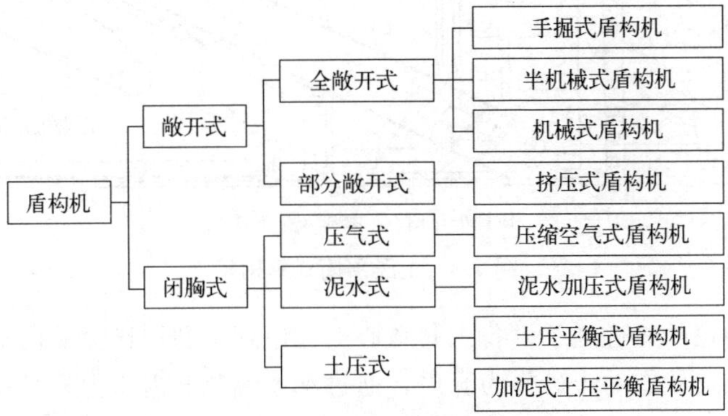

图 1.2　盾构机的分类

三、盾构施工工艺

盾构法是隧道工程中常用的施工方法之一，其核心设备盾构机是一种集开挖、支护、推进、衬砌安装等功能于一体的智能化隧道施工机械。盾构机的设计必须紧密结合具体隧道工程的特点，包括隧道断面尺寸、线路走向、埋深要求等参数，同时需要全面考虑施工环境的多重因素：地形地貌决定了盾构机的推进方式和出土方案；地质条件直接影响刀盘选型、刀具配置和支护压力设定；水文特征关系到防水设计和降水措施；施工影响范围内的建（构）筑物和地下管线则对地表沉降控制提出严格要求。这些因素的复杂性决定了每台盾构机都是针对特定工程的“定制化”产品。

随着盾构机制造技术的日益成熟，现代工程中普遍采用闭胸式盾构机，这种机型通过在开挖面建立主动支护压力来有效控制地层变形。其中，土压平衡式盾构机通过调节螺旋输送机的出土量和推进速度来维持密封舱内的土压平衡，特别适用于黏性地层；泥水加压式盾构机则通过循环泥浆系统在开挖面形成泥膜来平衡水土压力，更适用于渗透性大的砂性地层或高水压条件。这两种机型凭借其可靠的地层适应性、精确的沉降控制能力和较高的施工效率，已成为当前城市隧道建设的主力机型，广泛应用于地铁、综合管廊、越江隧道等工程领域。

1. 土压平衡式盾构机

土压平衡式盾构机如图 1.3 所示，是一种通过精确控制压力舱内土体状态来

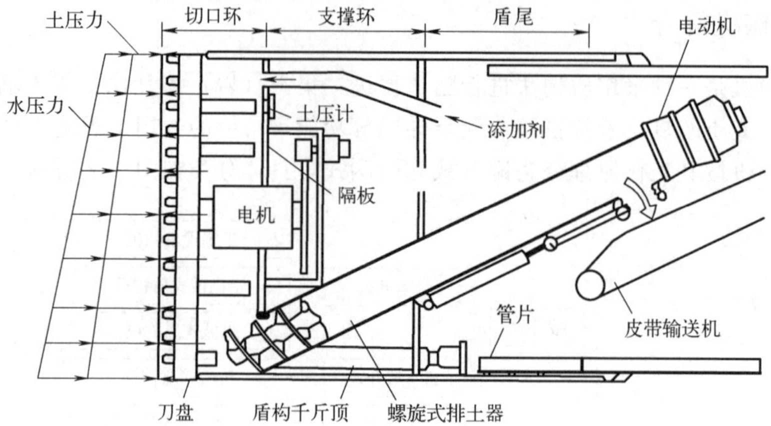

图 1.3　土压平衡式盾构机

实现开挖面稳定的先进施工设备。其核心工作原理是利用压力舱内经过充分搅拌后处于塑性流动状态的土砂作为介质，通过动态调节舱内压力来平衡掌子面的土压力和水压力。这一平衡过程主要通过两个关键系统协同完成：一是推进系统，通过调节盾构千斤顶的推进速度和推力来增加舱内压力；二是排土系统，借助可调速的螺旋输送机控制排土量来降低舱内压力。当开挖面的水土压力与舱内压力达到动态平衡时，就能有效防止掌子面坍塌或地表过量沉降。

土压平衡式盾构机的技术优势主要体现在以下几个方面：首先，由于采用主动压力控制机制，能够显著减少地层扰动，从而有效减小地表沉降，特别适用于城市密集区等对沉降敏感的环境；其次，该机型具有高度机械化和自动化的特点，从开挖、渣土改良到管片拼装均可实现智能化控制，大幅减少人工干预；再次，其施工效率高，掘进、支护、衬砌等工序可同步协调推进，使隧道施工周期明显缩短。正因如此，土压平衡式盾构机已成为软土、黏土地层及复合地层隧道施工的首选机型。

2. 泥水加压式盾构机

泥水加压式盾构机如图 1.4 所示，是一种以泥浆作为压力传递介质的先进隧道掘进设备。其核心工作原理是通过循环系统将特殊配制的泥浆注入密封的压力舱内，利用泥浆的可压缩性和流动性形成均匀的压力场，通过精确调节泥浆压力使其与掌子面的土压力和水压力保持动态平衡。这种以液体为介质的压力控制方式具有显著的工程优势：泥浆的压力传递速度远快于土压平衡式盾构机采用的塑性土体，能够实现毫秒级的压力响应；液体压力的各向同性特征确保了掌子面各部位的支护力均匀分布，有效避免了局部应力集中导致的失稳风险。

泥水加压式盾构机的技术特点使其在特定工程条件下具有不可替代的优势。对于大断面隧道工程（直径 10m 以上），泥浆压力系统的均布特性能够确保超大

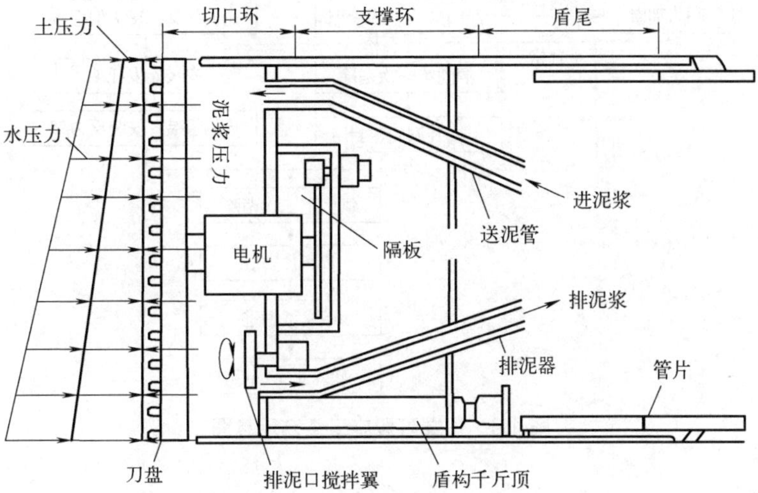

图 1.4　泥水加压式盾构机

开挖面的整体稳定；在高水压地层（如过江过海隧道）施工中，其出色的承压性能可有效抵抗地下水的渗透压力。然而，该机型也存在着明显的局限性：首先，需要配备庞大的泥浆制备、循环和分离处理系统，包括泥浆搅拌站、旋流分离器和压滤设备等，这些附属设施不仅大幅增加了初期设备投入（约比土压平衡式高出 30%～50%），还显著提高了运行能耗和维护成本；其次，泥浆处理过程会产生大量废弃浆液，在环保要求严格的地区还需额外配置处理设施。这些因素使得泥水加压式盾构机的经济性评估成为工程选型时的重要考量因素。

盾构施工工艺示意图见图 1.5，其中始发阶段施工工艺示意图见图 1.6，正常掘进阶段施工工艺示意图见图 1.7，盾构接收阶段施工工艺示意图见图 1.8。

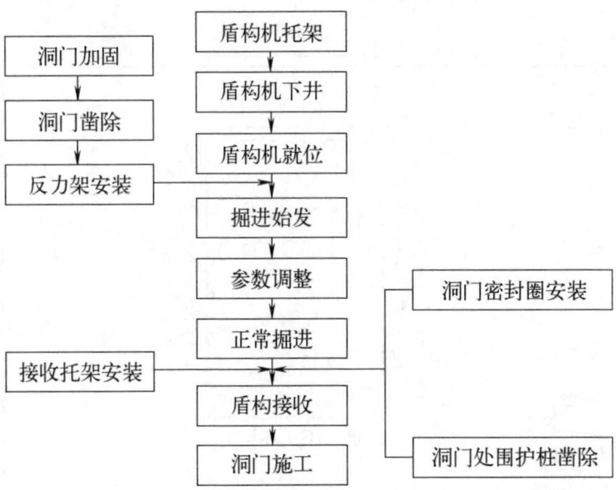

图 1.5　盾构施工工艺示意图

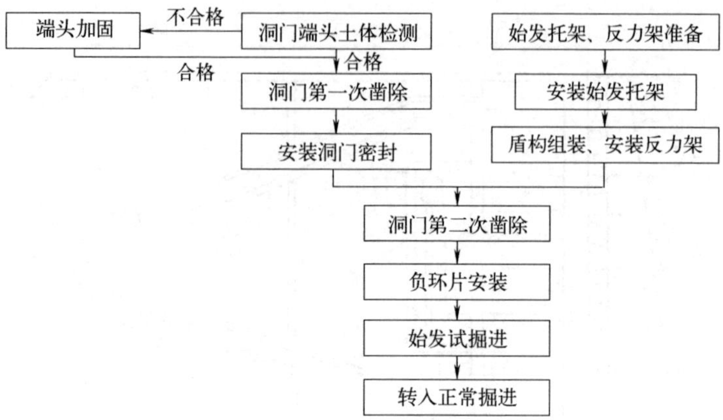

图 1.6　始发阶段施工工艺示意图

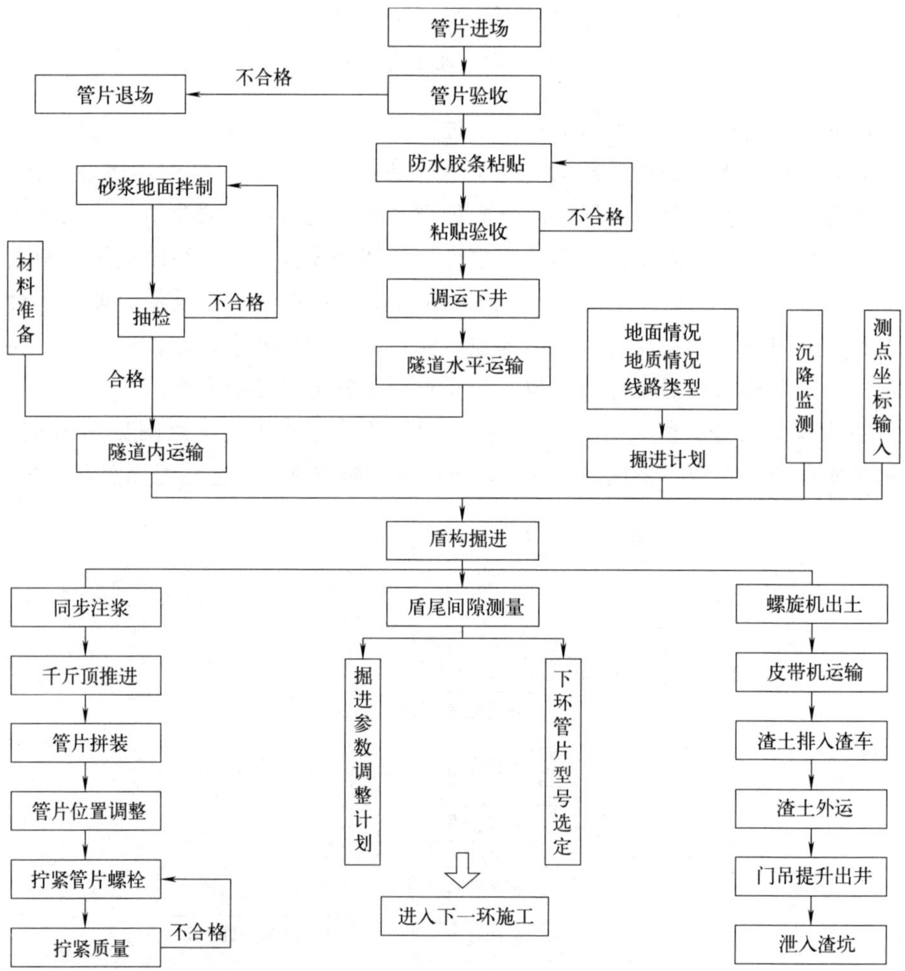

图 1.7　正常掘进阶段施工工艺示意图

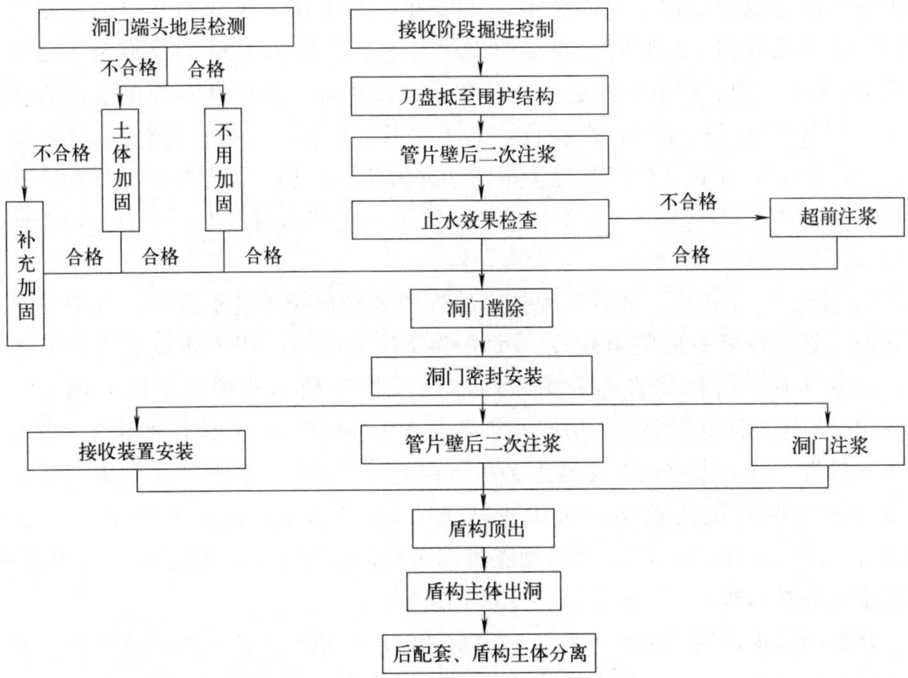

图 1.8　盾构接收阶段施工工艺示意图

第二节 海底隧道工程的发展与挑战

一、海底隧道工程的发展

当今，海峡或海湾海岸之间的交通共有四种主要形式——航空、轮渡、桥梁以及海底隧道。其中，航空运输虽然快捷，但受天气条件影响显著，在台风、大雾等恶劣天气下往往被迫停航；轮渡运输虽然运载量大，但同样面临风浪限制，且航速较慢、耗时较长；桥梁建设虽然能提供稳定通行，但在极端天气下可能封闭，且对船舶通航和生态环境影响较大。相比之下，海底隧道具有诸多独特优势：其地下结构几乎不占用海面空间，完全不影响航道通行；施工和运营对海洋生态环境干扰较小；抗震性能优越，在强震条件下仍能保持结构完整性；具有重要的战略价值，在战时不易被破坏。这些显著优势使得海底隧道成为跨海交通建设的首选方案，特别适用于航运繁忙、环境敏感或地震多发区域。

人类对海底隧道的探索实践始于 20 世纪 30 年代，经过近一个世纪的发展，全球已有包括日本、英国、挪威、法国、美国、澳大利亚、丹麦、冰岛和中国在内的多个国家成功建造了海底隧道。1936 年，日本在下关和北九州之间建成的关门海峡隧道开创了海底隧道建设的先河，这条全长 3.6km 的隧道至今已安全运营 80 余年，为后续海底隧道建设积累了宝贵经验。1988 年通车的日本青函隧道更是将海底隧道技术推向新高度，这条全长 53.85km 的海底隧道，其海底段长达 23.30km，穿越津轻海峡连接本州和北海道，采用了当时先进的盾构法和钻爆法施工技术。这些工程实践不仅推动了隧道工程技术的发展，也为全球海底隧道建设提供了重要参考。

20 世纪 70 年代后，随着工程技术的进步和经济全球化的发展，西方发达国家开始大规模探索海底隧道建设。其中最具代表性的工程当属英法海峡海底隧道，这条具有划时代意义的跨国铁路隧道连接英国和法国两大欧洲国家，于 1987 年 12 月 1 日正式动工，历时 6 年多，于 1994 年 5 月 6 日开通运营。隧道选址于多佛港与加来港之间，穿越著名的英吉利海峡最窄处。整个工程由三条平行隧道组成（两条主隧道和一条服务隧道），全长 50.50km，其中海底段长达 37.90km。该工程采用了 11 台巨型隧道掘进机同时作业，攻克了复杂地质条件、高压渗水等技术难题，总投资高达 150 亿英镑[4]。

北欧国家挪威则以数量取胜，成为全球海底隧道建设的典范。挪威位于斯堪的纳维亚半岛西部，其独特的地理特征为海底隧道建设提供了天然需求：南北狭长的领土轮廓（长达 1750km）、曲折多变的海岸线（总长超过 2.5×10^4km）、深邃的峡湾地貌（最深处达 1300m）以及星罗棋布的近海岛屿（总数超过 5 万个）。挪威自 20 世纪 80 年代起就大力推动海底隧道建设，截至 2023 年，挪威已建成 40 多座海底隧道，总里程突破 240km，是全球海底隧道数量最多的国家。这些隧道以公路隧道为主，其中著名的包括：全长 14.3km 的松恩峡湾隧道（最大水深达 287m）、7.9km 的北峡湾隧道以及 5.7km 的大西洋隧道等。挪威在海底隧道建设中积累了丰富的经验，特别是在应对高压渗水、深海施工等方面形成了独特的技术体系[5]。

随着全球化进程的不断推进和区域经济一体化程度的日益加深，世界各国之间的互联互通需求呈现出前所未有的增长态势。在这一时代背景下，海底隧道作为连接隔海相望国家或地区的关键交通基础设施，正在全球范围内掀起新一轮的建设高潮。其中最具代表性的当属对马海峡隧道项目，这一构想最早可追溯至 20 世纪 30 年代，经过长达半个多世纪的可行性研究和前期筹备，最终于 1986 年正式进入实质性施工阶段。该隧道项目以其空前的工程规模、前所未有的技术难度和重要的战略意义，被视为 21 世纪最具挑战性的超级工程之一。从工程规划来看，对马海峡隧道采用创新的分段式建设方案，从日本九州岛北部的唐津市出发，依次穿越五个关键性工程区段：首先是长约 30km 的壹岐海峡海底段，接着是长约 15km 的壹岐岛地下段，然后是最具挑战性的长约 70km 的对马海峡主海底段，之后是长约 50km 的对马岛地下段，经长约 50km 的朝鲜海峡海底段和长约 35km 的巨济岛地下段，最终抵达韩国釜山市，全程总长约 250km。这一精心设计的线路充分利用了沿途岛屿作为天然的施工中继站和通风竖井位置，不仅显著降低了整体施工难度，更为后期运营维护提供了极大便利。在工程技术层面，该项目采用双洞单线的创新设计方案，两条平行主隧道的内径均达 11m，分别承担不同方向的运输任务。其中一条隧道专门用于高速电气化铁路运营，设计时速可达 250km；另一条则作为高速公路通道，可通行各类大型货运车辆。隧道最深处位于对马海峡段，该处海底覆盖层厚度超过 300m，水压达到惊人的 3MPa，对施工技术和材料性能提出了极高要求。为应对这一系列世界级工程难题，项目团队创新性地采用了“盾构法＋钻爆法”的混合施工工艺，并特别研发了耐高压、智能化的隧道掘进设备系统。从更宏观的角度来看，对马海峡隧道不仅是一项划时代的交通基础设施工程，更是东北亚区域经济合作的重要物理纽带。如果该项目建成运营，将把日本与韩国之间的运输时间从现在的海运 10h 大幅缩短至仅需 2h，必将显著促进两国的贸易往来、旅游交流、文化互动等。同时，该项目的实施还为未来可能的日韩海底电网互联、通信光缆共建等配套基础设施建设提供了共享通道，具有深远的区域发展战略意义。尽管目前工程仍面临着巨额资金筹措、复杂技术攻关、跨国协调管理等现实挑战，但其展现的工程雄心和技术创新已经为全球海底隧道建设领域树立了新的标杆，必将推动相关技术的发展和突破。

如今已经不乏洲际海底隧道的案例，其中最引人注目的当数土耳其伊斯坦布尔境内的马尔马雷隧道。这条划时代的交通大动脉不仅是世界上第一条直接连接亚洲和欧洲大陆的海底隧道，更是人类突破地理阻隔的杰出典范。马尔马雷隧道于 2013 年 10 月 29 日正式通车，其工程总长度达 13.60km，其中穿越博斯普鲁斯海峡的海底段长度为 1.40km，隧道最深处位于海平面以下 60m 处。该工程采用了创新技术——沉管隧道技术，由 11 节长 135m、宽 15.3m、高 8.6m 的巨型预制管段在海底拼接而成，可同时容纳电气化铁路和城市地铁系统运营。马尔马雷隧道的成功建设具有深远的战略意义，它不仅实现了伊斯坦布尔亚欧两部分的无缝连接，更从工程实践层面验证了洲际铁路联网的可行性。从理论上讲，随着未来更多洲际海底隧道的建成，火车完全有可能成为往返于中国和英国之间的交通方式，届时从北京乘坐高铁经中亚、欧洲大陆直达伦敦的“钢铁丝绸之路”将成为现实。目前，多个更具雄心的洲际隧道项目正在规划设计中，其中包括连接俄罗斯和美国阿拉斯加、贯通欧亚美三大洲的白令海峡海底隧道（全长约 103km），以及连通非洲摩洛哥和欧洲西班牙、跨越直布罗陀海峡的海底隧道（全长约 28km）。这些超级工程虽然面临极端气候条件、复杂地质构造、巨额资金投入等严峻挑战，但相关国家正在积极开展国际合作，共同推进前期勘测和技术研发工作。一旦建成，这些洲际隧道将彻底改写全球交通格局，大大缩短各大洲之间的时空距离，为世界经济一体化发展提供强有力的基础设施支撑[6]。

相对于国外的发展进程，我国的海底隧道建设起步相对较晚，但发展迅速。1969 年开工建设的香港红磡海底隧道是我国第一条现代化海底隧道，这条全长 1.90km 的跨海通道于 1972 年建成通车，采用沉管法施工技术，至今仍是世界上繁忙的海底隧道之一，日均车流量超过 12 万辆次[7]。改革开放以来，随着国民经济的快速发展和基础设施建设的持续推进，我国在海底隧道工程领域取得了长足进步。特别是在 2000 年后，随着港珠澳大桥海底隧道、深中通道海底隧道等超级工程的相继建设，我国已跻身世界海底隧道建设强国行列。

从区域经济发展角度看，我国沿海地区依托得天独厚的地理位置和改革开放政策红利，逐步形成了三大世界级经济圈。长三角经济圈以上海为龙头，涵盖江苏、浙江、安徽三省，紧邻东海，面向太平洋，是我国对外开放的重要门户。该区域以全国 2.2%的国土面积创造了近 1/4 的 GDP，贡献了全国 1/3 的进出口总额，在集成电路、生物医药、人工智能等高新技术产业领域具有全球影响力。珠三角经济圈以粤港澳大湾区为核心，濒临南海，包括广州、深圳等 9 个内地城市和香港、澳门两个特别行政区，是我国经济活力最强、开放程度最高的区域之一，在电子信息、智能制造、金融服务等领域具有突出优势。环渤海经济圈以京津冀为核心，涵盖辽宁、山东等省份，地处我国东部沿海北部，在重化工业、装备制造、港口物流等方面具有重要地位。这三大经济圈以全国 5%的国土面积聚集了 40%的人口，创造了 50%以上的 GDP，是我国经济发展的核心引擎。

然而，随着我国经济由高速增长阶段转向高质量发展阶段，原有的经济增长模式面临诸多挑战，其中交通基础设施的短板尤为突出。我国拥有 18000 多公里的大陆海岸线和 14000 多公里的岛屿岸线，海岸线总长度位居世界前列。这些蜿蜒曲折的海岸线和星罗棋布的岛屿在形成壮丽海景的同时，也造成了沿海交通的天然阻隔。以《国家高速公路网规划（2013—2030 年）》中的沈海高速公路（G15 线）为例，这条纵贯我国东部沿海的交通大动脉北起辽宁沈阳，南至海南海口，全长 3710km，是“71118”国家高速公路网中 11 条南北纵线中最长的一条，也是唯一一条串联环渤海、长三角和珠三角三大经济圈的高速公路。然而，由于渤海海峡和琼州海峡两大天然屏障的存在，G15 线至今未能实现全线贯通。在渤海海峡段，车辆需要绕行数百公里或依赖轮渡；在琼州海峡段，轮渡运输效率低下且受天气影响大。这不仅大幅增加了物流成本（据测算，绕行渤海海峡每年增加运输成本约 150 亿元），也严重制约了区域经济一体化进程[8]。

要破解这一发展瓶颈，加快跨海通道建设势在必行。从国际经验看，海底隧道具有全天候通行、运输效率高、环境影响小等显著优势。以日本青函隧道等成功案例为借鉴，我国正在积极推进渤海海峡跨海通道、琼州海峡通道等重大工程的前期研究工作。这些项目建成后，将彻底打通沿海交通大动脉，实现三大经济圈的高效互联互通。以渤海海峡通道为例，项目建成后可将东北地区与山东半岛的陆路距离缩短 1000 多公里，年节约运输成本超过 200 亿元，对推动东北振兴和区域协调发展具有重要意义。同时，这些重大工程也将带动新材料、高端装备制造、智能施工等产业的发展，为经济高质量发展注入新动能。

从更宏观的视角看，加快海底隧道建设是完善国家综合立体交通网的重要举措。根据《国家综合立体交通网规划纲要》，到 2035 年，我国将基本建成便捷顺畅、经济高效、绿色集约、智能先进、安全可靠的现代化高质量国家综合立体交通网。在这一蓝图中，海底隧道作为连接陆岛、跨越海峡的关键节点，将在沿海交通走廊建设中发挥不可替代的作用。特别是在当前构建新发展格局的背景下，畅通国内大循环、促进国内国际双循环，都离不开现代化交通基础设施的支撑。因此，加大海底隧道等重大交通基础设施投资，既是应对当前经济下行压力的有效手段，更是夯实高质量发展基础的长远之策。

需要特别指出的是，我国海底隧道建设虽然起步较晚，但通过引进消化吸收再创新，已经形成了具有自主知识产权的技术体系。在港珠澳大桥海底隧道建设中，我国工程师首创了“半刚性”沉管结构，攻克了深水沉管安装的世界级难题；在深中通道建设中，研发了世界首艘沉管浮运安装一体船，实现了海底隧道建设的智能化、标准化。这些技术创新不仅保障了工程顺利实施，也为后续更大规模的海底隧道建设积累了宝贵经验。展望未来，随着渤海海峡通道、琼州海峡通道等超级工程的规划建设，我国海底隧道建设将迎来新的发展高潮，为交通强国建设提供有力支撑。

进入 21 世纪，我国海底隧道建设迎来了跨越式发展，在工程技术、建设规模和创新能力等方面取得了举世瞩目的成就，为东部沿海地区基础设施的完善和区域经济协调发展提供了有力支撑。2005 年开工建设的厦门翔安隧道具有里程碑意义，作为我国大陆首条自主设计施工的海底隧道，全长 8.70km，其中海底段 6.05km，采用钻爆法施工，克服了复杂地质条件和海水渗透等难题。该工程于 2010 年建成通车，将厦门本岛与翔安区的车程从 1h 多缩短至 15min，不仅极大改善了当地交通条件，而且带动了区域经济一体化发展，使翔安区迅速崛起为厦门新的经济增长极[9-10]。2018 年通车的港珠澳大桥海底隧道则标志着我国海底隧道建设技术达到世界领先水平。这条全长 6.7km 的沉管隧道采用 33 节巨型沉管在 40m 深的海底精准对接而成，创造了多项世界纪录。作为粤港澳大湾区的重要交通枢纽，港珠澳大桥与 G4 京港澳高速公路相连，将香港、澳门与珠三角核心城市的通行时间缩短至 1h 以内，对促进区域融合发展具有战略意义。

据统计，目前我国已建成、在建和规划中的海底隧道已达 21 条（详见表 1.1），包括青岛胶州湾海底隧道、深中通道海底隧道等重大工程，形成了从渤海湾到南海的沿海隧道网络。这些工程在施工技术上也实现了多元化发展，既有传统的钻爆法，又有先进的盾构法和沉管法，特别是在复杂地质条件下的隧道建设、深水作业装备研发等方面取得重大突破。值得一提的是，我国海底隧道建设已从最初的单纯交通功能，发展到集交通、市政、防灾等多功能于一体的复合型工程，如上海长江路隧道就创新性地采用了双层设计，上层通行车辆，下层布设市政管线。随着“交通强国”战略的深入实施，我国海底隧道建设正朝着更长、更深、更智能的方向发展，为区域经济高质量发展提供坚实的交通保障。

表 1.1　中国海底隧道一览表

序号	隧道名称	穿越海域	地区	全长/km	海底段/km	开工时间	通车时间	施工方法	服务类型
1	香港红磡海底隧道	维多利亚港航道	香港	1.90	1.60	1969	1972	沉管法	公路隧道
2	高雄港过港隧道	高雄港航道	台湾	1.55	0.72	1981	1984	沉管法	公路隧道
3	香港东区海底隧道	维多利亚港航道	香港	4.00	2.20	1986	1989	沉管法	公铁两用
4	香港西区海底隧道	维多利亚港航道	香港	2.00	1.40	1993	1997	沉管法	公铁两用
5	厦门翔安隧道	厦门东侧海域	厦门	8.70	6.05	2005	2010	钻爆法	公路隧道
6	仑头—生物岛隧道	仑头海	广州	1.11	0.28	2005	2010	沉管法	公路隧道
7	青岛胶州湾海底隧道	胶州湾海域	青岛	7.80	4.10	2006	2011	钻爆法	公路隧道
8	狮子洋海底隧道	狮子洋海域	深圳 东莞	10.80	4.30	2006	2012	盾构法	铁路隧道
9	舟山沈家门港海底隧道	沈家门渔港至鲁家峙岛水道	舟山	0.39	0.22	2008	2014	沉管法	行人隧道
10	港珠澳大桥海底隧道	珠江口航道（伶仃洋）	香港 澳门 珠海	6.70	5.70	2009	2018	沉管法	公路隧道
11	厦门轨交 2 号线海底隧道	厦门西海域	厦门	2.70	2.10	2014	2019	钻爆法 盾构法	轨道交通
12	厦门轨交 3 号线海底隧道	同安湾口海域	厦门	4.95	3.60	2015	2021	钻爆法 盾构法	轨道交通
13	海沧海底隧道	厦门西海域	厦门	6.30	2.80	2015	2021	钻爆法	公路隧道
14	汕头海湾隧道	汕头海湾	汕头	6.68	3.05	2015	2022	盾构法	公路隧道
15	深中通道海底隧道	伶仃海域	深圳 中山	24.00	7.00	2015	2024	盾构法 沉管法	公路交通
16	大连地铁 5 号线海底隧道	梭鱼湾海域	大连	2.88	2.31	2017	2023	盾构法	轨道交通
17	大连湾海底隧道	大连湾海域	大连	4.80	3.60	2018	2023	沉管法	公路隧道
18	青岛第二海底隧道	胶州湾海域	青岛	15.90	11.20	2020	2027（预计）	盾构法 钻爆法	公路隧道
19	渤海海峡跨海通道	渤海海峡	烟台 大连	125.00	—	拟建	—	—	公铁两用
20	台湾海峡跨海通道	台湾海峡	福建 台湾	125.00	—	拟建	—	—	铁路隧道
21	琼州海峡跨海通道	琼州海峡	广州 海南	30.00	—	拟建	—	—	铁路隧道

二、海底隧道工程的挑战

海底隧道作为人类工程史上的伟大创举，在为人们出行带来革命性便利的同时，其建设过程也伴随着巨大的工程风险和挑战。由于海底隧道建设工程量巨大（通常投资数十亿至数百亿元）、施工周期长（一般需要 5～10 年）、地质条件复杂（需穿越多种岩层和断裂带），施工环境异常复杂，技术难度极高。在海底数十米甚至上百米的水压作用下，隧道建设面临渗水、塌方、设备故障等多重风险，对施工安全构成严重威胁[11]。据统计，全球海底隧道建设事故率是陆地隧道的 3～5 倍，主要风险包括：高压渗水、掌子面失稳、设备故障和其他意外。这些风险不仅可能造成人员伤亡和财产损失，还会导致工程延期和成本超支。

日本青函海底隧道的建设历程堪称人类工程史上的艰难挑战之一，这条连接本州与北海道的海底隧道在 1971—1988 年的建设期间，遭遇了前所未有的工程风险和施工困境。隧道全长 53.85km，其中海底段 23.3km，最大水深 140m，穿越复杂的地质构造带，包括火山岩层、断层破碎带和高压含水层等多种不利地质条件。在施工过程中，工程团队遭遇了 4 次灾难性的大规模渗水事故，其中最严重的是 1976 年 5 月发生在津轻海峡主航道下方的渗水事故，当时掌子面突然涌出高压水流，瞬时流量达到 80t/min，相当于每秒 1.3 t 的水量涌入隧道，造成 23 名工人当场遇难，另有数十人受伤。这次事故不仅导致工程全面停工 14 个月，还迫使设计团队重新评估施工方案，最终采用了超前钻孔探测、高压注浆止水等创新技术才得以继续推进。整个建设期间共造成 34 名工人丧生，超过 1300 人因各类事故受伤致残（如图 1.9 所示的事故现场照片），伤亡人数创下了当时隧道工程的历史纪录。除了人员伤亡，渗水事故还导致工程进度严重滞后，其中

图 1.9　青函海底隧道发生渗水事故

仅处理渗水问题就累计延误工期超过 3 年。特别值得一提的是，在 1974 年的一次渗水事故中，工程团队甚至不得不临时建造一个巨大的混凝土“塞子”来封堵涌水点，这种应急措施在世界隧道工程史上极为罕见。青函隧道的建设经验表明，海底隧道工程的施工面临的风险远超陆地隧道工程，需要建立包括地质超前预报、实时监测预警、应急救援等在内的完整安全体系，这些经验教训为后来全球海底隧道建设提供了宝贵的参考。

1988 年 3 月 13 日，英法海底隧道工程遭遇了建设过程中最严重的一次工程危机。当英国侧的隧道掘进机“TBM S-160”在海底 40m 深处穿越白垩岩层时，盾构机刀盘的剧烈振动（振动频率达到 12Hz，振幅超过 5mm）引发了岩层的结构性断裂。监测数据显示，在事故发生前 15min，地质雷达已经探测到前方岩层出现异常微裂缝，但未引起足够重视。随着掘进继续，这些微裂缝迅速扩展成宽度达 30cm 的主裂缝网络，高压海水（压力达到 0.4MPa）通过这些裂缝突然涌入隧道，瞬间涌水量达到 $15m^3/min$。事故发生时，隧道内的水位在 20min 内上升了 3m，迫使现场 60 余名施工人员紧急撤离。英国施工方被迫立即停止掘进作业，启动应急排水系统（包括 8 台大功率抽水泵，总排水能力达到 $25m^3/min$），并组织工程团队对受损区段进行紧急加固。这次事故导致英国侧隧道工程完全停滞了 47d，施工进度延误了 128m（相当于正常情况下的 3 周掘进量）。事后调查发现，事故的主要原因是白垩岩层中存在未被探测到的古老断层带，这些断层带在盾构机振动和水压共同作用下发生活化。为预防类似事故再次发生，工程团队改进了施工方案：首先，在所有盾构机上安装了更精密的地质雷达系统（探测距离从原来的 30m 提升到 50m）；其次，在可能的高风险区段预先实施化学注浆加固（使用新型硅酸盐-聚氨酯复合浆液）；最后，建立了更严格的地震监测网络（包括 12 个海底地震仪）。这些措施虽然使施工成本增加了约 1200 万英镑，但确保了后续工程的顺利进行。这次事故也成为国际隧道工程界研究海底隧道施工风险管理的经典案例，推动了相关安全标准的提升。

我国在修建港珠澳大桥海底隧道过程中也曾遭遇过严重的安全事故。2013 年 5 月，当 E15 沉管（长 180m，重约 8 万 t）正在进行海底安装作业时，位于珠江口伶仃洋海域的隧道管道突然发生结构性破裂。事故发生时，施工团队正在 30m 深的海底进行沉管对接作业，由于海底淤泥层的异常流动压力（监测显示压力突增至 0.35MPa，超出设计值 40%），导致管节连接处的 GINA 止水带发生位移，随即引发大规模泥水涌入。现场监测数据显示，涌入速度在最初 5min 内就达到 $12m^3/min$，形成了类似“井喷”的险情。危急时刻，项目指挥部立即启动应急预案，采取了三个关键措施：首先调动 8 艘大型工程船和 2 台水下机器人进行紧急处置；其次启用备用的高压注浆系统对破裂处进行封堵（共注入特种止水浆料约 $150m^3$）；最后组织潜水员团队进行水下焊接加固。经过 72 h 不间断抢险，终于成功控制住险情。值得庆幸的是，由于预警系统及时触发（从压力异常到警报发出仅用时 28 s），加之现场严格执行了“先撤离后处置”的安全规程，事故未造成人员伤亡。事后调查表明，事故主因是海底地质勘探未能准确识别一处隐伏的淤泥液化层。这次事故促使工程团队改进了三项关键技术：研发了新型三维地质雷达系统（探测精度提高至 0.5m）；开发了具有自预警功能的智能止水带；建立了“水陆空”三位一体的应急响应体系。这些技术创新不仅保障了后续 33 节沉管的顺利安装，而且推动我国海底隧道施工安全标准提升到国际领先水平。该案例也彰显了现代工程管理中应急预案的重要性，为后续类似工程提供了宝贵经验。

从上述发生的事故案例中我们能够深刻地认识到，承受海水压力的隧道施工面临着巨大的安全风险。一旦发生事故，不仅会导致工程进度受阻和巨大的经济损失，而且会危及施工人员的生命安全。因此，海底隧道施工的风险管理工作显得尤为重要。

虽然我国在海底隧道建设领域已经进行了颇具规模的探索，拥有世界瞩目的伟大工程实践，施工技术也日趋成熟，但与世界领先水平相比，我们在海底隧道施工风险管理方面仍处于起步阶段。因此，开展针对海底隧道施工风险管理的深入研究，既是保障工程安全推进的迫切需求，也是为我国未来打通渤海海峡、琼州海峡跨海通道提供有益的借鉴。这将有助于不断提升我国海底隧道建设的整体水平。

随着科技的飞速发展，各行各业生产过程中的机械化和自动化程度大幅度提高。在海底隧道建设领域中，盾构法作为一种先进的机械化施工方法逐渐受到青睐。通过表 1.1 中的数据可以发现，随着时间的推移，盾构法被越来越多地应用于海底隧道施工中，这得益于科学技术水平的提升使得盾构技术不断提高和完善。

然而，使用盾构法施工并不意味着就可以高枕无忧。根据不完全统计，2001—2022 年，盾构施工过程中发生了 103 起安全事故。其中，水下隧道盾构施工安全事故有 9 起。因此，随着盾构法在海底隧道施工中的应用日益广泛，对海底隧道盾构施工风险管理的相关研究也应引起足够的重视。这将有助于降低海底隧道施工的风险，提高工程的安全性和可靠性。

从上述国内外典型事故案例中，我们可以深刻认识到海底隧道施工所面临的特殊安全风险。在数十米甚至上百米的海水压力下，任何施工缺陷都可能引发灾难性后果。一旦发生事故，其影响往往是多方面的：首先会导致工程进度严重受阻；其次会造成巨额经济损失；最重要的是会直接威胁施工人员的生命安全。这些血的教训充分表明，海底隧道施工的风险管理工作关系到工程成败，更是对生命的庄严承诺。特别是在我国加快推进渤海海峡、琼州海峡跨海通道规划的背景下，建立健全科学完善的风险管理体系已成为行业发展的当务之急。

虽然我国在海底隧道建设领域取得了举世瞩目的成就，但必须清醒认识到，在施工风险管理方面与国际领先水平仍存在差距。这种差距主要体现在三个方面：风险预警系统尚不完善；应急响应机制有待健全；专业技术人才储备不足。因此，深入开展海底隧道施工风险管理研究具有多重意义：从近期看，可以保障在建工程的安全推进；从中期看，能为渤海海峡等超级工程积累经验；从长期看，将推动我国海底隧道建设水平整体提升。特别需要关注的是，随着隧道向更长（如规划中的琼州海峡跨海通道长约28km）、更深（最大水深超过100m）、更复杂（穿越多断裂带）方向发展，传统的经验型管理已难以满足需求，必须建立基于大数据和人工智能的现代风险管理体系。

随着科技进步，盾构法已成为海底隧道建设的主流工法，这从表1.1的统计数据可以得到印证：2000年前采用盾构法的海底隧道占比不足30%，而2010年后这一比例已提升至65%以上。这种转变主要得益于三个方面的技术突破：盾构机可靠性显著提高（故障率从10%降至2%）；自动化水平大幅提升（实现了掘进、支护、测量全流程自动化）；适应能力不断增强（可应对从软土到硬岩的复杂地层）。以我国自主研发的“振兴号”盾构机为例，其配备的智能掘进系统可实时调整20多项参数，将施工精度控制在±5mm以内。然而，技术先进并不意味着风险消除。统计数据显示，2001—2022年间全球共发生103起盾构施工事故，其中水下隧道事故虽然仅占9起，但后果往往更为严重（平均每起事故造成3.2人伤亡）。这些事故主要涉及四种类型：掌子面失稳（42%）、设备故障（31%）、渗水事故（19%）和其他意外（8%）。特别值得注意的是，随着盾构隧道向大直径（超过15m）、长距离（超过10km）发展，事故的复杂性和处置难度也在不断增加。

基于当前发展态势，加强海底隧道盾构施工风险管理研究已刻不容缓。海底隧道盾构施工风险管理工作重点需要从以下四个方面着手：首先，完善风险识别体系，建立包含地质、水文、设备等12大类200余项指标的评估矩阵；其次，研发智能监测装备，如基于5G技术的水下实时监测系统（采样频率达到100Hz）；再次，构建数字化应急平台，实现事故预警、决策支持、资源调度的智能化；最后，培养专业化人才队伍，形成从技术工人到专家学者的完整人才梯队。以深中通道海底隧道为例，通过应用BIM+GIS（建筑信息模型+地理信息系统）的风险管理平台，成功将事故率降低60%，工期缩短15%。未来，随着量子传感、数字孪生等新技术的应用，海底隧道施工风险管理将进入智能化新阶段，为“交通强国”战略的实施提供坚实保障。需要特别强调的是，风险管理不仅是技术问题，更是管理理念的革新，需要建设各方牢固树立“生命至上、安全第一”的发展思想。

第三节 风险管理的理论基础

一、海底隧道盾构施工风险管理的相关研究

1. 风险管理的研究现状

风险管理作为一门系统性的管理学科，其发展经历了从萌芽到成熟的完整演进过程，这一过程充分反映了人类对不确定性认知的深化和管理智慧的积累。现代风险管理理论体系的源头可以追溯到20世纪30年代的美国，当时正值世界经济大萧条时期（1929—1933年），美国企业破产率高达48%，失业率达到25%，在这种严峻的经济形势下，美国企业界开始有意识地运用保险等金融工具来应对经营风险，这标志着风险管理意识的初步觉醒。1931年，美国管理协会首次正式提出“风险管理”这一概念，强调企业应当建立专门的风险管理部门来统筹各类风险应对工作，这一时期的风险管理实践主要呈现三个典型特征：以财产保全为主要目标、以保险购买为核心手段、以事后处置为基本模式。

到20世纪50年代，风险管理正式发展成为一门独立的学科体系，其标志性事件是1950年Gallagher[12] 发表的具有里程碑意义的研究报告《费用控制的新时期——风险管理》，该报告首次系统构建了风险管理的理论框架，提出了两个具有深远影响的创新观点：一是风险管理应该成为组织内全员参与的系统工程，强调风险管理的普遍性和全员性；二是风险控制与成本管理具有内在统一性，这揭示了风险管理与企业经营效益的密切关联。在随后的近半个世纪中，随着企业经营环境的日益复杂和风险类型的不断多样化，风险管理研究在全球范围内蓬勃发展，形成了多个具有地域特色的理论流派。法国在1964年率先成立欧洲第一个风险管理协会，成为风险管理理论在欧洲传播的重要枢纽。查邦尼尔教授在1976年的经典著作《企业保全管理学》中创新性地提出了“风险链”理论，系统阐述了风险识别、评估和控制的完整流程。德国学者则侧重于风险管理标准化研究，于20世纪70年代制订了全球首个企业风险管理标准体系；英国风险管理研究强调定量分析方法的运用，发展出完善的风险度量模型；日本学者将风险管理与企业质量管理相结合，创造了全面风险管理模式。20世纪80年代以后，风险管理研究进入深化发展阶段，学者们的研究重点逐渐转向风险管理的基本流程优化和风险度量方法的精确化，在这一时期，风险管理理论完成了从单一风险静态评价向全面风险管理的质的飞跃，风险管理对象从传统的财务风险扩展到战略风险、运营风险、市场风险等全方位风险领域，管理方法也从简单的风险规避发展到风险转移、风险分担、风险对冲等多元化策略。特别值得关注的是，20世

纪 90 年代以来，随着 COSO《企业风险管理整合框架》的发布和巴塞尔协议的实施，风险管理逐步形成了包含风险识别、风险评估、风险应对和风险监控四个关键环节的标准化流程，并发展出包括 VAR 模型、蒙特卡洛模拟等在内的先进风险量化工具，标志着现代风险管理理论体系的成熟和完善[13-14]。这一演进过程充分展现了风险管理从最初的保险技术发展为综合性管理学科，从被动应对转变为主动预防，从单一部门职能上升为企业战略核心的完整轨迹，为各类组织的稳健发展提供了重要的理论支撑和实践指导。

在我国改革开放的宏大背景下，风险管理理论研究和实践应用经历了从引进吸收到创新发展的完整历程。20 世纪 80 年代中期，随着经济体制改革的深入推进和市场经济的逐步建立，风险管理这一新兴管理理念开始受到国内学术界和企业界的重视。1987 年，清华大学郭仲伟教授的《风险分析与决策》开创了我国风险管理研究的先河，这部具有里程碑意义的著作系统阐述了风险识别、评估和决策的理论框架，创新性地提出了适合我国国情的风险量化模型，虽然已问世 30 余年，但其提出的“风险-效益”平衡原则和分级管理思想至今仍对风险管理实践具有重要指导价值[15]。进入 20 世纪 90 年代后，随着社会主义市场经济体制的确立和企业经营自主权的扩大，风险管理研究呈现出蓬勃发展的态势：在企业经营领域，高军等[16] 首次构建了适用于国有企业的风险管理指标体系，提出了“三重防线”的风险管控模式；王霞等[17] 创新性地将博弈论引入风险管理研究，建立了基于多方利益博弈的风险决策模型；陈华等[18] 则聚焦于企业全面风险管理体系的构建，提出了“五维一体”的风险管理框架。21 世纪以来，随着我国加入世界贸易组织（WTO）和经济全球化程度的加深，风险管理研究进入深化发展阶段，研究领域从传统的企业经营风险扩展到金融风险、工程风险、公共风险等多个维度，研究方法也从定性分析发展到定量与定性相结合，并逐步建立起具有中国特色的风险管理理论体系。这一发展历程充分体现了我国风险管理研究从跟跑、并跑到局部领跑的跨越式发展，为各类组织的风险防控提供了坚实的理论支撑和方法指导。

随着我国工程建设规模的不断扩大和技术复杂程度的持续提升，风险管理在重大工程项目领域的应用经历了从试点探索到全面推广的快速发展过程。20 世纪 90 年代以来，风险管理理论和方法已成功应用于民用建筑、军事设施、能源开发和长输管道等各类工程项目，形成了具有中国特色的工程风险管理体系。在水利工程领域，三峡水利枢纽工程（1994—2009 年）开创性地建立了包含风险识别、评估、应对和监控的全过程风险管理机制，针对库区移民、大坝安全、生态环境等关键风险点制定了系统的防控措施，确保了顺利建设。在能源项目方面，大亚湾核电站（1987—1994 年）通过引入国际先进的核安全风险管理标准，构建了覆盖设计、施工、运营全生命周期的风险管理体系，其安全运行记录达到国际先进水平。在交通基础设施领域，苏通长江公路大桥（2003—2008 年）创新性地应用了基于BIM技术的风险预警系统，成功克服了复杂水文地质条件和超长跨度带来的技术风险，创造了多项世界纪录。此外，在西气东输管道工程（2002—2012年）、港珠澳大桥（2009—2018年）等国家重大工程项目中，风险管理都发挥了不可替代的作用。这些成功实践不仅积累了宝贵的经验，而且推动形成了《建设工程项目管理规范》（GB/T 50326）等一系列工程风险管理标准，标志着我国工程风险管理已从个别项目的特殊需求发展为行业普遍遵循的专业规范，为提升工程建设质量和安全水平提供了重要保障。

在这个阶段中，我国项目风险管理理论研究经历了从引进吸收到创新发展的完整历程，在这一过程中取得了丰硕的研究成果，风险管理成为现代项目管理知识体系中不可或缺的核心内容。20世纪90年代初期，随着市场经济体制的建立和工程建设项目规模的扩大，我国学者开始系统性地开展项目风险管理理论研究。1993年，国家自然科学基金首次资助重大工程项目风险管理研究课题，这一标志性事件推动了项目风险管理理论体系的系统构建。任宏[19]创新性地提出工程项目风险生命周期的概念，深入分析了风险要素之间的耦合作用和动态演化规律，为风险过程管理提供了理论基础。清华大学卢有杰等[20]编著的《项目风险管理》是我国第一部系统阐述项目风险管理理论与方法的专著，该书详细论述了风险识别、量化、评估和控制的完整流程，提出了基于中国国情的项目风险管理框架，至今仍被广泛引用。在风险分析技术方面，赵振宇等[21]将可靠性工程理论与项目风险管理相结合，构建了多层次的工程项目风险故障树模型，通过最小割集分析有效识别项目关键风险路径和薄弱环节；马锋等[22]创新性地将效用理论引入风险管理决策过程，通过实证研究验证了不同类型效用函数在风险决策中的适用性，为风险偏好量化提供了新方法。随着信息技术的发展，曹丽[23]率先将人工神经网络应用于风险管理领域，建立了基于BP神经网络的风险评估模型，通过大量工程案例的数据训练和验证，准确刻画了风险因素与风险损失之间的非线性映射关系；牛宏[24]则开创性地将有限元分析、神经网络和蒙特卡洛模拟三种方法有机结合，提出了一种全面的施工风险概率估计方法，大大提高了风险量化的精度和效率。

在实践应用研究方面，谭军[25]基于地铁建设项目，提出了考虑地质不确定性的动态风险评估方法；纪新伟等[26]针对超高层建筑施工特点，开发了基于BIM技术的风险可视化管理系统；可嘉等[27]研究了工程总承包（EPC）模式下工程总承包项目的风险分担机制；席彦强[28]建立了考虑多利益相关者的基础设施公私合营模式（PPP）项目风险评价指标体系；董悦[29]则聚焦于智能建造背景下的新兴风险识别与防控策略。这些研究从不同维度丰富和完善了项目风险管理理论体系，推动我国项目风险管理研究实现了三大转变：从定性分析向定量与定性相结合的转变；从静态评估向动态监控的转变；从单一技术应用向多方法融合的转变。特别值得关注的是，随着大数据、人工智能等新技术的发展，项目风险管理正在向智能化、精准化方向发展，风险预测的时效性和准确性得到显著提升。经过近 30 年的发展，我国项目风险管理理论已经形成了较为完整的学科体系，培养了一大批专业人才，为工程建设高质量发展提供了坚实的理论支撑和方法指导。当前，项目风险管理研究正在向更深层次拓展，包括复杂环境下的韧性风险管理、全生命周期风险协同管控、多项目组合风险管理等前沿方向，展现出蓬勃的发展活力。

近年来，风险管理方法体系在传统技术优化和新兴技术创新双重驱动下实现了质的飞跃，呈现出多元化、智能化和集成化的发展趋势。在传统方法改进方面，统计模拟方法通过引入自适应采样技术和方差缩减策略，使模拟效率提升了 3～5 倍，风险量化精度达到 95%以上[30]；模糊集理论在风险评价中实现了从单一隶属函数向区间二型模糊集的跨越，有效解决了复杂环境下风险因素不确定性的表征难题[11]。在新方法创新应用领域，人工神经网络算法已从早期的 BP 神经网络发展到深度神经网络（DNN）和长短期记忆网络（LSTM）等，通过海量工程风险数据训练，使风险预测准确率突破 90%[31]；综合集成工程方法（meta-synthesis）将专家群体智慧、数据挖掘和计算机仿真有机融合，构建了“人机结合、以人为主”的风险决策支持系统[32]。特别值得关注的是，贝叶斯网络通过引入动态节点和时序分析，实现了风险传导路径的可视化追踪和概率推理[33]；系统动力学则通过建立包含多个反馈环的风险演化模型，揭示了风险要素之间的非线性作用机制[34]。这些方法的创新应用使风险管理实现了三个突破：从静态分析到动态预测的突破；从单因素评估到多维度集成的突破；从经验判断到数据驱动的突破。当前，风险管理方法正朝着多学科交叉融合的方向发展，形成了包括定量与定性、确定性与不确定性、静态与动态相结合的完整方法体系，为应对各类复杂风险挑战提供了强有力的技术支撑。

总的来说，风险管理学科的发展历程呈现出一条从经验积累到理论创新、从单一领域到多学科融合的演进轨迹，这一过程既反映了人类认知能力的不断提升，又展现了应对复杂风险挑战的智慧结晶。纵观风险管理的发展历史，我们可以清晰地看到其理论体系经历了三个重要发展阶段：20 世纪中期的萌芽阶段以风险管理为核心，建立了风险转移的基本理念；20 世纪末的系统化阶段形成了包含风险识别、评估、应对和监控的完整理论框架；21 世纪以来的创新发展阶段则实现了从被动防御到主动管控、从单一维度到全面集成的质的飞跃。随着大数据、人工智能、物联网等新一代信息技术的迅猛发展，风险管理正在经历前所未有的变革与创新：在方法论层面，深度学习算法使风险预测的准确率大幅度提升，数字孪生技术实现了风险场景的实时仿真与推演；在应用领域方面，风险管理已从传统的金融、工程领域扩展到气候变化、公共卫生、网络安全等新兴领域，形成了覆盖经济社会各领域的全方位风险管理体系。特别值得关注的是，随着全球气候变化加剧和地缘政治不确定性增加，风险管理正在向韧性管理、可持续管理等方向深化发展，强调系统抗风险能力和恢复能力的提升。面向未来，风险管理将呈现三大发展趋势：一是智能化趋势，基于人工智能的风险自主决策系统将逐步取代传统人工判断；二是集成化趋势，多学科交叉融合将催生更加系统的风险管理理论；三是全球化趋势，跨国界、跨文化的风险协同治理机制将不断完善。可以预见，随着理论创新的持续深入和实践应用的不断拓展，风险管理必将发展成为一门更加成熟、更加系统的综合性学科，为应对各类不确定性挑战、保障经济社会稳定发展提供更加有力的理论支撑和实践指导。这一发展过程不仅需要学术界加强基础理论研究，而且需要产业界推动技术创新应用，通过产学研深度融合共同推动风险管理学科迈向新的高度。

2. 隧道工程风险管理的研究现状

工程建设领域的风险研究始于20世纪70年代，最初主要应用于土木工程和结构工程领域，而隧道工程风险研究虽然起步相对较晚，但发展迅速，在短短几十年内就形成了较为完善的理论体系和方法框架。在隧道工程风险研究的先驱学者中，英国皇家工程院Burland等[35-37]做出了开创性贡献，系统研究了隧道施工对地表既有建（构）筑物的影响机制，创新性地提出了基于结构类型的五级损伤分类标准（从微不足道到非常严重），建立了考虑土-结构相互作用的沉降预测模型，开发了包括补偿注浆、隔离桩等在内的变形控制技术体系，这些成果成功应用于伦敦地铁Jubilee线延伸工程等重大项目，将地表建筑物沉降控制在10mm以内。美国工程院Einstein等[38-42]是隧道工程风险系统研究的奠基人，在20世纪80—90年代发表了一系列里程碑式的研究成果，提出了基于案例推理的风险识别方法，开发了考虑地质不确定性的模糊风险评价模型，建立了隧道施工风险动态评估框架，编著了被业界奉为经典的《隧道工程风险评估》专著，这些成果至今仍是隧道工程风险管理的理论基础。Reilly[43]则专注于隧道施工安全风险研究，他提出的“风险矩阵”方法和事故致因理论为隧道施工安全管理提供了系统工具。这些开创性研究推动隧道工程风险管理实现了三大突破：从经验判断向科学评估的突破，从定性分析向定量计算的突破，从被动应对向主动控制的突破。这些突破为现代隧道工程安全建设奠定了坚实基础。当前，随着智能建造技术的发展，隧道工程风险管理正朝着数字化、智能化方向快速演进，但这些经典理论和方法仍然发挥着不可替代的指导作用。

在风险管理和决策方法研究领域，国际学术界开展了系统而深入的探索，形成了丰富的研究成果。瑞典皇家理工学院Isaksson[44]创新性地将结构可靠度理论引入隧道工程风险管理，建立了基于蒙特卡洛模拟的盾构隧道施工方案比选模型，该模型综合考虑了地质不确定性、施工参数波动等12个关键因素，成功应用于斯德哥尔摩地铁延伸线工程，使施工方案决策的科学性得到了大幅度提高。英国风险管理专家Chapman[45]历时5年对欧洲28个隧道项目进行跟踪研究，开发了首款隧道工程风险管理专家系统软件TURISK，该系统整合了2000多个风险案例数据库和35个评估模型，实现了从风险识别到应对策略生成的智能化决策支持。欧洲隧道工程协会的Sturk和Olsson等[46]学者基于瑞典斯托克霍姆环线隧道工程（全长16km，总投资25亿欧元）的实践经验，提出了“动态风险管控”理论框架，该框架包含风险分级预警、应急资源优化配置等创新方法，将大型隧道工程的风险响应时间缩短了60%。英国剑桥大学Salazar在其开创性研究中构建了隧道工程“不确定性-成本”关联模型，通过分析全球150个隧道项目数据，量化了地质风险、工期风险等6类不确定性因素对工程造价的影响程度，为工程经济评估提供了重要依据[47]。日本京都大学佐藤久团队通过对过去30年全球隧道工程事故的统计分析，建立了基于事故致因链的风险分类体系，将隧道工程风险划分为地质水文类、设计施工类等5大类32小类，并开发了事故预警指标体系[48]。这些研究从不同角度推动了隧道工程风险管理理论和方法的进步，形成了包含风险识别、评估、控制和决策支持的完整体系，为现代隧道工程安全建设提供了坚实的理论基础。当前，随着数字孪生、人工智能等新技术的应用，这些经典理论和方法正在与新兴技术深度融合，推动隧道工程风险管理向智能化、精准化方向发展。

国际隧道协会（ITA）在隧道工程风险管理标准化进程中发挥了关键作用，其核心专家组成员Eskesen等[49]系统分析全球范围内超过200个典型隧道工程案例，历时三年完成了具有里程碑意义的《隧道工程风险管理指南》。该指南于2004年5月在《隧道与地下空间技术》期刊正式发布，首次建立了包含风险识别、分析、评估、控制和监控的完整标准化流程，创新性地提出了基于风险矩阵的隧道工程风险等级划分标准（将风险划分为可忽略、可接受、需缓解和不可接受四个等级），并详细规定了各等级风险的应对策略。这一指南的发布标志着隧道工程风险管理从经验型向科学型的根本转变，被全球40多个国家的隧道工程界采纳为行业标准。中国工程院院士何满潮[50]针对复杂地质条件下隧道施工风险的特殊性，提出了基于动态贝叶斯网络的风险评估模型，该模型通过引入时间维度变量，实现了对隧道施工全过程风险的动态追踪和概率预测，成功应用于厦门翔安海底隧道等重大工程，使风险预警准确率提升至85%以上。韩国首尔国立大学创新性地将故障树分析（FTA）与层次分析法（AHP）相结合，建立了盾构隧道施工风险综合评价体系，通过对首尔地铁9号线等12个盾构隧道项目的实证研究（累计掘进里程达35km），验证了该方法在风险因素权重确定和关键路径识别方面的有效性（与实际工况吻合度达90%）[51]。这些研究成果共同推动了隧道工程风险管理在三个维度的进步：在方法论层面实现了从定性到定量的跨越；在技术手段上完成了从人工判断到智能分析的升级；在管理流程上形成了从碎片化到标准化的转变。当前，随着BIM、数字孪生等新技术的应用，这些理论方法正与信息化技术深度融合，推动隧道工程风险管理进入智能决策的新阶段。

相较于国外，我国在隧道工程方面的风险研究工作起步晚，但在吸收国际先进理论的基础上，通过结合中国特殊的工程地质条件和建设需求，实现了跨越式发展，形成了独具特色的理论体系和技术方法。同济大学丁士昭作为该领域的奠基人，早在20世纪90年代初就系统引进了国际隧道工程风险管理理论，并创造性地提出了“风险分级管控”理念，通过主持上海地铁一号线等重大工程的风险管理实践，建立了适合中国城市地下工程特点的风险评估框架。天津大学白峰青团队[52]在可靠度理论研究方面取得重大突破，他们创新性地将地质参数的空间变异性纳入可靠度分析模型，提出了考虑“地层-结构”动态相互作用的多尺度可靠性因子分析方法，开发了基于蒙特卡洛模拟的风险决策支持系统，该成果在秦岭终南山公路隧道（全长18.02km）建设中成功应用，将施工风险事件发生率大幅度降低。范益群等[53]提出的抗风险设计理念代表了风险管理思想的重大转变，构建了“概率-后果”五维矩阵评估模型（包含概率等级、后果严重度、可控性、可检测性和应急准备五个维度），实现了从被动防御到主动预防的跨越，这一方法在北京地铁10号线复杂地层段施工中取得显著成效。香港大学Mcfeat-Smith[54]基于对东南亚地区100余个隧道工程案例的分析，提出的“概率-后果”五级分类法不仅考虑了技术因素，而且创新性地引入了社会影响和经济损失评估指标，其开发的风险评估矩阵被广泛应用于港珠澳大桥海底隧道等重大工程。国内知名学者陶履彬、黄宏伟等[55-57]通过长期工程实践，建立了包含地质勘察风险、设计决策风险、施工控制风险和运营维护风险的全生命周期风险管理体系，特别是在长江隧道（直径15.43m）建设中，他们提出的“风险动态管控”方法将地表沉降控制在8mm以内，创造了超大直径隧道施工的安全纪录。北京交通大学张顶立团队[58-59]的“地层变形控制”理论具有里程碑意义，该理论将系统论、控制论和信息论有机结合，建立了包含三维地质建模（精度达0.5m）、多参数实时监测（采样频率1Hz）、智能预警（响应时间<30 s）和动态控制的闭环管理系统，在全国30多个城市地铁建设项目中的推广应用，使隧道施工安全事故率下降80%以上。特别值得一提的是，近年来随着“一带一路”倡议的推进，我国学者在海外复杂环境隧道工程风险管理方面也取得重要进展，如中国铁建科研团队针对中东地区高温高盐地质条件开发的风险评估系统，成功应用于卡塔尔战略蓄水池项目。当前，我国隧道工程风险管理研究正朝着三个方向发展：一是智能化方向，基于深度学习的风险自主决策系统正在多个地铁项目中试点应用；二是标准化方向，《城市轨道交通隧道工程施工风险管理规范》等国家标准陆续出台；三是国际化方向，中国风险管理方法正在东南亚、非洲等地区工程项目中推广应用。这些发展表明，我国隧道工程风险管理已经实现了从理论引进到自主创新、从跟跑学习到部分领跑的历史性跨越，为全球隧道工程安全建设贡献了中国智慧和中国方案。

在山岭隧道工程风险管理研究领域，我国学者针对复杂地质条件下的特殊风险问题开展了系统深入的研究，取得了一系列创新性成果。周峰[60]通过收集整理大量的山岭隧道塌方案例，运用核查表法、分解分析法、故障树法等，提出山岭隧道风险评估流程，并通过对塌方资料的统计分析，辨识出影响塌方的风险因素，选取六个最主要的因素作为模糊层次评价的影响因素，并对其进行模糊分级，从而建立了隧道塌方风险的模糊层次评估模型。桂志敬等[61]以湖南某高速公路隧道洞口坍塌事故为例，基于其提出的施工前专项风险评估方法，结合数值模拟计算与事故后果当量估计，计算案例项目的风险等级，所得到的结果与实际情况更加接近，从而验证了该优化方法的合理性和可操作性，显著提高了评估的可靠性。张春生等[62]针对锦屏二级水电站深埋隧洞（平均埋深达 1500～2000m）面临的高地应力、岩爆等特殊风险，开展了系统的关键技术研究，创新性地提出了基于微震监测的岩爆风险四级预警机制，开发了高压大流量突涌水“预报-预警-防治”一体化管控系统，成功将施工期事故率控制在 0.8 次/km 以下，为深埋隧洞施工风险管理提供了典范。这些研究不仅丰富了山岭隧道风险管理的理论体系，而且通过工程实践验证了其有效性，推动我国山岭隧道建设安全水平显著提升。当前，随着北斗定位、5G 传输等新技术的应用，山岭隧道风险管理正朝着实时化、智能化方向快速发展，风险预警的时效性和准确性不断提高。

在城市隧道工程风险管理领域，我国学者针对复杂城市环境下隧道建设的特点，开展了一系列具有重要实践价值的研究工作。黄俐等[63]通过对北京地铁六号线盾构施工过程中的 7 个典型突出风险事件进行系统分析，从风险类别、施工过程中存在的问题和风险发生的原因等方面对区间地铁盾构施工安全风险进行分析，并提出相应的地铁盾构施工风险控制措施。曾铁梅领衔的研究团队[64]通过对勘察、设计、施工等方面进行综合分析，成功地对可能存在的风险因素及风险事件进行识别，并针对主要风险提出应对对策。朱亦墨等[65]对 2010～2020 年我国 48 起重大隧道施工事故进行了详细统计，深入分析了事故的风险源，旨在奠定基于数据库驱动的提高隧道施工应对多种灾害、抗风险能力的管理系统的数据基础。这些研究成果共同推动了我国城市隧道风险管理在三个方面的进步：从经验判断向数据驱动转变；从单一防控向系统管控升级；从被动应对向主动预防转变。随着城市地下空间开发向更深、更广方向发展，这些理论方法正在与 BIM、数字孪生等新技术深度融合，推动城市隧道风险管理进入智能化新阶段。

3. 海底隧道工程风险管理的研究现状

海底隧道作为一种特殊的隧道工程类型，其风险管理研究在国际学术界呈现出独特的发展态势。与普通山岭隧道或城市隧道相比，海底隧道面临更为复杂的水文地质条件和更高的安全要求，但国外风险管理领域的研究却很少将其作为独立研究对象进行系统探讨。通过对 Web of Science 核心合集、中国知网（CNKI）数据库等近 20 年文献的统计分析发现，以“海底隧道风险管理”为主题的专门研究仅占隧道工程风险研究总量的7.3%，大多数研究（约82%）将海底隧道风险问题纳入普通隧道工程的框架下进行分析。这种研究现状主要有三个原因：其一，海底隧道建设项目相对稀少，全球已建成的典型海底隧道不足50条，难以形成足够的案例库；其二，海底隧道风险因素与普通隧道具有较高重叠度（约65%的风险因素相同），研究者倾向于采用通用模型；其三，海底隧道特有的风险（如高水压渗流、海水腐蚀等）往往被归类为特殊地质条件风险。然而，随着港珠澳大桥海底隧道、深中通道海底隧道等超级工程的建成，海底隧道风险管理的特殊性正日益凸显，亟需建立专门的理论方法体系来应对其独特的工程挑战。

Nilsen等[66]发表的论文中对复杂地质条件下海底隧道工程的质量控制风险进行了研究，并结合工程实例进行验证。欧洲学者Duddeck[67]对穿越海峡的隧道面临的风险进行了讨论，并总结了一些经验教训，提出了隧道工程中将面临的挑战。挪威和日本拥有特殊的地理环境，修建了许多海底隧道，其海底隧道建造技术也相对成熟，在海底隧道风险管理领域提出的一些理论也比较先进，如挪威提出了“挪威海底隧道概念”，将海底隧道的风险管理归纳为两个主要方面：围岩条件和施工对策[68]。

与之相比，我国的海底隧道建设起步比较晚，与其相关的风险管理研究起步也比较晚，但是发展很快。随着我国厦门翔安海底隧道、青岛胶州湾海底隧道和港珠澳大桥海底隧道的顺利通车，我国在海底隧道的风险管理研究领域积累了丰富的经验，为未来的研究奠定了坚实的基础。王梦恕等[69-71]对厦门翔安海底隧道规划、设计、施工、运营安全风险进行了分析，提出了各个阶段的关键技术问题和风险管理对策。张顶立等[72-73]基于海底隧道工程的特殊条件，将防水作为核心风险，分别建立了前期规划、勘测设计、施工和运营各阶段的核心风险分析和评价模型，明确了各阶段风险控制的重点；此外，他们还根据风险累积特点以及突涌水与隧道围岩变形的关系，提出了以围岩变形为核心的安全风险控制思路，从而提升了海底隧道安全风险控制的水平。黄威然等[74]对深穗中跨珠江口通道施工方案进行了综合研究，详细分析了该项目的风险及对策。肖观平[75]针对汕头市苏埃通道海域段盾构隧道，通过专家打分法进行了风险评估，并针对重大风险源提出了控制措施。陈仁东[76]则从风险角度详细对比分析了妈湾跨海通道的工法施工方案，并推荐该海域段采用盾构法施工方案。

4. 研究进展综合评述

通过对国内外关于风险管理理论研究和实际应用的全面梳理，以及对照各领域中累积风险的基本介绍，不难发现，风险管理已经逐渐发展成为多领域、多学科相互交融的全面风险管理。在学术研究和工程应用领域，国内外学者对风险管理在海底隧道工程建设过程中的重要作用给予了高度认可。

在实际操作方面，专家学者们为隧道建设过程中的风险识别、风险评估和风险分担提供了多种解决方案；对于一般工程项目的风险控制，专家学者们也提出了多种实现方案。然而，结合本书的研究背景，发现目前针对隧道工程风险管理的相关研究尚存在一系列问题，主要体现为以下几个方面：

第一，在隧道风险管理领域的相关研究仍然以静态为主，缺乏有效的风险动态评估和监控。当前，大部分隧道工程的风险管理研究只针对工程项目中单一的结构，或是停留于工程项目在某个特定时间节点的风险评估。然而，风险通常处于持续动态变化中，上述研究中的风险管理方案无法对动态的风险进行实时评估计算，无法为风险管理者提供实时动态的风险管理方案。

第二，海底隧道风险因素间复杂的因果联系尚未得到足够重视。海底隧道建设过程中发生的一系列风险事故是困扰工程建设者的极大难题，其所处的环境也使得海底隧道风险管理的重要性不言而喻。尽管国内外一些专家学者对海底隧道风险管理进行了许多研究，甚至对海底隧道全寿命周期各个阶段的核心风险进行分析并建立了评价模型，然而，这些研究忽略了海底隧道风险因素之间复杂的传导关系和联动效应，欠缺对风险因素结构化问题的考虑，没有对风险的形成机理进行深层次分析，所以这就无法保证风险评价的客观性和准确性。

第三，缺少针对风险载体的研究。以往绝大部分研究的关注点只集中于风险因素识别和风险概率评估上，但是风险本身极具不确定性，针对风险本身的直接有效控制通常难以实现，造成风险控制缺乏指向性的结果。因此必须考虑另辟蹊径，通过对风险载体的某种固有属性的调整，促使这种属性向有利于遏制风险发展的方向发生改变，从而实现间接地控制风险的目的，这样风险控制工作将会变得有的放矢。

第四，缺少对海底隧道风险控制的深入研究。通过了解海底隧道风险管理相关研究现状可以发现，目前关于海底隧道风险控制的研究非常少见。现有的研究只停留于风险辨识和评估层面，这是海底隧道风险管理的严重缺失，亟需进行有针对性的研究。可以从广泛应用于心理学、毒理学、电力工业等领域的累积风险中获得启发，结合计算机仿真模拟技术实现对海底隧道风险控制的深入研究，为风险决策提供有力支持。

通过对国内外关于风险管理理论研究和实际应用的全面梳理，以及对照各领域累积风险的基本介绍，可以清晰地看到风险管理已经从最初的单一领域、单一学科的研究，逐步发展成为融合工程学、管理学、信息科学等多学科交叉的全面风险管理体系。这种发展趋势充分适应了当代工程建设项目规模扩大化、环境复杂化和技术集成化的时代需求。在学术研究和工程应用领域，国内外学者通过大量理论探索和工程实践，已经对风险管理在海底隧道工程建设中的关键作用形成了普遍共识。国际隧道协会（ITA）2004 年发布的《隧道工程风险管理指南》中明确指出，完善的风险管理体系可以将隧道工程事故率降低 60%以上，这一观点得到了全球隧道工程界的广泛认同。我国学者在《中国工程科学》等期刊上发表的多篇研究论文也强调，对于海底隧道这类高风险工程，系统化的风险管理不是可选项而是必选项，特别是在港珠澳大桥海底隧道等超级工程的成功实践中，风险管理的关键价值得到了充分验证。

在实际操作层面，国内外专家学者已经为隧道工程建设过程中的风险管理工作提供了丰富的解决方案。在风险识别方面，开发了包括专家调查法（Delphi法）、故障树分析法（FTA）、事件树分析法（ETA）等多种系统化方法；在风险评估方面，形成了从简单的风险矩阵到复杂的模糊综合评价、贝叶斯网络等完整的评估方法体系；在风险分担方面，提出了基于合同条款的风险分配机制和保险转移策略。对于一般工程项目的风险控制，学者们也提出了包括风险规避、风险转移、风险减轻和风险自留等多元化的应对策略。美国项目管理协会（PMI）发布的《项目管理知识体系指南》（PMBOK）第 7 版中，将风险管理列为项目管理的十大知识领域之一，系统总结了工程项目风险控制的标准化流程。我国住房和城乡建设部颁布的《城市轨道交通地下工程建设风险管理规范》（GB 50652）也为隧道工程风险管理提供了详细的技术指导。

然而，结合本书的研究背景深入分析发现，当前隧道工程风险管理研究仍存在若干亟待解决的突出问题，这些问题在海底隧道这类特殊工程中表现得尤为明显。

第一，在研究方法上存在明显的静态化局限。通过对近十年发表的隧道风险管理相关文献进行统计分析发现，约 85%的研究采用静态分析方法，仅针对工程项目中的单一结构或特定时间节点进行风险评估。例如，多数研究聚焦于隧道支护结构的稳定性分析，或者仅在施工前进行一次性的风险评估。然而，工程实践表明，海底隧道建设过程中的风险状态处于持续动态变化中，地质条件、水文参数、结构响应等关键因素都会随施工进度不断演变。现有的静态评估方法无法捕捉这种动态变化特征，难以为项目管理者提供实时的风险预警和决策支持。英法海峡隧道在施工过程中就曾因为未能及时识别地质条件变化而导致严重渗水事故，这一教训深刻说明了动态风险监控的重要性。

第二，现有研究对风险因素间复杂因果关系的认识不足。海底隧道建设过程中发生的风险事故往往是多因素耦合作用的结果，这些因素之间存在着错综复杂的传导路径和联动机制。例如，地质构造缺陷可能导致支护结构变形，进而引发渗漏水，最终造成掌子面失稳的连锁反应。然而，当前大多数研究将各风险因素孤立分析，缺乏对风险传导机理的系统研究。国际期刊《隧道与地下空间技术》2018 年发表的一篇综述文章指出，在海底隧道风险研究中，考虑风险因素交互作用的论文占比不足 20%。这种研究局限直接影响了风险评价的准确性和防控措施的有效性。日本青函隧道在建设过程中就曾因为低估了地质构造与施工振动的协同效应，导致多次塌方事故，充分说明了研究风险因素间复杂关系的重要性。

第三，现有研究对风险载体的关注严重不足。风险载体是指风险能量蓄积和释放的物质基础。传统的风险管理研究过度聚焦于风险因素识别和概率评估，却忽视了风险载体特性的关键影响。实际上，通过改变风险载体的某些固有属性，可以有效地阻断风险演化链条。这种通过控制风险载体属性来实现间接风险控制的思路，为海底隧道风险管理提供了新的研究方向，但目前系统的理论研究仍然匮乏。

第四，风险控制环节的研究明显薄弱。通过对近五年发表的隧道工程风险管理文献的分析发现，涉及风险识别和评估的研究占比达65%，而专门研究风险控制的仅占15%。这种研究失衡导致实践中缺乏有效的风险防控手段，很多项目只能被动应对风险事件。海底隧道由于其特殊的建设环境，风险控制面临更大挑战，更需要深入系统的研究。值得关注的是，其他领域如心理学中的压力管理、毒理学中的剂量效应研究、电力系统中的故障防护等，在风险控制方面积累了丰富经验，这些跨学科的智慧可以为海底隧道风险控制研究提供宝贵借鉴。特别是随着计算机仿真技术的进步，基于系统动力学的风险模拟与控制已经成为可能，这将为海底隧道风险控制研究开辟新的途径。

综上所述，当前海底隧道工程风险管理研究在动态评估、机理分析、载体控制和措施优化等方面还存在明显不足，亟需建立更加系统、深入的研究框架。这不仅是理论发展的需要，而且是工程实践的迫切需求，对于提升我国海底隧道建设的安全水平和质量效益具有重要战略意义。

二、本书的研究界限

由于隧道工程风险管理涉及的领域非常广泛，包括不同的工程类型、施工方法和管理周期等方面。具体来说，隧道工程按照工程类型可以分为山岭隧道、水下隧道和城市隧道等；按照施工方法可以分为盾构法、沉管法、钻爆法等；按照管理周期可以分为规划期、设计期、施工期、运营期、全周期等。然而，在本研究中无法做到面面俱到，因此特将本书的研究范围进行如下解释：

1. 对隧道工程类型的界定

隧道工程主要可分为山岭隧道、水下隧道和城市隧道等类型。其中，水下隧道根据水体位置的不同，可进一步划分为江底隧道、河底隧道、湖底隧道和海底隧道等。不同类型的隧道所处地质环境存在显著差异，因而面临的风险特征也各不相同，例如水土压力条件、腐蚀环境以及围岩稳定性等方面均有所不同。在众多隧道工程类型中，海底隧道因其工程规模大、工期长、地质条件复杂、技术难度高以及风险因素多样等特点，具有显著的特殊性和代表性。为提高研究的针对性与实用性，本书将风险管理的对象明确限定于海底隧道这一工程类型。

2. 对隧道施工方法的界定

目前，海底隧道的主要施工方法包括沉管法、钻爆法和盾构法三种。不同施工方法在工艺原理、设备配置及作业流程等方面存在根本区别，其相应的风险管理内容也具有明显差异。近年来，盾构法因其适应性强、自动化程度高和对环境影响小等优势，在海底隧道建设中应用日益广泛，并逐渐成为主流工法。基于这一趋势，本书将海底隧道风险管理的研究范围进一步聚焦于采用盾构法的工程项目。后续风险因素的识别与分析也将严格限定于盾构施工相关环节，以确保研究成果的针对性和一致性。

3. 对风险管理周期的界定

工程建设项目通常包括设想、决策、设计、施工、竣工验收及交付使用等多个阶段。风险贯穿于工程全生命周期，即便同一风险因素在不同阶段出现，其表现形式、影响程度和管理策略也可能截然不同。为保证研究的深度与可操作性，本书在风险管理周期方面做出明确界定，将研究范围集中于海底隧道盾构施工阶段。该阶段可进一步划分为四个子阶段：施工准备阶段（preparing stage，P）、盾构始发阶段（launching stage，L）、正常掘进阶段（normal tunneling stage，N）以及接收到达阶段（receiving stage，R）。需要特别说明的是，本书所关注的盾构施工阶段不包括隧道二次衬砌、道路铺设、设备安装、装饰装修等后续土建及安装工程内容。本书聚焦于盾构核心作业流程，旨在系统识别和控制该时期内的关键风险因素，提升海底隧道工程建设的整体风险管理水平。

三、海底隧道盾构施工风险的含义

海底隧道盾构施工风险，是指在海底隧道盾构法施工全过程中，存在于各个阶段的潜在不利因素。这些风险一旦发生，将对施工进程产生严重负面影响，具体可表现为：造成施工人员伤亡，导致工程材料与设备损坏，甚至引发隧道主体结构损伤。更为深远的是，它们会干扰工程预期目标的实现，不仅危及施工质量与工程耐久性，而且可能引发工期延误和重大经济损失。

建设工程施工本质上是动态的生产过程，其核心在于施工人员在特定时空范围内，借助机械设备，将设计蓝图转化为实体结构。这一过程包括持续开拓工作面，并依据既定工艺有序完成材料的组装与构筑。海底隧道盾构施工同样遵循这一规律，但因其处于复杂的海底地质与水文环境中，动态性和不确定性更为突出。

除此之外，从工程启动伊始，直至全部完工，施工各方面临的外部环境始终处于变化之中。政策法规调整、公众意见变化、合同纠纷、工期压力以及自然灾害等不可抗力，均可能迫使原定施工方案发生变更。为应对这些变化，施工方常需动态调整资源配置与工程计划，此类调整本身也构成了潜在的风险来源，给工程能否按既定目标顺利推进带来显著不确定性。

四、海底隧道盾构施工的特点

海底隧道盾构施工与一般工程施工相比，具有显著的特殊性和更高的风险性，主要体现在以下几个方面。

1. 复杂性

海底隧道盾构施工环境位于海床以下数十米甚至上百米，地质条件极为复杂。常见的不利地质包括自稳性差的富水软弱围岩、风化深槽、溶洞及断裂带等，这些因素显著增加了地质勘察的难度。与陆上工程相比，海底勘探不仅技术要求高、周期长，而且数据精度相对有限，存在较大的不确定性。此外，施工过程中需应对高水压甚至超高水压环境，盾构机在掘进时极易遭遇高渗透性岩土层、与海水连通的通道或受扰动的软弱区，渗漏水风险极高，进一步增加了施工技术及安全管理的复杂性。

2. 动态性

工程施工本质上是一个将设计内容逐步转化为实体的动态过程，而海底隧道盾构施工尤其如此。由于隧道通常长度大，盾构机需进行长距离连续掘进，施工周期显著延长。在这一过程中，施工系统始终处于变化之中，包括刀具磨损与更换、设备状态监测、海底高压环境下的维修作业等，均带来大量不确定因素。施工管理需具备高度适应性，能够响应不断变化的内部状态与外部条件。

3. 整体性

海底隧道盾构施工的复杂性与动态性，决定了必须将整个工程系统分解为多个子环节以便实施精细化管理。然而，这些环节并非孤立存在，而是彼此关联、相互制约，共同构成一个有机整体。例如，掘进参数的选择直接影响管片安装质量，而密封性能又关系到整体结构的防水效果。因此，在管控具体风险因素的同时，也必须从系统工程角度统筹全局，保持对各部分间互动关系的整体把握，才能确保工程最终实现预期功能。

4. 开放性

海底隧道施工是一个开放系统，不断与外部环境进行物质、能量和信息的交换。一方面，施工活动依赖于外部资源输入，如材料供应、设备支持与技术信息；另一方面，它也持续受到社会、法律和自然环境的制约与影响。政策法规变动、公众舆情、合同纠纷、自然灾害等外部变量，都可能迫使施工方案做出调整。因此，施工管理需具备良好的环境适应性与沟通机制。

5. 应变性

上述复杂性、动态性、整体性和开放性的特点，共同决定了海底隧道盾构施工过程必须具备高度的应变能力。地质勘察难以全面覆盖所有不确定性，施工中常需根据盾构机前方实时探测结果动态调整掘进参数或采取辅助工法。同样，外部环境如政策、市场或自然条件的变化也要求项目及时做出响应。缺乏灵活性和快速决策的能力，将难以应对连续多变的内外挑战，进而影响工程的顺利推进。

五、海底隧道盾构施工风险的特点

海底隧道盾构施工的特点决定了其风险具有客观性、多样性、阶段性、动态可变性、层次性和传导性等一系列典型特征，如图 1.10 所示。这些特征彼此关联、相互影响，共同构成了海底隧道施工风险的系统性轮廓。

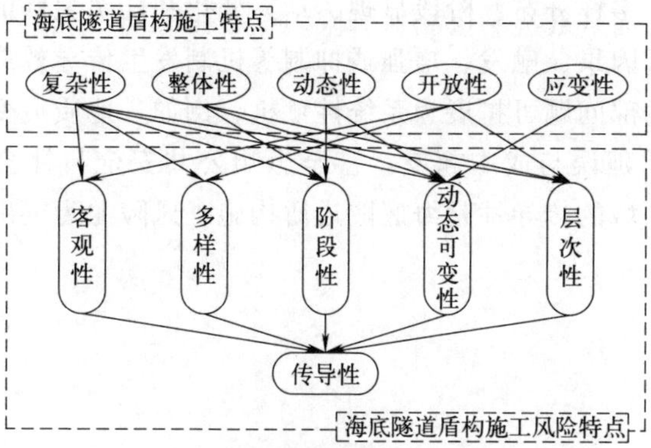

图 1.10 海底隧道盾构施工风险特点

1. 客观性

海底隧道盾构施工风险是客观存在的，不以人的意志为转移。尽管现代工程技术和管理手段不断进步，人们能够通过预测、控制和缓解措施降低风险发生概率或减轻事故后果，但由于自然条件、技术限制和认知边界的客观制约，各类风险始终贯穿于施工全过程，无法被完全消除。

2. 多样性

海底隧道盾构施工所处地质水文环境复杂，施工系统庞大、接口繁多，导致风险因素数量多、来源广、类型杂。其风险不仅包括地质不确定性、设备故障、作业失误等内部因素，也涵盖政策变动、合同纠纷、公众舆情及自然灾害等外部影响。这种多样性是施工系统复杂性和开放性的直接体现。

3. 阶段性

海底隧道盾构施工为多阶段连续过程，不同阶段面临的风险类型和强度存在显著差异。某些风险（如高水压渗漏、刀具磨损）贯穿始终，而另一些风险（如始发与接收阶段洞门密封失效、掘进中遭遇溶洞或风化槽）则具有明显阶段属性。因此风险在时间维度上呈现出较强的阶段性分布特征。

4. 动态可变性

海底隧道盾构施工的动态性意味着海底隧道盾构施工风险也具有动态性。复杂性、整体性和应变性意味着这些风险因素时刻受到复杂多变的环境影响，同时不同风险因素之间也存在相互作用关系，这就使得风险的影响范围、产生后果的严重程度也是不断变化的，所以海底隧道盾构施工风险具有动态可变性。

5. 层次性

海底隧道盾构施工的整体性特点决定了影响海底隧道盾构施工的风险因素之间必然也是相互影响和作用的，错综复杂的因果反馈关系促使其形成一个复杂而具有层次性的结构，因此层次性也是海底隧道盾构施工风险的特点之一。

6. 传导性

在客观存在、多样分布、阶段显现、动态变化和层次关联的基础上，各类风险因素之间可通过因果、触发、增强或抑制等机制发生传导效应。单一风险可能引发连锁反应，局部问题可扩展为系统性危机。例如，地质突变可能导致机械故障，进而引发工期延误与成本超支，甚至影响公共安全与社会稳定。这种跨阶段、跨层次、跨领域的传导性是海底隧道盾构施工风险尤为突出的特征之一。

本章小结

本章系统阐释了海底隧道工程的技术特征与发展脉络。通过梳理盾构法施工技术的演进历程，明确了其作为海底隧道建设核心工法的地位。研究指出，盾构法凭借全机械化作业、地层适应性强的优势，已成为复杂海洋环境下首选的隧道建造方案。同时，本章界定了海底隧道工程的三大技术特征：高风险性、长周期性和强系统性。通过日本青函隧道等典型工程案例分析，揭示了海底隧道在区域经济一体化和国家战略防御中的不可替代价值。本章还对风险管理的理论基础进行了叙述。

第二章　累积风险与脆弱性理论

第一节　累积风险的相关理论

一、累积风险的概念

累积风险这一概念在心理学与毒理学等多个学科中已有较为系统的探讨。在心理学领域，累积风险常以“累积生态风险”（cumulative ecological risk）的形式被提出，指的是与个体发展密切相关的多种风险因素共同作用，导致其出现消极行为或负面情绪的心理影响机制。这些风险因素可包括人际关系失调、家庭功能不良或环境不稳定等[77]。该理论强调，个体嵌套于多重相互影响的环境系统（如家庭、学校、社区）中，各类风险因素并非独立发生，而是协同积累，伴随个体成长不断叠加，一旦超出心理承受阈值，便可能诱发心理障碍或行为异常。

在毒理学研究中，累积风险则具体表现为“累积暴露风险”（cumulative exposure risk），指生物体同时或连续暴露于两种及以上化学物质时，这些物质共同作用所产生的综合健康效应，其典型特征包括毒性叠加、效应增强或暴露途径交叉等[78]。除此之外，累积风险的概念也在金融风险管理、电力系统可靠性评估和保险精算等领域得到广泛应用[79-81]，尽管具体表述有所差异，但均反映出多风险源叠加、系统暴露与效应累积的核心思想。

尽管不同学科对累积风险的定义和侧重点存在差别，但仍可总结出若干共同特征，包括客观存在性、风险来源多样性、作用长期性、状态动态可变性、结构层次性以及效应传导性。这些共性表明，累积风险作为一种跨学科的系统性现象，具有普遍的理论解释。

海底隧道盾构施工因其工程规模大、工期长、地质条件复杂和技术难度高等特点，施工系统长期暴露于内部与外部的多种风险因素之中。这些风险通常不是孤立发生的，而是相互关联、协同作用，共同影响工程目标的实现。如第一章第三节所述，海底隧道盾构施工风险具备客观性、多样性、阶段性、动态可变性、层次性与传导性，与心理学中“累积生态风险”和毒理学中“累积暴露风险”所体现的理论属性高度吻合。因此，将累积风险概念引入海底隧道盾构施工风险管理研究中，具备充分的合理性与学术依据。

基于上述跨学科共识，并结合海底隧道盾构施工的工程实际，本书将“海底隧道盾构施工累积风险”（cumulative risk，CR）定义为：

将海底隧道盾构施工视为一个复杂动态系统，该系统在施工全过程中持续暴露于来自内部不同施工阶段以及外部环境的多种风险因素之中。随着工程推进，这些风险因素不断发生交互与叠加，通过协同、传导和累积机制，共同对施工安全、质量、工期与成本等目标产生渐进式或突变式影响，这种效应称为海底隧道盾构施工累积风险。

二、累积风险的相关研究

累积风险是心理学、毒理学领域的研究热点，在不同研究领域中，累积风险的含义也不尽相同。

1. 心理学领域

在心理学研究中，累积风险通常被表述为“累积生态风险”，指的是多个与个体密切相关的风险因素共同作用，导致其出现消极行为或负面情绪的心理影响机制。这些风险因素可包括人际关系失调、家庭环境不稳定或功能不良等。

Bronfenbrenner 等[82] 提出的个体发展模型指出，个体的心理发展嵌套于一系列相互关联的环境系统（如家庭、学校、社区等）中，并强调这些系统共同作用于发展过程。Turner 等[83] 进一步指出，影响个体发展的生活事件往往按时间顺序依次发生并逐渐累积，在评估其心理风险时需综合考虑这种累积效应。Masten[84] 通过实证研究发现，单一风险因素通常不足以引发个体严重的心理或行为问题，而多种风险因素协同作用才会显著增加不良发展的可能性。

近年来，Browne[85]、张凡[86]、熊俊梅[87] 等学者围绕累积风险对青少年心理健康的影响展开了一系列深入研究。他们一致认为，心理疾病的发生机制复杂，往往不是由孤立因素引起，而是深受所处环境系统中多种风险因子的协同影响。因此，相较于考察单一或少数风险变量，从累积生态风险的视角出发，更能够系统揭示心理障碍的形成路径，也更具现实干预意义。

2. 毒理学领域

在食品毒理学方面，西方发达国家的食品安全监管机构已率先建立起系统性的化学物累积暴露风险评估框架与方法。例如，危害指数法（hazard index，HI）作为国际广泛采用的风险评估工具，被用于量化多种食品添加剂或污染物共同作用时的潜在健康影响[88]。Lau 等[89] 通过小鼠模型对四种常见食品添加剂（如苯甲酸钠、阿斯巴甜等）的联合毒性进行了实验研究，发现长期低剂量复合暴露可对被实验动物的神经系统及生长发育产生单一暴露时未见的抑制效应。Park 等[90] 在细胞实验中也观察到类似现象：当柠檬黄与亮蓝这两种色素以高剂量组合作用时，显著抑制了河马体神经祖细胞的增殖活性，而相同剂量下分别单独作用则未呈现显著毒性。这一结果明确提示，在实际风险评估中必须考虑添加剂的协同效应与暴露情境的多样性。在我国，学者常炯炯等[91]也开展了相关研究，系统分析了市售食品中多种添加剂同时使用的情况，并基于危害指数模型初步评估了其累积风险水平，为我国食品安全标准的完善提供了科学依据。

类似地，在农药毒理学领域，累积风险评估同样受到高度重视。农药残留往往以混合形式存在于农产品中，因此仅对单一农药制定限量标准无法全面保障消费安全。Kennedy 等[92]较早关注到有机磷类和氨基甲酸酯类农药可能通过共同的神经毒性机制产生协同效应，并推动了累积评估模型在农药监管中的初步应用。李喆[93]重点研究了多种杀虫剂在蔬菜中的残留组合，并通过体外毒理学实验验证了其联合毒性大于单一组分的现象。陈志军[94]则进一步构建了针对中国膳食结构的农药多残留暴露模型，评估了不同年龄人群经食物摄入的累积风险，并提出基于机制的整体评估框架。这些研究不仅深化了对农药复合毒理效应的理解，也为制定更具针对性的最大残留限量（maximum residue limit，MRL）标准提供了理论支撑。

3. 其他领域

在金融领域，邱峰[79]对房地产信托行业的累积风险进行了系统分析，并提出了相应的风险防范与化解策略。研究指出，房地产投资信托基金（REIT）能够有效分散和转移风险，是推动该行业未来稳健发展的重要方向。这一发现不仅为金融机构的风险管理提供了理论依据，也为政策制定者优化监管框架提供了参考。

在电力工业领域，累积风险评价已成为确定设备检修时间与方式的重要依据。袁野等[80]采用最小累积风险度量法，构建了电网等风险检修决策模型。该模型以实现检修周期内电网总风险最小化为目标，科学地确定了最优检修时间点，显著提升了电网运行的可靠性与经济性，为电力系统的安全维护提供了有效方法论支持。

在保险领域，张琳等[81]综合运用极值理论与 Copula 方法，对湖南省农业保险中的巨灾累积风险损失进行了评估与建模。该研究不仅识别了极端事件下的风险耦合机制，还量化了多重灾害叠加可能造成的潜在损失，为农险产品的定价与准备金计提提供了科学依据，增强了保险机构应对系统性风险的能力。

总体而言，累积风险研究在诸多领域展现出广泛的应用价值与深远的研究意义。其核心在于揭示非单一风险因素之间的复杂交互机制与叠加效应，从而实现对现实情境中多因素、多阶段风险的更全面刻画。未来，随着分析方法与建模技术的不断进步，累积风险理论有望为更多学科与行业中的风险识别、评估与管理提供新思路与新方法，进一步拓展其在复杂系统治理中的实践应用范围。

三、累积风险的特点

与传统的累积风险类似，海底隧道盾构施工中的累积风险也表现出若干共性，同时亦具备一些显著区别于一般风险研究的独有特征。这些特征不仅影响着风险的形成机制，也直接关系到风险管理的策略选择与实施效果。具体而言，海底隧道盾构施工累积风险主要体现在以下六个方面：

1. 客观性

在海底隧道盾构施工过程中，累积风险是不以人的意志为转移的客观现实。由于工程环境的特殊性与复杂性，施工系统自始至终暴露于多种风险因子的作用之下。这些风险来源于地质条件的不确定性、水文环境的动态变化、设备运行的可靠性以及人为操作等多个方面。随着工程推进，各类风险因素并非孤立出现，而常常以协同、耦合的方式共同作用，导致风险效应持续积累，进而对施工安全、结构稳定与工程质量构成渐进式的不利影响。这种累积机制是内在的、必然的，无法完全消除，只能通过有效手段加以控制和减缓。

2. 多样性

海底隧道盾构施工累积风险具有显著的多样性特征。其构成不是单一风险因素的独立作用，而是多种类别、不同性质的风险因素交织影响的结果。这些风险可能包括地质风险（如软弱地层、高水压）、设备风险（如盾构机故障、液压系统失效）、技术风险（如轴线偏差、盾构姿态失控）、管理风险以及环境风险等。若仅从某一风险因素出发进行分析，往往难以全面把握累积风险的实质。真正意义上的累积风险，必然体现为多类风险因素的交织、叠加与增强效应，是系统性、复合型的风险表现。

3. 长期性

海底隧道盾构施工周期长，风险因子的影响通常不具备瞬时性，而是在较长时间内持续积累并逐渐显现。短期、偶发的风险事件虽可能引发突发事故，但累积风险的形成却依赖于不利条件的持续作用或反复出现。例如，地层微小的变形可能随着掘进进程逐渐被放大，设备部件的疲劳损伤会在使用中不断加剧。因此，只有将风险置于时间轴中考虑其动态演变过程，才能真正识别累积风险机制的本质。长期性是累积风险区别于突发型风险的一个关键属性，也决定了风险防控必须具有持续性和前瞻性。

4. 动态可变性

海底隧道盾构施工累积风险并非静态不变，而是随工程进展处于不断变化之中。一方面，随着掘进断面的延伸、地层条件的变化以及施工工艺的调整，新的风险因素可能会不断涌现并加入累积过程；另一方面，通过采取有针对性的技术措施和管理干预，如加强监测、优化施工参数、实施设备维护等，系统对风险的抵抗能力也可得到增强，从而改变原有风险的累积路径与速率。这种动态性说明累积风险可通过人为干预进行调节，同时也要求风险管理体系必须具备反馈与自适应机制。

5. 层次性

海底隧道盾构施工累积风险具有明显的层次化结构。不同施工阶段（如准备阶段、始发阶段、正常掘进阶段和接收阶段等）所面临的主要风险类型及其重要性可能显著不同，各风险因子之间并非孤立存在，而是通过因果、并发、触发等关系形成一张复杂的网络。某些底层风险可能引发上层风险，而系统级风险又往往由多个子风险共同作用导致。这种层次化、结构化的特征，使得风险分析不能仅停留在表面，而必须识别其内在逻辑与相互作用机制。

6. 传导性

各类风险因素之间存在着较强的关联性与传导性。某一风险的发生可能成为其他风险的诱因，甚至引发连锁反应，导致风险跨阶段、跨领域传递。例如，机械故障可能导致掘进停滞，进而引起掌子面压力失衡、周围土体扰动，最终诱发渗漏甚至塌陷。这种传导性不仅放大了风险的总体影响，也提高了风险预测与控制的难度。因此，在累积风险分析中，必须关注风险因子之间的作用路径与传播机制，建立健全风险隔离与阻断策略。

在后文阐述过程中，除特别说明的情况外，“累积风险”或“CR”皆是指海底隧道盾构施工累积风险。

四、累积风险作为研究对象的优势分析

将累积风险概念引入海底隧道盾构施工风险研究体系，本质上是从系统思维和全过程管理的视角出发，对传统风险分析模式进行拓展与深化。以累积风险为核心研究对象，不仅有助于跳出单一、孤立的风险事件视角，更能够从整体上把握风险的形成、发展与相互作用机制。这一研究取向具有以下几方面的显著优势：

1. 实现对施工全过程的系统覆盖

海底隧道盾构施工累积风险的概念，天然具备对工程全生命周期的包容性与解释力。它不仅仅局限于某一阶段或某类风险，而是贯穿于准备阶段、始发阶段、正常掘进阶段和接收阶段的每一个环节。同时，累积风险不仅反映系统内部因素的影响，也充分纳入外部环境因素的动态作用。这种“内部＋外部”的双重视角，使得累积风险成为一个高度集成的指标，能够全面反映施工系统所处的真实风险状态，从而为风险管理提供更全面的信息基础和决策依据。

2. 对所有风险因素的综合反映

累积风险覆盖了海底隧道盾构施工的各个阶段，任何一个环节的不确定因素都有可能给海底隧道盾构施工带来不利影响。因此，累积风险并不仅仅在施工最后阶段才会出现。整个盾构施工过程中，各种风险因素相互交织，形成累积效

应。如果没有进行有效的风险过程评估，累积风险可能在盾构施工的任何时间点超出可承受范围，引发重大安全事故。本书将这种累积风险的安全极限值称为阈值。为了确保施工安全，需要在各个节点密切关注累积风险的变化趋势，及时采取控制措施，防止累积风险超过阈值。

如第一章第三节所述，海底隧道盾构施工风险具有客观性、多样性、阶段性、动态可变性、层次性和传导性等特点，表现为在海底隧道盾构施工过程中面临的风险种类众多，各种风险之间相互交织，形成一个庞杂的风险传导网络，系统内外或者同一阶段和不同阶段之间风险相互影响，并且在该网络中按照一定的路径进行传导，汇集成累积风险。

累积风险作为风险传导网络中的核心要素，反映海底隧道盾构施工中各种风险因素随施工进度推进产生的累积效应，是对所有风险因素的综合反映。

3. 有利于实现风险的过程控制

将累积风险作为研究对象，极大地促进了风险管理从“事后应对”向“过程控制”转变。由于累积风险强调风险随时间的积累过程及动态变化特性，这就决定了风险监控与控制措施必须贯穿于施工全过程，实现不同阶段、不同节点的连续跟踪与反馈。通过对累积风险的实时评估与预测，管理人员可以更早地识别风险加速累积的趋势，判断其与安全阈值的逼近程度，从而及时采取干预措施，阻断风险传导路径或削弱风险耦合效应。

4. 提升风险表达的集成性与决策支持的有效性

在传统风险管理中，多类别、多来源的风险常常以分散、孤立的形式进行评估和上报，这容易导致决策信息碎片化，难以统筹把握整体风险态势。而累积风险通过构建统一的风险度量框架，将各类风险因子置于同一体系中进行量化整合，极大提升了风险信息的集成度与可比性。决策者可据此清晰把握不同施工阶段的主要风险来源、各类风险因子的贡献度及其演变规律，从而制订更具针对性和系统性的风险应对策略。同时，基于累积风险的动态变化趋势，也可为资源调配、进度安排及应急预案的启动提供科学依据，增强重大工程决策的整体合理性与可靠性。

第二节 脆弱性理论的演化与应用

一、脆弱性概念

脆弱性并非一个新近提出的概念，其最早起源于结构工程领域，用于描述结构在外界作用下发生破坏的难易程度[95]。经过数十年发展，脆弱性的应用已远远超出结构工程的范畴，逐渐成为跨学科研究的热点议题，并在不同领域被赋予丰富而多元的内涵。如今，脆弱性已被广泛应用于经济领域、社会领域、生态领域、交通领域、工程领域、安全科学领域、计算机领域等，表 2.1 汇总了不同研究领域对脆弱性的具体定义。

表 2.1　各个研究领域的脆弱性定义

文献依据	脆弱性的定义	研究领域
[96]	脆弱性被用来衡量公司个体在背负高额负债情况下，其金融体系更倾向于经受攻击而造成损失的特性	经济
[97]	脆弱性可以作为衡量指标，用于评价某一特定群体面临风险时的敏感性	社会
[98]	脆弱性是指生态环境应对不利影响所表现出来自我调节恢复的能力	生态
[99]	脆弱性是用来衡量在发生不利事件时交通系统的服务水平降低的程度	交通
[100]	脆弱性指工程自身结构安全状态以及发生波动的趋势	工程
[101]	脆弱性是指系统暴露于不利因素的程度，以及系统面对不利因素所表现出来的防御能力	安全科学
[102]	脆弱性是指计算机编程代码中存在的缺陷，容易招致病毒攻击而产生破坏	计算机

尽管各学科对脆弱性的界定存在差异，但仍可识别出一些共同的特征，包括内部性、动态性和可控性等。脆弱性往往源于系统内部的结构或功能属性，随系统状态和外部环境的变化而发生动态演变，并且能够通过人为干预和管理措施予以控制。

基于这些共性特征，本书将脆弱性概念引入累积风险的研究框架中，并将其应用于海底隧道盾构施工这一复杂系统工程。在此背景下，本书将海底隧道盾构施工脆弱性（fragility，F）定义为：该施工系统由其内部因素所决定的、用于表征其抵抗风险袭扰能力的属性集合。换言之，系统脆弱性是对该系统内部固有属性的一种统称，它直接影响系统面对风险时的稳定性和应对效果。具体来说，系统脆弱性水平越高，代表其抗干扰能力和恢复力越弱，在面对同类风险时更容易受到损害甚至发生失效。

在后续行文中，如无特别说明，“系统脆弱性”均特指海底隧道盾构施工脆弱性，以此为基础展开对风险累积机制与系统响应关系的深入探讨。

二、脆弱性的相关研究

脆弱性研究最早可追溯至 20 世纪 60 年代。1968 年，美国学者 Margat[103]

在探讨地下水系统面对污染时所呈现的自我防护能力时，首次明确提出了“脆弱性”这一概念，用以描述地下水对环境压力源的敏感性和易损性，奠定了脆弱性在环境科学领域的初步理论基础。至 20 世纪 70 年代，美国著名地理学家 White[104] 进一步将脆弱性概念由生态学引入灾害学研究范畴。在其代表性著作《自然灾害：地方、国家和全球》中，系统阐述了脆弱性在自然灾害中的核心地位，强调其作为社会-环境系统在灾害响应中所表现出的易损程度与适应能力的综合属性，从而显著拓展了脆弱性的外延与应用背景。

20 世纪末以来，脆弱性研究逐步跨越自然学科的边界，广泛渗透至社会经济、工程技术、安全科学及计算机信息等多个领域。在这一跨学科传播过程中，其内涵也经历了深刻的演变：从最初描述地质或生态系统的固有属性，延伸至涵盖社会制度、经济结构、工程系统及网络安全的多维概念。脆弱性不再单一指向自然系统对外部扰动的敏感性，更包括了系统内部的应对能力、恢复力以及制度与人为因素的综合影响，从而发展成为一类具有高度交叉性与系统性的研究议题。

进入 21 世纪后，伴随全球气候变化、重大工程安全、突发公共事件等复杂挑战的日益凸显，脆弱性研究在自然科学与社会科学中均持续受到广泛关注。其理论框架不断丰富，方法论趋于多元，已成为评估系统可持续性、风险抵御能力和制定韧性策略的重要基础，显示出持续的学术活力与强烈的现实意义。

在自然领域，脆弱性研究已形成较为系统的理论体系，涵盖概念界定、评估框架构建及区域实证等多个层面。各类专业协会与研究机构从自身专业背景出发，提出了具有代表性的脆弱性定义与评估体系。

首先，多个国际专业组织对脆弱性提出了具有广泛影响的界定。南太平洋应用地学委员会（SOPAC）较早提出了针对自然环境脆弱性的评估指标体系，该体系整合了 50 项与环境密切相关的评价因子，系统反映某一地区在自然灾害中表现出的敏感程度与恢复能力，为区域脆弱性量化提供了重要工具[105]。联合国政府间气候变化专门委员会（IPCC）在 2001 年发布的第三次评估报告中，将脆弱性明确定义为“系统应对或适应气候变化不利影响的能力”，并指出其受气候变化的强度、速率、系统敏感性与适应能力共同影响，这一界定极大推动了脆弱性在气候适应研究中的应用[106]。此外，联合国国际减灾战略（UNISDR）强调脆弱性具有社会建构属性，指出其是人类活动与制度安排的结果，并将脆弱性定义为“社区或系统在遭受灾害时表现出的易损程度及应对不力状态”，凸显了社会因素在自然脆弱性形成中的作用[107]。

其次，国外学者从不同视角拓展了脆弱性研究的深度与广度。Blaikie 等[108] 提出了“压力-释放”模型（PAR），指出灾害脆弱性由内外两层压力构成：外层压力表现为物理或生物性质的直接灾害表征，内层压力则是社会经济不平等与制度缺陷所导致的脆弱性累积过程，灾害的发生是这两层压力超过系统承受阈值的后果。Metzger 等[109] 在全球变化背景下提出区域脆弱性应包含暴露程度与适应能力两个维度，即系统因环境变化可能遭受的损失及其缓解与恢复能力，并据此绘制了不同区域脆弱性空间分异图谱，为差异化适应策略的制定提供了依据。Foden 等[110] 聚焦生物多样性保护，提出了在物种尺度上脆弱性评估的操作框架，为识别易受气候影响的濒危物种及优先保护区提供了科学工具。Schilling 等[111] 以北非为案例，综合评估了气候变化对该地区水资源及农业系统的潜在影响，发现阿尔及利亚因水资源短缺与农业依赖度高而表现出最高的气候脆弱性，研究结果为区域风险治理提供了重要参考。

与此同时，国内学者也积极开展了具有本土特色的脆弱性研究。周永娟等[112] 重新界定了生态脆弱性的概念，以三峡库区消落带为研究对象，通过多生态因子叠加分析与空间建模，揭示了不同主导因子作用下生态脆弱性的空间分异规律，为库区生态修复提供了理论支撑。张良侠等[113] 聚焦黄土高原生态脆弱区，通过遥感与地面观测相结合的方法，指出植被覆盖度和降水变率是控制该区域生态脆弱性的关键自然因素，而气候变化在短期内的影响程度有限，这一结论深化了对干旱半干旱地区生态恢复过程的理解。

关于自然领域的脆弱性研究已经形成了丰富的理论成果，这些成果涵盖了不同协会和学者的理解和评估方法，以及特定地区的脆弱性分析结果。这些理论成果对于我们深入理解自然领域的脆弱性和采取相应的应对措施具有重要意义。

在社会领域，关于脆弱性的研究也日益受到重视。学者们分别从不同的角度对脆弱性进行了深入的研究和分析，并取得了许多有意义的成果。

Kaminsky 等[114] 开创性地将脆弱性理论引入金融风险研究，认为国有银行体系的脆弱性能有效预测金融危机的发生，并据此构建了包含资本充足率、资产质量、流动性风险等 12 个指标的评估体系，为金融稳定性评估提供了重要工具。中国学者黄金老[115] 进一步从债务结构与融资环境出发，将脆弱性区分为“狭义脆弱性”与“广义脆弱性”，前者指企业因高负债经营而面临的偿债风险，后者则涵盖整个经济体中存在的综合性金融风险，这一划分增强了对不同层次金融风险的解释力。Adger[116] 则从区域经济韧性角度，对越南海岸带地区的经济脆弱性进行了深入研究，识别出影响该地区人均收入与经济恢复能力的关键因素，包括资源依赖程度、制度响应能力与社会资本水平，为沿海地区可持续发展政策的制定提供了依据。

在公共安全与灾害社会科学领域，脆弱性概念被广泛应用于事故致因分析与社会风险治理。黄晓军等[117] 明确提出“社会脆弱性”概念，指出其源于社会系统内部存在的制度缺陷、资源分配不均及应对能力不足等薄弱环节，在自然或人为干扰下易导致灾害损失扩大。佟瑞鹏等[118] 进一步聚焦城市安全，定义了“社区安全脆弱性”概念，从物理环境、组织管理、公众意识三个维度构建了评估模型，并在多个典型社区中开展实证应用，有效识别了高风险社区并提出了针对性改进措施。田水承等[119] 在煤矿安全研究中取得重要突破，提出了用于煤矿火灾事故风险评估的“玻璃心”模型，该模型在暴露度、敏感性与适应性的经典框架基础上，创新性加入“扰动度”要素，用以刻画系统受外部干扰的频繁程度与强度，显著提升了模型的解释力与适用性。

此外，在关键基础设施防护领域，Cleod 等[120] 关注地铁网络的安全性能，为量化多重故障与单一事件后果的差异，构建了基于最短路径客流的网络脆弱性模型，该模型能够模拟不同站点失效情景下系统运行效率的损失，为地铁系统的安全设计与应急管理提供决策支持。

这些研究在社会领域对脆弱性进行了深入探索并提供了一系列有意义的框架和工具。这些成果有助于我们更好地理解并应对社会问题、保障社区安全、确保煤矿安全以及加强地铁网络的安全防范。

无论是自然领域还是社会领域，脆弱性研究均显示出高度的理论活力与广泛的实用价值。自然领域的相关研究为理解环境变化下的系统响应提供了框架，而社会领域的拓展则深刻揭示了风险与脆弱性的社会根源与制度成因。两者相互促进，共同构成了系统性风险治理的科学基础，为预测、评估与应对各类自然与社会风险提供了坚实的理论支撑与方法工具。

三、脆弱性特征要素

脆弱性特征要素的理论发展是一个逐步深化和系统化的过程，其相关研究大致经历了三个主要阶段，反映了学术界对脆弱性内涵理解的不断拓展。在脆弱性研究的初始阶段，脆弱性通常被简单视为一个可测量的单维指标，用以量化系统在风险作用下的易损程度，这一阶段可称为“单因素阶段”。随着脆弱性概念被引入生态、社会、经济及工程安全等多个学科领域，其理论体系日趋完善。一些研究者提出，系统在面对外部威胁时不仅表现出易损性，还应包括其对扰动的响应速度及事后调整能力，从而进入了以“敏感度”和“适应度”为核心的“双因素阶段”。近年来，为进一步全面描述系统与扰动的交互机制，又引入了“暴露度”这一关键要素，形成目前广为接受的“暴露度-敏感度-适应度”三维模型，标志着脆弱性特征要素的研究进入“三因素阶段”。这一框架为系统脆弱性的评估与控制提供了更为全面和深入的理论基础。

1. 暴露度

暴露度指系统与外部不利扰动接触的程度，具体表现为系统遭受扰动的作用时间、发生频率、影响范围及强度等指标。该要素主要用于衡量系统遭遇外部扰动的可能性大小。在系统本身结构和其他条件保持不变的情况下，暴露度越高，意味着系统面临的风险输入越大，所受到的不利影响往往更为显著，其脆弱性水平也相应提高。

2. 敏感度

敏感度用于描述系统在受到外部扰动时产生反应的剧烈程度，即扰动发生后系统状态发生不利变化的幅度。它通常通过比较系统受扰前后的关键状态变量进行量化。在相同的外部扰动量级下，敏感度越高，代表系统抗干扰能力越弱，其状态偏离正常范围的速度更快、程度更深，也更容易达到临界失效条件。

3. 适应度

适应度指系统在遭受扰动并发生一定损伤后，通过自我调整或外部干预实现恢复的能力，包括恢复速度与恢复程度两个重要方面。适应度越高，表明系统抑制损害扩散、修复功能、回归稳定状态的能力越强，脆弱性因而较低；反之，如果系统在扰动后恢复缓慢甚至无法恢复，则说明其适应度较差，脆弱性较高。在实际工程中，适应度可体现为系统冗余设计、应急响应机制、实时控制能力以及故障自愈性能等。提高系统的适应度是脆弱性控制的关键途径之一。

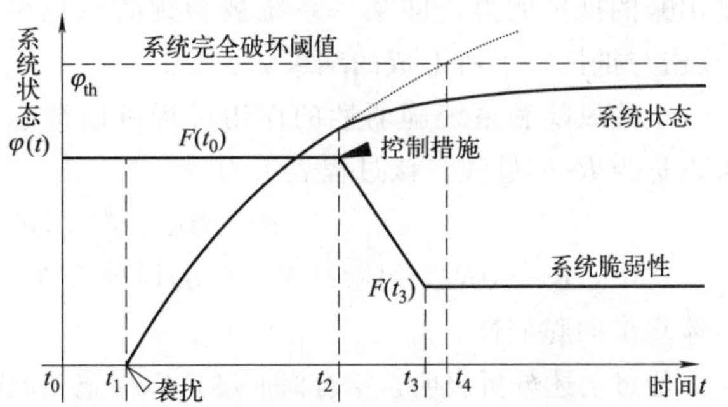

图 2.1 系统状态在脆弱性作用下发展趋势示意图

综上所述，系统在受到外部袭扰后其状态的变化，是袭扰特性与系统内在脆弱性共同作用的结果。这一动态过程可通过系统状态在脆弱性作用下的发展趋势示意图（图 2.1）形象描述。假设存在一个系统，系统在初始时刻 t_0 时的脆弱性值为 $F(t_0)$，此时系统处于一个稳定状态 $\varphi(t_0)$，在 t_1 时刻，有一个外部的不利因素对系统进行了袭扰，导致系统状态急剧攀升至 $\varphi(t_2)$，如果不采取控制措施，系统状态将在 t_4 时刻达到阈值 φ_{th}，使系统发生完全破坏。如果在一个合适的时刻 t_2 通过施加有效的控制措施使系统脆弱性 $F(t_0)$ 降低至 $F(t_3)$，使得袭扰对系统产生的不利影响的累积有所缓解，系统状态低于系统完全破坏阈值并趋于平稳。

四、脆弱性与风险的关系

从上述分析可知，脆弱性是系统的固有属性，这种属性是系统本身就具备的，它的存在与是否有袭扰施加在系统上无关。然而，只有当系统遭受袭扰时，其脆弱性才会显现出来。因此，脆弱性是一个相对的概念。虽然脆弱性的存在是客观的，但是系统脆弱性的表现状态却与系统外部的袭扰密不可分，对于不同类型的外部袭扰，系统则会表现出不同的脆弱性。

由风险的相关概念可知，风险是一种潜在的不利因素，即客观存在的对系统产生不利影响的袭扰。虽然风险和脆弱性都具有客观性，但是它们之间又有所差异。风险一般具有潜在性，以一种不可见的形式存在，但又具备可测性，能够通过经验的沉淀或者数据的统计寻找其规律，甚至可以实现对风险的测度与量化。然而，无论如何去了解系统面临的风险，都无法消除它们。相比之下，脆弱性则是系统固有的属性，具有可控性的典型特征。

风险通常被描述成其发生的可能性与影响程度的综合，是一个二维概念，这是从风险因素的单一视角出发定义的，具有一定的科学性，但是也存在缺陷。相同的风险不一定会给不同的系统造成相同的影响程度，因此之前对这种风险的描述无法考量系统本身应对风险的能力。在后文的风险研究中，需要引入两个新的风险概念——风险事件（risk event，R）和风险结果（result of risk，Result$R$）。风险事件是指风险因素之间相互作用并产生能量积蓄，能够对系统形成威胁时所表现出的袭扰性事件；与风险的概念相比较，风险结果不仅包含了风险因素本身的相关属性，还考虑了被风险事件袭扰的系统本身的脆弱性以及在应对袭扰而表现出来的抵抗能力，即某一系统被袭扰的风险事件与系统脆弱性属性共同作用（攻击与抵抗）下所形成的结果。

上述风险和系统脆弱性的作用过程可以被定义为“风险-脆弱性”过程，又可以称为 R-F 过程，该过程表示为

$$\text{Result}R=f(R,F) \tag{2.1}$$

式中，Result$R$ 为风险结果；R 为风险事件；F 为当系统遭受风险事件袭扰时体现出的脆弱性。

经过上述分析表明，结合海底隧道盾构施工风险的特点，在施工过程中，仅仅依赖于风险本身来寻找一种全面而有效的控制方法是不现实的。然而，脆弱性的概念为风险控制提供了一种解决方法。可以通过针对系统脆弱性制订落实改善措施的方式，间接地实现对风险的控制。由此，可以对本书的风险控制进行定义：风险控制是在海底隧道盾构施工系统中，通过施加合理的措施调整系统脆弱性，以改变系统抵抗风险的能力，从而实现控制风险传导过程的一种可操作的手段。

第三节 风险传导机制的分类

在上一节的“风险-脆弱性”过程中，风险表现出了三种不同的形式——风险事件、风险结果和风险状态，而风险在传导过程中的传播过程正是这三种不同风险形式之间的相互转化，从而形成风险传导网络（将在本书的第三章中进行介绍），这三者之间的转化恰好呈现出下文中将要提到的三种风险传导形式。风险传导网络将清晰地解析风险的流动路径。在这个网络中，风险因素之间相互作用并产生能量积蓄。当这种能量达到一定程度时，它就能形成具有威胁性的风险事

件（可以理解为在风险传导网络中形成的风险流）。风险以能量的形式在网络中进行传播，根据上一节中的分析可知，风险在传播过程中会受到脆弱性的影响，从而形成特定的风险结果。

值得注意的是，不同传导路径的脆弱性各不相同，这就使得同一个风险事件在不同传导路径上所形成的风险结果也可能有所不同。这些不同的风险结果会在它们共同的后继网络节点处汇聚（形成累积效应），此时网络节点处的风险累积则表现为风险状态（state of risk，State$R$）。如果某一网络节点还存在后向节点，那么该节点所蕴藏的风险能量将继续向该节点后面的多条传导路径进行扩散，并在新的传导路径上传导形成新的风险结果。

一、串行式风险传导

在风险传导网络中风险传导的起点是风险事件，风险事件在风险能量的驱动下，沿着其对应的唯一传导路径进行传导并形成风险结果，这是一种串行式风险传导形式。每一条海底隧道风险传导路径并非都是瞬时性的，具有一段不为零的连续时间，因此应该将式（2.1）中的风险事件与风险结果变量依次进行拉氏变换，见式（2.2）和式（2.3）。

$$R(s)=\int_0^s R(t)\mathrm{d}t \tag{2.2}$$

$$\mathrm{Result}R(s)=\int_0^s f[R(t),F(t)]\mathrm{d}t \tag{2.3}$$

式中，s 为复变量，代表风险事件在其传导路径上传导的时间长度；$t\in(0,\ s]$，表示该传导路径上的任意一个时间点。

将海底隧道盾构施工过程视作一个系统，该系统中存在非线性因素。直接应用现有的非线性分析方法可能导致问题变得非常复杂，从而产生较大的计算误差[121]。为了解决这个问题，可将海底隧道盾构施工系统近似描述为线性时变系统，该系统的特性随着时间参数的变化而变化。基于此，“风险-脆弱性”过程中的风险结果和风险事件之间为线性关系，使用线性函数 $W(s)$ 表示风险结果 Result$R(s)$ 的拉氏变换和风险事件 $R(s)$ 的拉氏变换之比，$W(s)$ 称为传递函数，如式（2.4）所示。

$$W(s)=\frac{\mathrm{Result}R(s)}{R(s)}=\frac{\int_0^s f[R(t),F(s)]\mathrm{d}t}{\int_0^s R(t)\mathrm{d}t} \tag{2.4}$$

通过传递函数 $W(s)$，可以根据不同的风险事件 $R(s)$ 求得其对传导路径上的风险结果 Result$R(s)$。

风险传导过程的传递函数可以理解为风险传导的实现概率。借鉴可靠性理论的方法，风险传导的实现概率服从指数分布。

$$W(s)=P(s)=1-\mathrm{e}^{-\lambda s} \tag{2.5}$$

式中，$P(s)$ 为风险传导的实现概率；s 为风险事件在其传导路径上传导的时间长度；λ 为致灾率。

致灾率相当于统计学中的瞬时失效率函数，失效率函数表示在时刻 t 未出现故障的样本数量在 $t+\Delta t$ 的单位时间内发生故障的条件概率，而瞬时失效率则为当 $\Delta t \to 0$ 时的失效率，记作 $h(t)$。

$$h(t)=\lim_{\Delta t \to 0} \frac{P(t+\Delta t)-P(t)}{1-P(t)} \times \frac{1}{\Delta t}=\frac{P'(s)}{1-P(s)}=\frac{\lambda e^{-\lambda s}}{1-(1-e^{-\lambda s})}=\lambda \tag{2.6}$$

利用比例风险回归模型，将协变量加入瞬时失效率函数，则有：

$$h(t \mid z)=h_0(t)e^z \tag{2.7}$$

式中，z 为协变量；$h_0(t)$ 为不考虑协变量条件下的基准失效率值。

将脆弱性 F 作为比例风险回归模型中的 z，可以推导得到：

$$\lambda=h_0(t)e^F \tag{2.8}$$

将式（2.8）代入式（2.5），并令 $\theta=h_0(t)$，则有：

$$W(s)=1-e^{-\theta\int_0^s e^{F(t)}dt} \tag{2.9}$$

从式（2.9）可以看出，传递函数仅依赖于一个变量，即脆弱性。因此，只需要明确相应传导路径上的脆弱性，就可以由风险事件求得风险结果的值。其中，风险事件可以理解为在风险传导网络中形成的风险流，风险流变量的具体数值可以通过第三章式（3.14）～式（3.18）求得。

二、集中式风险传导

不同传导路径上所形成的风险结果将在它们的共同后续网络节点处汇集（即形成累积效应），在网络节点处的风险累积表现为风险状态（state of risk，State*R*），这是一种集中式风险传导形式。每一个网络节点处的风险状态都是由该节点本身的风险能量（即该节点处的风险事件转变成的风险结果）和该节点的前向边传导过来的风险结果相互耦合形成的。

风险之间耦合存在三种形式，即相互削弱式的弱耦合、相互促进式的强耦合与相互独立式的纯耦合。

弱耦合形式下的风险结果之间彼此削弱，风险能量降低，在网络节点处表现出的风险状态减弱，甚至存在一种极端情况，即各个风险结果间作用完全相反，导致相互抵消，致使网络节点处的风险状态为零。

纯耦合形式下的风险结果彼此之间不存在相关性，它们耦合形成的风险状态是所有风险结果之间的简单叠加。

强耦合形式下的风险结果之间彼此促进，耦合形成的风险状态不仅体现为各个风险结果之间的叠加，还呈现超越叠加的扩大趋势。

经济学家、诺贝尔经济学奖获得者 Markowitz 提出用方差的形式进行风险表达并得到了广泛的认可。方差是用来描述随机变量与期望值之间离散程度的值，可以借鉴方差公式描述两个风险结果之间的耦合过程[122]，如式（2.10）所示。

$$\mathrm{State}R_{u.v}=\mathrm{Result}R_u+\mathrm{Result}R_v+2\rho_{u.v}\sqrt{\mathrm{Result}R_u}\sqrt{\mathrm{Result}R_v} \quad (2.10)$$

式中，$\mathrm{Result}R_u$ 和 $\mathrm{Result}R_v$ 为两个不同的风险结果，它们有共同的后向节点，并在节点处进行耦合形成风险状态 $\mathrm{State}R_{u.v}$；$\rho_{u.v}$ 为耦合度，且 $|\rho_{u.v}|\leqslant 1$，可以理解为风险结果 $\mathrm{Result}R_u$ 和 $\mathrm{Result}R_v$ 之间的影响系数。当 $-1\leqslant\rho_{u.v}<0$ 时，表示两风险结果之间存在“弱耦合”；当 $\rho_{u.v}=0$ 时，表示两风险结果之间存在“纯耦合”；当 $0<\rho_{u.v}\leqslant 1$ 时，表示两风险结果之间存在“强耦合”。

风险传导网络中，在一些风险传导网络节点处，不仅存在两条前向边，这就意味着某些风险状态是由三种或三种以上的风险结果耦合形成的，这就需要将式（2.10）推广到 M（M 为大于 2 的整数）个不同风险结果之间的耦合，如式（2.11）所示。

$$\mathrm{State}R=\sum_{i=1}^{M}\mathrm{Result}R_i+2\sum_{i\neq j}\rho_{i.j}\sqrt{\mathrm{Result}R_i}\sqrt{\mathrm{Result}R_j} \quad (2.11)$$

式中，$\mathrm{State}R$ 为 M 个风险结果耦合形成的风险状态；i 和 j 皆为小于等于 M 的正整数；$\rho_{i.j}$ 为风险结果 $\mathrm{Result}R_i$ 和 $\mathrm{Result}R_j$ 之间的影响系数，其取值范围和意义同前文。

三、辐射式风险传导

在风险传导网络中，假设共有 5 个网络节点，为了便于后面的分析，现令 $1\leqslant i<j\leqslant 5$，令节点 1、节点 2、节点 3、节点 4 和节点 5 分别代表网络中的节点 S、P、L、N 和 R。s_j 为节点 j 处风险事件作用的时间长度，s_{ij} 为节点 i 和节点 j 之间的时间距离，则在“风险-脆弱性”过程中变量和函数用表 2.2 中的符号表示。

表 2.2　风险传导网络中的符号含义

符号	表示含义
$R_j(s_j)$	节点 j 处“风险-脆弱性”过程的风险事件
$\mathrm{Result}R_j(s_j)$	节点 j 处“风险-脆弱性”过程的风险结果
$\mathrm{State}R_i(s_i)$	节点 i 处“风险-脆弱性”过程的风险状态
$W_j(s_j)$	节点 j 处“风险-脆弱性”过程的传递函数
$R_{ij}(s_{ij})$	节点 j 的前向边 ij 处“风险-脆弱性”过程的风险事件
$\mathrm{Result}R_{ij}(s_{ij})$	节点 j 的前向边 ij 处“风险-脆弱性”过程的风险结果
$W_{ij}(s_{ij})$	节点 j 的前向边 ij 处“风险-脆弱性”过程的传递函数

通过前文的分析可知，节点 j 处的风险事件 $R_j(s_j)$ 是由节点 j 处的风险流在风险传导网络中形成的。而节点 i 向节点 j 发出的风险事件 $R_{ij}(s_{ij})$ 则与节点 i 处的风险状态 $\mathrm{State}R_i(s_i)$ 有关，因为节点 i 处的风险状态 $\mathrm{State}R_i(s_i)$ 不仅经过边 ij 向节点 j 处传导，还会向节点 i 之后的所有节点传导，所以在节点 i 处就形成了辐射式风险传导过程。

经过上述分析不难看出，节点 j 的前向边 ij 处“风险-脆弱性”过程的风险事件 $R_{ij}(s_{ij})$ 由节点 i 处的风险状态 $\text{State}R_i(s_i)$ 和节点 i 处的扩散效应共同决定，这种扩散效应可以用扩散函数 $D_{ij}(s_{ij})$ 表示，这个过程可以被描述为式（2.12）。

$$R_{ij}(s_{ij})=\text{State}R_i(s_i)D_{ij}(s_{ij}) \tag{2.12}$$

风险扩散的效果取决于扩散路径的性质，风险更倾向于往有利于其传导的风险路径上扩散。通过脆弱性的定义可知，脆弱性是系统抵抗风险的能力，抵抗能力越弱的风险传导过程就越容易“吸引”风险向其所在的路径上扩散。因此，本书可以基于脆弱性构建扩散函数。

设节点 i 为风险扩散节点，并且节点 i 后有 n 条扩散路径，则每条扩散路径的脆弱性为 $F_k(t)$，$k=1$，2，…，n，则基于脆弱性构建扩散函数的密度函数 $D_k(t)$ 为：

$$D_k(t)=\frac{F_k(t)}{\sum_{k=1}^{n}F_k(t)} \tag{2.13}$$

扩散函数 $D_k(s)$ 应是在时间范围［0，s］上对式（2.13）进行积分：

$$D_k(s)=\frac{F_k(t)}{\sum_{k=1}^{n}F_k(t)}=\frac{\int_0^s F_k(t)\mathrm{d}t}{\sum_{k=1}^{n}\int_0^s F_k(t)\mathrm{d}t} \tag{2.14}$$

通过式（2.14），在节点的风险状态已经求得的前提下，只需清楚风险扩散路径的脆弱性，就可以轻松求出后续各条路径的风险流，并进入下一个节点风险状态的求解，直至完成整个风险传导过程。

本章小结

本章深入探讨了累积风险与脆弱性理论在海底隧道盾构施工中的应用。首先，累积风险概念源自心理学和毒理学，被引入海底隧道盾构施工领域后，展现出客观性、多样性、长期性、动态可变性、层次性和传导性等特点，为全面覆盖施工过程、综合反映所有风险因素及实现风险过程控制提供了有力支持。其次，脆弱性理论经过演化，被定义为系统抵抗风险的能力，具有暴露度、敏感度和适应度三个特征要素，与风险相互作用形成“风险-脆弱性”过程。最后，风险传导机制被细分为串行式、集中式和辐射式三种形式，分别描述了风险在传导网络中的传播路径和转化过程，揭示了风险传导的复杂性和多样性。本章研究不仅丰富了海底隧道盾构施工风险管理的理论体系，也为实际工程中的风险控制提供了科学依据和操作手段。

第二部分

风险传导机制

第三章 海底隧道盾构施工风险因素

第一节 风险识别方法与流程

由上一章关于累积风险的概念可知，累积风险是盾构施工阶段系统内外部多种风险因素累积的效应，在累积风险研究过程中，应当首先尽可能详细收集各类可能在海底隧道盾构施工过程中存在的风险信息，从中提取拟定的海底隧道盾构施工风险因素。在收集风险信息过程中，要充分总结并参考以往相似工程案例的经验和教训，同时也要从相关的论文、专著等文献中获取有用的信息。由于受到个人专业水平和眼界的限制，上述拟定的风险因素不可避免存在一些瑕疵。考虑到海底隧道盾构施工的特殊性和研究严谨性的要求，风险因素识别还需要吸收本研究领域专家的实践经历和研究经验，以实现完善海底隧道盾构施工风险因素的目的。

一、风险识别方法

海底隧道盾构施工项目往往投资高、工程量大、工期长，施工过程中面临复杂多样的地质环境，不确定的风险因素充斥着整个施工过程，随时有可能给施工带来不利的影响，因此对海底隧道盾构施工风险因素的识别必须尽量客观和全面，这就要求在风险因素识别过程中采用科学的风险识别方法。

在表 3.1 中，依次列举出一些在风险识别中常用的方法以及优缺点，并根据各自特点将它们分为基于历史经验的风险识别方法、基于专家调查的风险识别方法和基于流程分解的风险识别方法三类。

表 3.1 常用的风险识别方法

方法		优点	缺点
历史经验	文献研究法	可以从既有的研究成果中快速获取有效信息	结果依赖于文献的质量与数量
	检查表法	权威性高，工作开展较为容易	对历史项目相似性要求较高，项目针对性不强，较容易造成缺失

续表

方法		优点	缺点
专家调查	个人判断法	对专家数量要求小，有利于充分发挥专家个体的判断能力	信息来源少，对专家的知识深度要求高
	头脑风暴法	有利于创新性知识点的发掘，工作量小、效率高	专家间相互影响可能会造成讨论结果失真，即兴发挥可能造成专家意见不成熟
	德尔菲法	结果最大限度体现全部专家的意见和共识	需要多次沟通和整理，工作烦琐、耗时长
流程分解	工作分解结构法	清晰展现全貌和结构，有效减少信息遗漏和冗余	只适用于能够进行工作结构分解的情况
	因果分析图法	便于确定风险因素的内在联系，不易造成信息遗漏	对操作人员的经验要求较高，耗费时间长
	流程图法	在工程流程图的基础上的分析较为全面	工程流程图的绘制工作量较大
	故障树法	结构清晰、逻辑性强，可用于定性分析和定量分析	构造故障树的工作量大、难度大，对人员的专业性要求高

由于海底隧道盾构施工风险具有客观性、多样性、阶段性、动态可变性、层次性和传导性等一系列复杂特征，仅依赖单一的风险识别方法难以全面、系统且准确地捕捉所有潜在风险因素，从而难以保障风险识别过程的完整性、科学性与实际适用性。因此，在本书针对海底隧道盾构施工风险因素的识别研究中，拟采取多种方法融合运用的策略，以构建一个多层次、互补性的风险识别框架。

从第一章的相关综述可知，隧道工程风险管理领域已历经长期发展，积累了丰富的研究成果与实践经验，国内外学者在风险致因机制、评估模型及管控策略等方面形成了较为成熟的理论体系。这一扎实的研究基础为采用文献研究法系统识别海底隧道盾构施工风险因素提供了充分条件。该方法能够广泛吸收已有学术文献、工程报告与案例库中的风险知识，实现对常见风险因素的系统梳理与初步归类，具有较强的理论覆盖力和信息集成性。

然而，文献研究法也存在其局限性，其识别效果高度依赖于所检索文献的质量、数量及其代表性，若文献来源受限或案例覆盖不均，可能导致重要风险因素被遗漏。与此同时，其他传统识别方法在本研究语境下也显示出明显不足。例如，检查表法虽结构清晰、操作简便，但其适用前提是存在大量高度相似的历史项目案例作为支撑。目前海底隧道盾构施工仍属技术复杂、个案差异性显著的领域，可供直接借用的成熟检查表较为缺乏，因此该方法在当前阶段适用性有限。基于流程分解结构的方法（如工作分解结构法、因果分析图法等）虽具有系统性和逻辑性强的优点，但其有效实施高度依赖操作人员的专业经验与判断能力，且过程烦琐耗时。若要实现海底隧道这一复杂系统风险的全面识别，仅凭此类方法对资源投入要求高，实际全面覆盖的难度也较大。

为克服单一方法的固有缺陷，本书在确立以文献研究法作为主要识别工具的基础上，进一步引入专家调查法作为关键补充。通过设计结构化访谈问卷或组织专家研讨会，汇集来自设计、施工、科研等多领域专家的实践认知与经验判断，将文献中提取的理论风险清单与专家在实际项目中遇到的真实问题相互校验、融合与拓展。这种“文献＋专家”的双源互补机制，既可突破研究者个人专业背景和视野的局限，又能有效弥补单纯依赖历史文献可能带来的现实性、时效性不足问题，从而显著提升风险因素识别的全面性与可靠性，确保所构建的风险清单更贴近工程实际，为后续的风险评估与管控策略制定奠定坚实基础。

1. 文献研究法

文献研究法是一种通过系统搜集、筛选和整理相关领域已有学术成果、研究报告及工程案例，从中提取有效信息并进行归纳分析的调查研究方法[123]。该方法不直接开展现场调查或实验，而是基于既有文献资源展开二次分析与综合，具有成本较低、信息覆盖范围广、理论支撑性强等特点，尤其适用于基础性、系统性的风险因素挖掘工作。

根据第一章对隧道工程风险管理研究历程的梳理可知，国内外学者在该领域已开展了广泛而深入的探索，积累了丰富的研究成果。不少文献聚焦于风险识别环节，提出了具有理论价值和实践意义的识别框架、方法模型或案例清单，这为采用文献研究法初步提取海底隧道盾构施工风险因素奠定了坚实基础。本书拟通过系统检索中外学术数据库、行业标准与重要工程报告，筛选出与海底隧道盾构施工风险高度相关的权威文献，对其中所涉及的风险因素进行提取、去重与归类整合，在此基础上形成一份初步的、结构化的“拟定风险因素清单”，为后续的专家评议与优化完善提供基础框架。

2. 专家调查法

专家调查法是指借助相关领域内专家的知识、经验与判断力，通过系统化的程序对特定问题进行分析与评估的一类方法[124]。该类方法充分利用专家在专业实践中积累的隐性知识和直观洞察，适用于数据匮乏、系统复杂或不确定性高的研究情境。常见的具体形式包括个人判断法、头脑风暴法、德尔菲法等，它们在组织方式、互动程度和结论达成机制上各有特点。

在本书研究中，为进一步提升风险因素清单的完备性、准确性和实践相关性，拟在文献研究的基础上引入专家调查法作为关键补充。考虑到方法的可操作性与专家资源的有效性，选择采用“专家个人判断法”这一形式。该方法要求调查者分别征求多位专家的独立意见，由每位专家基于自身专业背景、工程实践经历及研究认知，对初步拟定的风险因素清单进行审阅，并就每一项风险因素的重要性、合理性及表述准确性等方面进行评估；过程中专家不进行集中讨论，以保证判断的独立性和多样性。最后，由研究者对专家反馈进行汇总、比对与分析，进而形成综合性的结论，用以修订、完善和最终确定风险因素体系。通过这一机制，既可有效吸纳一线专家经验，又能规避群体讨论中可能存在的权威主导或从众效应，从而提高风险识别结果的科学性与可信度。

二、专家调查展开方式

在运用专家调查法进行风险因素识别与评估的过程中，通常可采用两种主要实施方式：访谈与问卷调查。这两种方式在操作形式、信息深度、样本规模及资源投入等方面各有特点，研究者可根据具体研究目标、资源条件与对象特征进行合理选择或组合使用。

1. 访谈

访谈，亦称会晤，是指调查者与专家通过直接互动交流，以获取其对特定问题的见解、判断与评价的定性调查方法[125]。传统访谈通常以面对面形式开展，但随着通信技术的发展，电话访谈、视频会议等远程方式也已得到广泛应用，极大拓展了访谈的时空灵活性。

访谈的核心优势在于其交互性与深度。调查者能够就复杂或易混淆的概念、背景及评估标准向专家做出充分解释，确保双方理解一致；同时，在交流过程中可实时追问、澄清模糊观点，从而获取更为丰富、细致和具有情境性的深层信息，尤其适用于探索性较强或专业性极高的问题。

然而，访谈方式也存在一定局限性：其一，整个过程通常耗时较长，从预约、实施到后期整理均需投入大量人力与时间；其二，由于单位访谈成本较高，样本规模往往受限，难以覆盖过多样本；其三，对访谈者的专业素质与沟通技巧有较高要求。因此，该方法更适用于专家数量有限，但需深度获取高质量观点的研究场景。

2. 问卷调查

问卷调查是指通过编制并发放统一结构的调查问卷，以收集专家对某一事物认知、态度或评价意见的标准化调查方式[125]。该方式可通过纸质邮寄、电子邮件、线上平台推送或现场发放等多种途径实施，是目前专家调查中应用最广泛的数据收集方法之一。

问卷调查的突出优点在于其高效性与规模可扩展性。一旦问卷设计完成，便可同时向多位专家发放，能够在较短时间内以较低成本获取较大样本量的数据，特别适用于需要广泛征询意见或进行统计推断的研究。此外，问卷方式的回应压力较小，有助于专家独立、客观地表达意见。

其有效性高度依赖于问卷本身的质量。优秀的调查问卷需满足结构清晰、问题明确、表述无引导性、选项完备等基本要求，否则可能导致理解偏差或回复质量下降。同时，问卷调查在问题深度和灵活性上通常不如访谈，难以捕捉预设选项之外的细微观点，亦缺乏即时互动的澄清机会。因此，该方法更适用于已有一定研究基础、问题结构较为清晰的验证性或大规模调查阶段。

三、风险因素识别过程

在开展专家调查时，本书基于实际研究条件与目标，选择了以问卷调查作为核心数据收集方式。尽管访谈能够提供深度与灵活性的信息获取途径，但其存在工作量大、周期长、经济成本高等现实困难，在大样本专家意见征询中适用性较低。而问卷调查虽在实施效率与样本规模上具有明显优势，却也存在固有缺陷，例如问题表述固定、难以捕捉专家判断中的不确定性与模糊语义等，容易导致信息失真或细节缺失。

为克服传统问卷调查在弹性与信息丰富性上的不足，本书引入模糊集理论（fuzzy set theory）对调查方法进行改进。该方法允许专家运用自然语言或模糊语义表达其对风险因素重要性程度的判断，而非强制进行精确的数值评价。通过后续的“解模糊化”处理（defuzzification），将这些模糊评价转化为可运算的量化数值，既尊重了专家在复杂判断中的思维特点，也提升了数据的可靠性与分析深度，有效降低了因问卷设计刚性所导致的响应偏差。该方法的整体实施流程如图 3.1 所示。

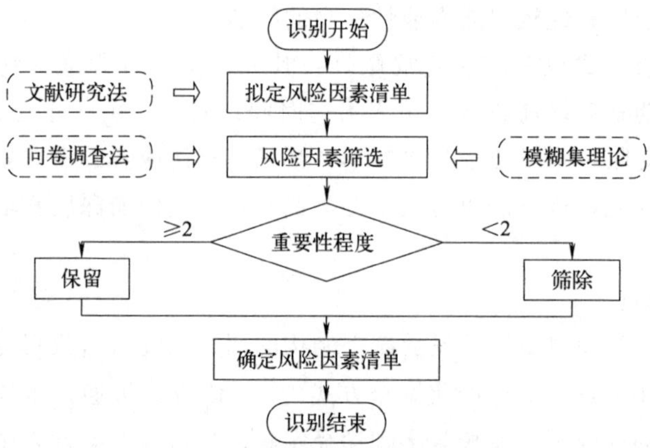

图 3.1 风险因素识别思路

在构建风险因素体系的过程中，本书以系统性和全面性为原则，通过以下多途径广泛搜集与海底隧道盾构施工风险相关的文献与实务资料，作为风险识别的主要依据。

① 系统性检索已公开发表的学术期刊论文、专著、研究报告及学位论文等，检索关键词包括但不限于“海底隧道盾构施工风险”“海底隧道施工管理”“盾构隧道风险分析”“隧道工程风险识别”等，覆盖中外文主流数据库；

② 实地走访在建或已建海底隧道盾构项目施工现场，通过现场观察、工程记录查阅及与施工管理人员、技术人员进行半结构化访谈，获取一手风险信息与案例经验；

③ 协同相关建设单位及工程参与机构，收集包括工程施工组织设计、专项方案、风险事故报告、监测数据、智能预警系统设计方案等内部资料，从而从实践源头补充和完善风险场景。

基于以上途径获取的文献资料，遵循以下原则筛选出可提取的与海底隧道盾构施工风险因素极度相关的文献资料。

① 文献来源需具备较高的专业权威性与成熟度，优先选择核心期刊、高水平会议论文、权威机构发布的技术报告与标准规范；

② 在文献数量允许的情况下，重点选取那些基于实际海底隧道盾构工程案例的实证研究，以增强风险因素的项目贴合性与实效性；

③ 适当扩展文献检索范围，将非海底隧道盾构项目（如山岭盾构隧道、城市地铁盾构）及海底隧道其他工法施工的相关风险研究纳入比较视野，力求纵横覆盖、触类旁通；

④ 高度重视原始资料的使用，审慎采纳转述或综述类文献，必要时追溯引文源头以验证其准确性与可靠性。

基于上述资料，本书所采用的海底隧道盾构施工风险因素识别过程主要包括两个核心阶段：

1. 拟定风险因素清单

通过文献研究法，系统搜集、整理与筛选出“极度相关”的文献资料，并依据完整性、合理性及适用性原则，采用文本挖掘与内容分析法系统提取文中涉及的风险事件、风险诱因与影响因素。在此基础上进行归纳、去重与分类整合，初步形成一份覆盖全面、结构清晰的“拟定风险因素清单”，为后续专家评议提供基础框架。

2. 确定风险因素清单

在初步清单的基础上，结合模糊集理论设计专家调查问卷，邀请领域专家对各项风险因素的重要性进行模糊语义评价，并就可能的遗漏提出补充建议。为提升调查效率、保证专家判断的独立性，本研究选用专家个人判断法作为具体实施方式，通过模糊评价与解模糊转换的结合，将专家的直观经验与定性判断有效转化为可分析、可聚合的量化数据，从而实现对初步清单的筛选、优化和确认。这一混合方法的应用显著增强了最终风险因素清单的客观性、全面性与工程实用性。

四、模糊集理论原理与步骤

由于笔者专业背景的局限性及在风险因素提取过程中难以完全避免的主观偏差，上述初步拟定的风险因素清单可能存在疏漏或不足之处。为确保其科学性与可靠性，有必要采用系统、严谨的方法对该清单进行进一步的筛选与完善。为此，本书拟基于专家问卷调查法及个人判断法广泛征询领域专家的意见，并引入模糊集理论进行问卷设计与数据处理，以有效捕捉专家判断中的模糊性与不确定性，提升结果的可信度与适用性。下文将具体阐述模糊集理论的基本原理及其在本研究中的实际应用步骤。

1. 原理介绍

模糊集理论由美国控制论专家 L. A. Zadeh 于 1965 年提出，是模糊数学领域的重要基础理论之一[11]。该理论的核心在于突破经典集合论中“非此即彼”的二元隶属关系，提出以连续的隶属度函数来刻画元素属于某一集合的程度，从而将绝对的隶属判断转化为一种模糊的、渐进的隶属关系。具体而言，模糊集摒弃了传统集合中明确清晰的边界，允许元素以介于完全属于与完全不属于之间的中间状态存在，其隶属度可用 [0,1] 区间内的任意数值表示。例如，某一元素可以“部分属于”某一集合，其隶属度可为 0.7，表示具有较高但非完全的归属程度。

这一理论的提出，极大地增强了对现实中大量存在的、边界不清晰或属性具有过渡性的事物的数学描述能力。在实际应用中，为便于计算与操作，研究者常采用特定形式的模糊数进行建模，其中三角模糊数（triangular fuzzy number）和梯形模糊数（trapezoidal fuzzy number）因其形式简洁、运算方便而成为目前最常见和实用的表达方式。它们通过简单的函数形式有效地表达模糊信息的核心特征与不确定性范围，被广泛用于决策分析、风险评估、系统控制等多个领域。

2. 应用步骤

第一步：模糊集设计。本书拟采用三角模糊数，将拟定风险因素的重要性程度分为非常小、小、偏小、中等、偏大、大、非常大 7 个语义值，分别对应于表 3.2 中的模糊数形式和 λ 截集。

表 3.2　模糊数形式和 λ 截集

语言描述	代号	模糊数形式	λ 截集
非常小	VL	$f_{VL}=(0,0.5,1.0)$	$f_{VL}=[0.5\lambda+0,-0.5\lambda+1.0]$
小	L	$f_{L}=(0.5,1.0,1.5)$	$f_{L}=[0.5\lambda+0.5,-0.5\lambda+1.5]$
偏小	FL	$f_{FL}=(1.0,1.5,2.5)$	$f_{FL}=[0.5\lambda+1.0,-0.5\lambda+2.5]$
中等	M	$f_{M}=(2.0,2.5,3.0)$	$f_{M}=[0.5\lambda+2.0,-0.5\lambda+3.0]$
偏大	FH	$f_{FH}=(2.5,3.0,4.0)$	$f_{FH}=[0.5\lambda+2.5,-0.5\lambda+4.0]$
大	H	$f_{H}=(3.5,4.0,4.5)$	$f_{H}=[0.5\lambda+3.5,-0.5\lambda+4.5]$
非常大	VH	$f_{VH}=(4.0,4.5,5.0)$	$f_{VH}=[0.5\lambda+4.0,-0.5\lambda+5.0]$

第二步：专家调查。选择 m 位被调查人员对拟定风险因素的重要性程度进行评估。本书采用算术平均的方式综合专家的评估结果，计算方法见式（3.1）。

$$\widetilde{P}_i=\frac{1}{m}\sum_{j=1}^{m}f_{ij}\quad i=1,2,\cdots,n \tag{3.1}$$

式中，$\widetilde{P}_i$ 为第 i 个拟定风险因素的模糊重要性程度；f_{ij} 为第 j 个专家对第 i 个拟定风险因素进行评估的模糊值（$i=1,2,\cdots,n$；$j=1,2,\cdots,m$）；n 为拟定风险因素的个数。

第三步：解模糊数，在本书中，采用积分值法对模糊数进行处理。

求 $\widetilde{P}_i$ 的解模糊化值的代表值 $I(\widetilde{P}_i)$，见式（3.2）。

$$I(\widetilde{P}_i)=(1-\varepsilon)I_R(\widetilde{P}_i)+\varepsilon I_L(\widetilde{P}_i) \tag{3.2}$$

式中，ε 为乐观系数，$\varepsilon\in[0,1]$，当 ε 取 0.5 时，$I(\widetilde{P}_i)$ 为 $\widetilde{P}_i$ 的解模糊化值的代表值；$I_L(\widetilde{P}_i)$ 和 $I_R(\widetilde{P}_i)$ 分别为模糊数左右隶属函数反函数的积分值，计算方法见式（3.3）和式（3.4）。

$$I_L(\widetilde{P}_i)=\frac{1}{10}\left[\sum_{\lambda=0.5}^{5}\lambda_L(\widetilde{P}_i)\Delta\lambda+\sum_{\lambda=0}^{4.5}\lambda_L(\widetilde{P}_i)\Delta\lambda\right] \tag{3.3}$$

$$I_R(\widetilde{P}_i)=\frac{1}{10}\left[\sum_{\lambda=0.5}^{5}\lambda_R(\widetilde{P}_i)\Delta\lambda+\sum_{\lambda=0}^{4.5}\lambda_R(\widetilde{P}_i)\Delta\lambda\right] \tag{3.4}$$

式中，$\lambda_R(\widetilde{P}_i)$ 和 $\lambda_L(\widetilde{P}_i)$ 分别为 $\widetilde{P}_i$ 的 λ 截集的上界和下界，$\lambda=0$，0.5，1.0，…，5，$\Delta\lambda=0.5$。

第二节 关键风险因素清单构建

一、拟定风险因素清单

根据上一节所述，为了确定拟定风险因素清单，本书共收集并整理得到 18 份极度相关的文献，其中学术论文 17 篇，类似工程资料 1 份，提取得到海底隧道盾构施工拟定风险因素（proposed risk factors）共计 38 个，分别将各个拟定风险因素编号为 PR_i（$i=1$，2，…，37，38），并分别对各个拟定风险因素在文献中出现的情况进行了统计，如表 3.3 所示，其中“*”表示该行代表的拟定风险因素在相应列代表的文献中出现过，其中学术论文已经在参考文献中对应编号处列出，其他是指风险识别过程中收集到的类似工程资料。

从图 3.2 中能够清晰看出，大部分拟定风险因素的出现次数集中分布于 11～14 次，占选用文献总量的 60%～80%；工期风险（PR_{17}）、邻近建（构）筑物沉降（PR_{16}）、盾构机拆卸失误（PR_{14}）出现的次数较多，分别为 17 次、15 次、15 次，超过选用文献总量的 80%，说明在研究中这三种拟定风险因素得到了普遍重视；此外，盾构后靠不稳定（PR_{37}）和盾构故障停机（PR_{27}）的出现次数均为 9 次，数量相对较少，但是也达到选用文献总量的 50%，说明这两个拟定风险因素仍然存在研究的必要性，因此也选作拟定风险因素（为了叙述简洁，本书已舍去出现次数占用文献总量小于 50%的风险因素）。

表 3.3 拟定风险因素清单文献统计

	拟定风险因素	[75]	[126]	[127]	[128]	[129]	[130]	[131]	[132]	[133]	[134]	[135]	[136]	[137]	[138]	[139]	[140]	[141]	其他
PR_1	公众反对				*	*	*	*		*	*		*	*	*		*	*	*
PR_2	始发端基座质量不合标准	*		*	*	*	*	*	*	*	*	*	*			*	*	*	
PR_3	未勘明溶洞、障碍物	*				*			*	*	*	*	*		*	*	*	*	
PR_4	不可抗力	*	*	*	*		*		*	*		*	*	*	*		*	*	*
PR_5	泥水仓压力突降		*	*			*	*	*	*		*	*	*		*	*		*
PR_6	海洋环境腐蚀		*	*	*	*		*		*	*	*	*		*	*		*	
PR_7	盾构姿态偏差超标	*					*	*	*	*	*	*	*			*	*	*	
PR_8	政策风险	*	*	*		*	*		*	*	*	*	*	*		*			*
PR_9	掌子面失稳	*		*	*				*		*	*	*		*	*	*	*	
PR_{10}	盾构机突陷	*	*		*	*		*	*	*	*	*	*	*					*
PR_{11}	辅助设施损坏	*	*			*	*	*		*	*	*	*		*	*		*	
PR_{12}	设备损坏、物体打击	*	*		*	*			*	*	*	*	*		*	*		*	
PR_{13}	始发轴线偏离超标		*	*	*		*	*		*	*	*	*		*	*		*	*
PR_{14}	盾构机拆卸失误	*			*	*	*		*	*	*	*	*	*	*	*	*	*	*
PR_{15}	接收端基座质量不合格	*	*		*			*	*			*	*	*	*	*		*	
PR_{16}	邻近建(构)筑物沉降	*	*	*	*	*	*	*	*	*		*		*	*	*	*		*
PR_{17}	工期风险	*	*	*	*	*	*	*	*	*	*	*	*	*	*	*	*	*	*
PR_{18}	掘进线路偏离超标				*	*	*		*		*	*			*	*	*	*	*
PR_{19}	洞门密封止水装置失效		*	*		*	*	*	*			*			*	*	*	*	
PR_{20}	接收工作井失稳				*		*		*	*		*	*	*	*	*	*	*	*
PR_{21}	带压进仓作业		*	*	*		*	*	*	*		*	*		*	*	*		*
PR_{22}	盾构机拼装失误	*	*	*	*		*		*		*	*	*		*		*	*	

续表

	拟定风险因素	[75]	[126]	[127]	[128]	[129]	[130]	[131]	[132]	[133]	[134]	[135]	[136]	[137]	[138]	[139]	[140]	[141]	其他
PR_{23}	合同风险		*			*	*	*	*		*	*		*		*	*	*	*
PR_{24}	到达轴线偏离超标			*	*	*	*	*		*	*	*			*	*		*	
PR_{25}	盾尾密封失效	*		*		*		*	*	*	*	*	*		*		*		
PR_{26}	勘察设计有误		*			*		*	*	*	*		*	*	*		*	*	*
PR_{27}	盾构故障停机								*		*	*	*		*	*	*	*	*
PR_{28}	始发工作井失稳	*	*			*	*	*	*	*		*			*	*	*	*	
PR_{29}	千斤顶故障	*		*	*	*			*	*	*	*	*		*		*	*	
PR_{30}	盾构刀具损坏			*		*		*	*		*	*	*		*	*	*	*	
PR_{31}	管片拼装不当		*			*	*	*	*	*	*	*			*	*	*		*
PR_{32}	始发端加固不足	*	*	*		*	*	*		*		*	*		*	*	*		
PR_{33}	管片质量不合格		*		*	*	*	*	*	*	*	*	*		*	*	*	*	
PR_{34}	接收端加固不足		*	*	*	*		*		*		*	*	*	*	*			
PR_{35}	注浆施工不当	*	*		*	*	*	*		*	*	*	*		*	*		*	
PR_{36}	涌水涌泥	*		*	*	*	*		*	*	*	*		*	*	*		*	*
PR_{37}	盾构后靠不稳定			*	*	*	*	*				*			*	*	*		
PR_{38}	接收端口密封失效	*	*		*	*	*		*	*		*	*		*	*	*		*

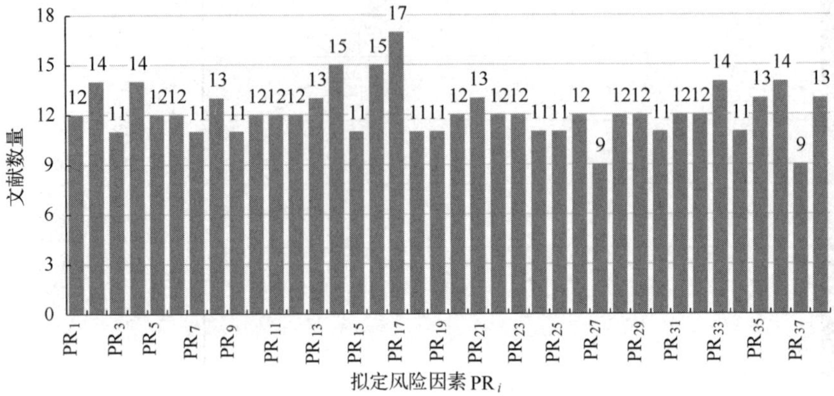

图 3.2 拟定风险因素清单文献统计柱状图

二、风险因素确定

根据海底隧道盾构施工拟定风险因素清单，采用问卷调查法和个人判断法征求被调查人员的意见，并采用上一节中介绍的模糊集理论设计调查问卷并对调查数据进行处理。

1. 调查问卷设计与预调研

参考表 3.3 拟定风险清单包含的 38 个海底隧道盾构施工拟定风险因素和表 3.2 中模糊数的语言描述设计调查问卷，该调查问卷旨在征询被调查人员关于各个拟定风险因素对海底隧道盾构施工重要性程度的态度，调查问卷中设置了若干结构化问题，专家根据实践经历和研究经验进行判断并选择结构问题的选项，其中重要性程度由小到大分别为非常小、小、偏小、中等、偏大、大和非常大。

为确保问卷的科学性、可理解性与可操作性，在正式发放前，课题组组织了一场专门的预调研讨论会。预调研阶段首先在课题组内部进行，参与人员涵盖多个相关专业领域，包括 3 名教授（专业背景为工程管理、防灾减灾工程及防护工程、水工结构）、1 名教授级高级工程师以及 5 名博士研究生。课题组从多个维度对问卷初稿进行了深入探讨与审查，重点关注其结构合理性、问题设置的明确性、背景信息的完整性以及版面的友好性，并指出其中存在的具体问题，例如部分题目表述存在歧义、选项逻辑需进一步优化、格式需统一调整等。

在预调研中所发现问题的基础上，课题组于现场对调查问卷初稿进行了针对性修改。修改内容涵盖题目表述的精确化、选项设置的逻辑一致性、格式布局的优化以及背景信息的补充完善等。随后，课题组召开专题会议，对修改后问卷的可行性进行了深入审议。经充分讨论，全体成员一致认为，修订后的问卷在结构合理性、内容适用性及填写便利性等方面均显著提升，已完全符合正式发放的要求，最终版本得以确定（详见附录 A）。

此外，本次会议还就问卷发放的相关实施方案达成统一意见，并对后续流程做出了系统安排。

发放对象：明确问卷对象为来自高等院校、科研院所、建设单位及施工单位，从事隧道工程相关研究、技术管理或专业学习的专业人员，且须具备隧道工程施工实践或科研经验。

调查周期：确定总时长为 10 个月，以确保样本的充分性与时效性。

发放方式：采用多元混合发放途径，包括现场直接发放、纸质邮寄、电子邮件推送以及在线问卷链接（含二维码访问），以扩大覆盖范围并提高响应效率。

发放规模：初步设定目标发放量为 800 份，以满足统计分析中对数据量和代表性的要求。

同时，会议也对问卷回收流程、数据清洗方法与统计分析计划等后续工作进行了初步部署，确保从问卷发放到数据处理各环节衔接顺畅、规范可控。

通过此次预调研讨论会，问卷中的潜在问题得以有效识别与修正，不仅显著提高了问卷与研究主题的契合度，也极大增强了其在实际填写过程中的清晰度和可操作性。这些改进为后续大规模正式发放奠定了扎实基础，也为获取高质量专家响应数据提供了有力保障。

2. 调查问卷背景

本调查问卷的发放与回收工作持续时长为 10 个月。在此期间，共发放问卷 666 份，具体发放方式包括现场发放 170 份，邮寄 80 份，电子邮件 78 份，以及互联网链接形式发放 338 份。最终回收有效问卷 334 份，各渠道有效回收数量分别为现场 128 份、邮寄 31 份、电子邮件 41 份和互联网链接 134 份，综合有效回收率为 50.15%。

为保障问卷数据的专业性与可靠性，本研究在问卷中设置了关于被调查者从业背景的调查项，旨在确保其专业领域与海底隧道盾构施工风险研究具有较高相关性。据统计，在全部有效受访者中，实际参与过盾构法水下隧道工程的人员为 58 人，该数据无法满足研究对样本量的基本需求。

基于上述实际情况，并紧扣本书的研究主题，对有效样本的筛选标准进行了适当拓宽：将曾参与任何水底隧道工程（包括采用盾构法或沉管法施工的水底隧道）或任何盾构法隧道工程（包括水下及非水下环境）的受访者问卷均纳入有效样本范围。经此调整，符合筛选条件的被调查者共计 173 人（人员组成结构如表 3.4 所示），占全部有效样本的 51.80%，已充分满足样本数量要求。在这 173 人中，仅参与过盾构法水底隧道工程的为 45 人，仅参与过沉管法水底隧道工程的为 115 人，同时参与过两种施工方法的为 13 人。

为进一步直观展示样本的专业构成，本研究根据上述从业背景分布情况绘制了饼状统计图（图 3.3），并对各类人员比例进行了详细标注，以支持后续分析中对样本代表性和专业相关性的评估。

表 3.4　满足条件的被调查人员的组成结构情况

分类	被调查人员分类说明	人数/位	所占比例/%
一类	(1)隧道工程领域权威专家； (2)施工单位项目经理； (3)高级职称以上施工单位技术人员	18	10.4
二类	(1)中级职称以上施工单位技术人员； (2)高级职称以上科研人员	38	22.0
三类	(1)初级职称施工单位技术人员； (2)中级职称科研人员	54	31.2
四类	(1)初级职称科研人员； (2)相关专业高校研究生	63	36.4

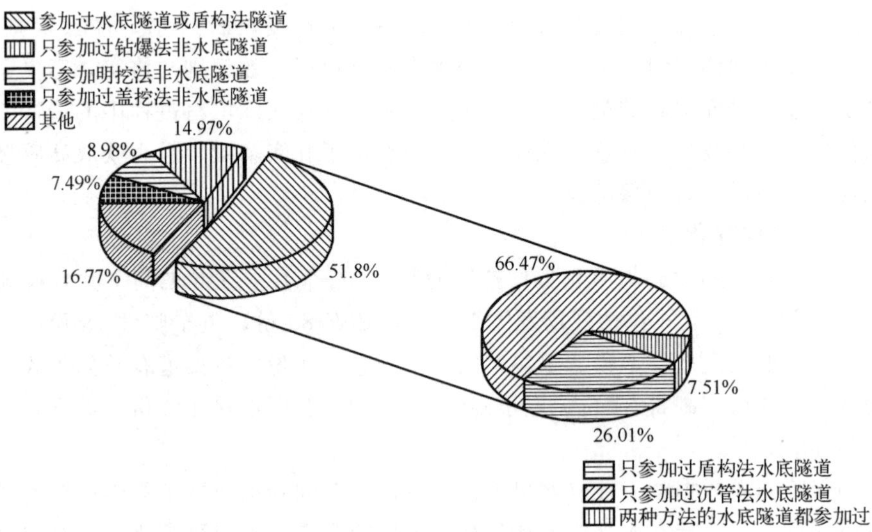

图 3.3　被调查人员从业背景统计饼状图

3. 信度和效度分析

为确保本研究所用调查问卷的科学性与严谨性，需系统评估其测量的可靠性与有效性。为此，本书选用 SPSS 23.0 统计分析软件对问卷数据分别进行信度（reliability）与效度（validity）检验。在分析之前，首先将专家基于语言变量给出的定性评价转换为可量化的数值数据，具体依据李克特 7 级量表（Likert 7-point scale）进行赋值：将“非常小”至“非常大”的 7 个等级依次赋值为 1～7 分，从而实现对专家意见的标准化处理，为后续统计分析提供基础。

信度用于反映测量工具的稳定性和一致性，即问卷在不同时点或不同样本条件下是否能够可靠地测量同一概念。本书采用克隆巴赫 Alpha 系数（Cronbach's α）作为信度评价指标。该系数的取值范围为 0～1，数值越高表明问卷内部一致性越好。通常认为，Cronbach's α 高于 0.8 表示信度非常理想，介于 0.6～0.8

之间表示信度较好、可以接受，若低于 0.6 则表明信度不足，测量结果可靠性低。

在 SPSS 23.0 中进行信度分析的操作路径为：依次选择分析（A）→标度（A）→可靠性分析（R）。对本问卷全部 38 个题项进行信度检验，所得结果如表 3.5 所示。

表 3.5 克隆巴赫系数

克隆巴赫 Alpha	基于标准化项的克隆巴赫 Alpha	项数
0.758	0.764	38

从表 3.5 中可知，问卷的整体 Cronbach's α 为 0.758，基于标准化项的系数为 0.764，两者均大于 0.7，表明问卷具有较好的内部一致性，信度符合研究要求，数据可靠稳定。

效度是指测量工具能够准确测出目标概念的程度，即问卷是否真正反映了研究所关注的海底隧道盾构施工风险因素的重要性。本书主要从结构效度（construct validity）入手，选用 KMO（Kaiser Meyer Olkin）检验与 Bartlett 球形检验（Bartlett's test of sphericity）两项指标，以判断问卷数据是否适合进行因子分析。

KMO 检验用于比较变量间的简单相关系数与偏相关系数，其值越接近 1，表明变量间共性越强，越适合做因子分析；通常认为 KMO 值大于 0.7 表示效度良好，大于 0.5 为可接受范围。Bartlett 球形检验则用于检验变量是否相互独立，若其显著性水平小于 0.05，则拒绝原假设，说明变量间存在相关性，适合进行因子分析。

在 SPSS 23.0 中进行效度分析的操作路径为：依次选择分析（A）→降维（D）→因子分析（F）。对本研究问卷数据执行上述检验，结果如表 3.6 所示。

表 3.6 KMO 和 Bartlett 检验

KMO 检验值	0.759	
Bartlett 球形检验	近似卡方	493.595
	自由度	595
	显著性	0.000

结果表明，本问卷的 KMO 值为 0.759，大于 0.7，说明变量间存在明显共性，数据适合进行因子分析；Bartlett 球形检验的显著性水平为 0.000，拒绝变量独立的原假设，进一步证实变量之间存在显著相关性，问卷具有良好的结构效度。

综合信度与效度分析结果，本调查问卷在 Cronbach's α、KMO 值和 Bartlett 检验等方面均达到心理测量学标准，表明问卷数据可靠、有效，能够满足后续对海底隧道盾构施工风险因素进行识别与评估的研究需求。

4. 问卷数据处理

应用模糊集理论对选用的调查问卷中的数据进行处理，由于篇幅限制，此处仅选择拟定风险因素政策风险（PR_8）和勘察设计有误（PR_{26}）为例进行计算过程展示。本书选用的调查问卷共计 173 份（$m=173$）。在这 173 份调查问卷中，对政策风险（PR_8）和勘察设计有误（PR_{26}）的重要性程度评估分布情况见表 3.7。

表 3.7 PR_8 和 PR_{26} 重要性程度评估分布情况　　单位：份

拟定风险因素＼重要性程度	VL	L	FL	M	FH	H	VH	合计
政策风险（PR_8）	1	1	2	7	24	81	57	173
勘察设计有误（PR_{26}）	15	30	73	34	13	8	0	173

根据问卷调查中获得的数据，由式（3.1），政策风险的模糊重要性 $\widetilde{P}_8$ 和勘察设计有误的模糊重要性 $\widetilde{P}_{26}$ 分别为：

$$
\begin{aligned}
\widetilde{P}_8 &= \frac{1}{173}(f_{VL}+f_L+2f_{FL}+7f_M+24f_{FH}+81f_H+57f_{VH}) \\
&= \frac{1}{173}[(0.5\lambda+0)+(0.5\lambda+0.5)+2(0.5\lambda+1.0)+7(0.5\lambda+2.0) \\
&\quad +24(0.5\lambda+2.5)+81(0.5\lambda+3.5)+57(0.5\lambda+4.0),(-0.5\lambda+1.0) \\
&\quad +(-0.5\lambda+1.5)+2(-0.5\lambda+2.5)+7(-0.5\lambda+3.0)+24(-0.5\lambda+4.0) \\
&\quad +81(-0.5\lambda+45)+57(-0.5\lambda+5.0)] \\
&= [0.5\lambda+3.40,-0.5\lambda+4.47]
\end{aligned}
$$

$$
\begin{aligned}
\widetilde{P}_{26} &= \frac{1}{173}(15f_{VL}+30f_L+73f_{FL}+34f_M+13f_{FH}+8f_H+0f_{VH}) \\
&= \frac{1}{173}[15(0.5\lambda+0)+30(0.5\lambda+0.5)+73(0.5\lambda+1.0) \\
&\quad +34(0.5\lambda+2.0)+13(0.5\lambda+2.5)+8(0.5\lambda+3.5)+0(0.5\lambda+4.0), \\
&\quad 15(-0.5\lambda+1.0)+30(-0.5\lambda+1.5)+73(-0.5\lambda+2.5) \\
&\quad +34(-0.5\lambda+3.0)+13(-0.5\lambda+4.0)+8(-0.5\lambda+45) \\
&\quad +0(-0.5\lambda+5.0)]=[0.5\lambda+1.25,-0.5\lambda+2.50]
\end{aligned}
$$

由式（3.3）求得模糊数左隶属函数反函数的积分值 $I_L(\widetilde{P}_8)$ 和 $I_L(\widetilde{P}_{26})$ 分别为：

$$I_L(\widetilde{P}_8)=\frac{1}{10}[\sum_{\lambda=0.5}^{5}(0.5\lambda+3.40)+\sum_{\lambda=0}^{4.5}(0.5\lambda+3.40)]=4.624$$

$$I_L(\widetilde{P}_{26})=\frac{1}{10}[\sum_{\lambda=0.5}^{5}(0.5\lambda+1.25)+\sum_{\lambda=0}^{4.5}(0.5\lambda+1.25)]=2.476$$

由式（3.4）求得模糊数右隶属函数反函数的积分值 $I_R(\widetilde{P}_8)$ 和 $I_R(\widetilde{P}_{26})$ 分别为：

$$I_R(\widetilde{P}_8)=\frac{1}{10}[\sum_{\lambda=0.5}^{5}(-0.5\lambda+4.47)+\sum_{\lambda=0}^{4.5}(-0.5\lambda+4.47)]=3.249$$

$$I_R(\widetilde{P}_{26})=\frac{1}{10}\left[\sum_{\lambda=0.5}^{5}(-0.5\lambda+2.50)+\sum_{\lambda=0}^{4.5}(-0.5\lambda+2.50)\right]=1.275$$

由式（3.2）求 $\widetilde{P}_8$ 和 $\widetilde{P}_{26}$ 的解模糊化值的代表值 $I(\widetilde{P}_8)$ 和 $I(\widetilde{P}_{26})$，其中乐观系数 ε 取 0.5。

$$\begin{aligned}I(\widetilde{P}_8)&=(1-\varepsilon)I_R(\widetilde{P}_8)+\varepsilon I_L(\widetilde{P}_8)\\&=(1-0.5)\times3.247+0.5\times4.624\\&=3.936\end{aligned}$$

$$\begin{aligned}I(\widetilde{P}_{26})&=(1-\varepsilon)I_R(\widetilde{P}_{26})+\varepsilon I_L(\widetilde{P}_{26})\\&=(1-0.5)\times1.275+0.5\times2.476\\&=1.876\end{aligned}$$

通过上述计算，$I(\widetilde{P}_8)$ 和 $I(\widetilde{P}_{26})$ 的值分别为 3.936 和 1.876，两个数值之间相差较大，$I(\widetilde{P}_8)$ 和 $I(\widetilde{P}_{26})$ 能够综合所有满足条件的调查问卷中分别对政策风险和勘察设计有误两个拟定风险因素重要性程度的态度，因此解模糊化值的代表值可以用来作为拟定风险因素重要性程度值。这表明，在参与调查的专家群体中，普遍认为政策风险对海底隧道盾构施工具有较高重要性，而勘察设计有误的重要性则相对较低。解模糊化代表值有效聚合了所有专家的模糊判断，可用于客观衡量各风险因素的重要性程度。

通过相同的计算过程，可以求出所有拟定风险因素重要性程度值 $I(\widetilde{P}_i)$，其中 $i=1，2，3，\cdots，38$，计算结果见表 3.8 中第二列和第六列。

表 3.8　各拟定风险因素的 $I(\widetilde{P}_i)$ 计算结果

PR_i	$I(\widetilde{P}_i)$	处置	新编号	PR_i	$I(\widetilde{P}_i)$	处置	新编号
PR_1	3.965	√	R_1	PR_{20}	3.725	√	R_{19}
PR_2	3.780	√	R_2	PR_{21}	3.727	√	R_{20}
PR_3	3.728	√	R_3	PR_{22}	3.908	√	R_{21}
PR_4	3.967	√	R_4	PR_{23}	3.632	√	R_{22}
PR_5	3.727	√	R_5	PR_{24}	3.786	√	R_{23}
PR_6	3.711	√	R_6	PR_{25}	3.678	√	R_{24}
PR_7	3.734	√	R_7	**PR_{26}**	**1.876**	×	—
PR_8	3.936	√	R_8	**PR_{27}**	**1.408**	×	—
PR_9	3.789	√	R_9	PR_{28}	4.027	√	R_{25}
PR_{10}	**1.355**	×	—	PR_{29}	3.799	√	R_{26}
PR_{11}	3.996	√	R_{10}	**PR_{30}**	**1.656**	×	—
PR_{12}	3.867	√	R_{11}	PR_{31}	3.737	√	R_{27}
PR_{13}	3.896	√	R_{12}	PR_{32}	3.618	√	R_{28}
PR_{14}	3.827	√	R_{13}	PR_{33}	3.731	√	R_{29}
PR_{15}	3.747	√	R_{14}	PR_{34}	3.643	√	R_{30}
PR_{16}	3.724	√	R_{15}	PR_{35}	3.705	√	R_{31}
PR_{17}	3.915	√	R_{16}	**PR_{36}**	**1.650**	×	—
PR_{18}	3.825	√	R_{17}	PR_{37}	3.799	√	R_{32}
PR_{19}	3.639	√	R_{18}	PR_{38}	3.750	√	R_{33}

从表 3.8 能够看出，拟定风险因素重要性程度值在 1.335～4.027 之间分布，并且绝大部分处于区间 3～4 之间。其中，勘察设计有误（PR_{26}）、盾构刀具损坏（PR_{30}）、涌水涌泥（PR_{36}）、盾构机突陷（PR_{10}）、盾构故障停机（PR_{27}）的值分别为 1.876、1.656、1.650、1.355、1.408，说明这 5 个拟定风险因素的重要性程度均不大于“偏小（FL）”程度，因此应将这 5 个拟定风险因素从拟定风险因素清单中剔除（在表 3.8 中用“×”标记）。根据部分被调查人员在调查问卷中留下的意见，这些风险因素的重要性没有被认可的原因归纳起来主要有拟定风险因素重复、非盾构施工阶段风险因素等。风险因素始发工作井失稳（PR_{28}）的重要性程度值是唯一超过 4 的，因此该风险因素重要性程度非常大，从中可以得到提示，在海底隧道盾构施工过程中要重点关注工作井失稳的风险。

经过对拟定风险因素清单的筛选，最终确定海底隧道盾构施工风险因素清单，共包括 33 个风险因素（在表 3.8 中用“√”标记）。为了便于开展后续的研究，重新对各个海底隧道盾构施工风险因素编号为 R_i，其中 $i=1, 2, 3, \cdots, 33$，见表 3.8 的第四列和第八列。

三、风险的评估

在风险评估研究中，定量方法因其依赖数据与模型、追求客观计算而常被视为更为科学的研究手段。其中，最为经典且广泛应用的定量评估方法之一是风险系数法（risk coefficient method）。该方法直接建立在风险的基本定义之上，即风险是风险事件发生的可能性（probability）与其一旦发生所造成的影响程度（impact）两者的函数。其数学表达如式（3.5）所示。

$$R=PI \tag{3.5}$$

式中，R 为风险系数，用于衡量风险的整体严重程度；P 为风险事件发生的概率；I 为风险一旦发生所造成的影响程度。

从理论形式上看，该公式简洁清晰，能够通过数学运算得出明确的风险等级，具有较强的逻辑性和可解释性。若能准确获取 P 与 I 的数值，定量评估的确可以高效、精确地对不同风险进行排序与比较，从而为风险管理决策提供客观依据。然而，在实际工程中，特别是海底盾构隧道等复杂工程背景下，这一方法却面临显著局限，往往难以达到理想中的评估效果。

究其原因，主要在于对概率 P 和影响程度 I 的准确量化极为困难。一方面，可靠的概率估计需依托大量历史案例数据，以期通过统计规律推断未来事件发生的可能性。然而，全球范围内的海底盾构隧道工程总数仍然有限，历史案例积累尚不充分，难以形成具有统计显著性的数据库。另一方面，建设工程项目普遍具有独特性与不可重复性，不同项目在地质条件、技术方案、施工组织及外部环境等方面存在较大差异，从有限案例中提取具有普适性的参数数值面临巨大挑战。这种数据匮乏与情境依赖性，严重限制了纯粹定量评估方法在实际中的适用性与准确性。

因此，尽管风险系数法在理论层面具备良好的科学性，但在海底盾构隧道施工这类高风险与不确定的复杂系统中，完全依赖定量评估反而可能因数据不足或参数失真而导致评估结论偏离实际。为了更全面、合理地进行风险判断，提升评估过程的实用性与可操作性，本书主张采用定性分析与定量计算相结合的综合评估策略。

针对海底盾构施工中风险类型复杂、致险因素多样、难以用统一量纲进行度量的特点，本书决定放弃原公式中对 P 和 I 进行精确数值赋值的做法，转而采用分级描述的定性方式，分别对风险发生概率和风险影响程度进行半定量化处理。具体而言，将借助类似表 3.9 所示的评级矩阵，以定性描述两项指标，进而通过等级组合确定最终的风险等级。这种定性与定量融合的框架，既保留了原公式的结构化分析优势，又提高了在数据缺失条件下的评估可行性，更符合工程风险管理的现实需求。

表 3.9 风险的定性描述

风险评估指标	定性描述				
风险发生可能性(P)	频发的	较多的	可能的	偶尔的	罕见的
风险的影响程度(I)	灾难的	严重的	一般的	需考虑的	可忽略的

将两项风险评估指标的定性描述进行两两组合能够形成包含 25 种不同类型的二维风险矩阵，如表 3.10 所示。

表 3.10 风险分级矩阵

3	4	4	5	5	灾难的	工程毁灭
2	3	4	4	5	严重的	长期停滞、重大人员伤亡、重大经济损失
2	2	3	4	4	一般的	停工、人员伤亡、经济损失
1	2	2	3	4	需考虑的	人员受伤、经济损失
1	1	2	2	3	可忽略的	不停工、无人员伤亡、仅轻微经济损失
罕见的	偶尔的	可能的	较多的	频发的	I / P	
几乎不会出现	一年以上可能发生一次	一年内可能发生一次	一个月内可能发生一次	时有发生		

风险等级划分

风险等级	赋值
极大风险	5
高度风险	4
显著风险	3
一般风险	2
稍有风险	1

本书中的风险定量测度可以参考风险分级矩阵进行等级评估，为了便于对海底隧道盾构施工风险进行定量研究，本书将风险分级矩阵中划分的五个风险等级由高到低分别命名为极大风险、高度风险、显著风险、一般风险和稍有风险，并

依次赋值 5、4、3、2、1，见表 3.10。

对应海底隧道盾构施工累积风险的累积风险值（CR），当 $CR \leqslant 2$ 时，表明此时风险因素很少对施工过程产生影响，这是一个较为理想的状态；当 $2 < CR \leqslant 3$ 时，表明此时施工过程中风险相对较小，风险相对可控；当 $3 < CR \leqslant 4$ 时，表明此时具有一定风险，可以正常施工，但是需要注意风险管控；当 $4 < CR \leqslant 5$ 时，表明此时风险较大，需要立即采取应对风险的管控措施，提高应对风险的能力；当 $CR > 5$ 时，表明此时风险极大，可能发生工程毁灭，且可能性较高，该状态是不可接受的，应该立即停止施工，对所有风险因素进行细致排查。

这一综合性的风险评级与累积评估机制，既保留了定性分析的灵活性与适用性，又通过等级赋值实现了一定意义上的半定量处理，为海底盾构隧道施工的风险管控提供了清晰且可操作的判断依据。

第三节 风险传导网络的动态演化

海底隧道盾构施工风险传导的本质是将海底隧道盾构施工过程视作一个系统，在受到内、外部不确定因素袭扰性影响的前提下，系统内部产生风险能量依附于系统风险载体以各种形式在系统中流动，最终经过累积，在某一时间节点达到系统所能承受的阈值，导致系统出现相对目标较大的偏离，甚至引发失败。由于海底隧道盾构施工风险具有显著的复杂性，并且在风险传导过程中必然形成复杂的风险传导网络结构，因此对海底隧道盾构施工风险传导网络的构建是实现风险评估的必备条件之一。

一、风险传导网络构建理论与方法

1. 风险传导理论

(1) 风险传导的定义

风险传导作为一个跨学科衍生出的研究概念，其提出深受自然科学中“热传导”机制的启发。沈俊[142] 较早将其引入风险管理领域，并提出风险传导是指风险依附于特定载体，沿一定路径在不同利益单元之间进行传递并产生连锁影响的过程。在此基础上，夏喆[143] 进一步从系统边界的角度将风险传导划分为狭义与广义两个层面：狭义风险传导强调风险虽受外部因素激发，但其传导行为被限定在某一系统内部；而广义风险传导则不仅包括系统内部的风险传递，还涵盖因系统间相互作用导致的跨系统风险传播现象。另有学者借鉴“风险能量”理论指出，风险本质上蕴含着某种形式的能量，该能量驱动风险在系统内发生动态流转，从而形成所谓“风险流”，这一观点为理解风险传导的动力机制提供了物理类比基础[144]。

结合上述理论观点及海底隧道盾构施工的特殊性，本书将海底隧道盾构施工风险传导定义为：将海底隧道盾构施工视为一个具有边界范围的复杂系统，在内部不确定性因素与外部环境扰动的共同作用下，风险能量在系统内部被激活并随时间推移发生动态演变，通过施工流程、组织结构或物料-信息流等载体，逐步传递至后续施工环节，最终导致工程实际状态偏离预期目标的一系列连锁反应过程。

需要特别说明的是，为避免跨系统耦合所带来的建模复杂性和边界模糊问题，本书将研究范围明确限定于“狭义风险传导”范畴，即重点关注风险在海底隧道盾构施工这一封闭系统内部的生成、传递、积累与演化机制，而不涉及不同工程系统或外部宏观环境之间的风险交互作用。这一界定既有利于聚焦核心施工环节中的风险动态，也为后续构建有针对性的风险管控策略提供了理论依据。

(2) 风险传导的特点

① 不可逆性。不可逆性是风险传导的一个核心特征，反映了其作为一种渐进式动态过程的本质属性。一方面，风险随时间逐步传导，而时间本身具有不可逆性，因此风险传导在时序上也无法回溯；另一方面，风险一旦对系统造成影响，便往往难以彻底消除或恢复原状。在传导过程中，风险不断推动系统状态发生变化，此类变化通常具有累积性和持续性，即便采取干预措施，也难以完全抵消已产生的后果，从而体现出明显的不可逆特征。

② 可控性。尽管风险的影响往往不可逆转，风险传导过程本身却具有一定程度的可控性。通过识别关键风险载体、传导路径与节点，并采取有针对性的控制手段，可以对风险传导的方向、强度甚至后果施加影响。例如，在工程实践中，可通过加强监测、优化施工工艺或引入缓冲机制等方式，干预风险的传递过程，引导其朝有利方向演变，从而减轻风险对系统整体的负面影响。因此，在有限范围内，风险传导仍具有人为干预与管理的可能。

③ 路径依赖性。风险传导表现出显著的路径依赖性，即其传导路径和行为模式并非随机发生，而是在很大程度上受系统内在结构及外部环境的制约。系统的物理构造、组织流程、资源分布等特性，决定了风险传导的可能路径及难易程度。这一特性说明风险传导具有一定的规律性和可预测性。从风险防控角度而言，路径依赖性提示我们可通过系统优化——如调整关键节点、阻断高风险路径或构建冗余机制改变风险传导的条件与环境，从而有效引导甚至规避不利的风险传导过程，为实际工程中的风险防控策略提供理论依据和操作切入点。

(3) 风险传导的关键要素

风险传导作为一个系统性过程，其发生和发展依赖于四个关键要素的相互作用：风险源、风险传导载体、风险传导路径和风险接受体。这些要素共同构成了风险传导的基本结构，其相互关系如图 3.4 所示。对这些要素的深入剖析有助于揭示风险在系统内传播的内在机制，并为风险管控提供理论依据。

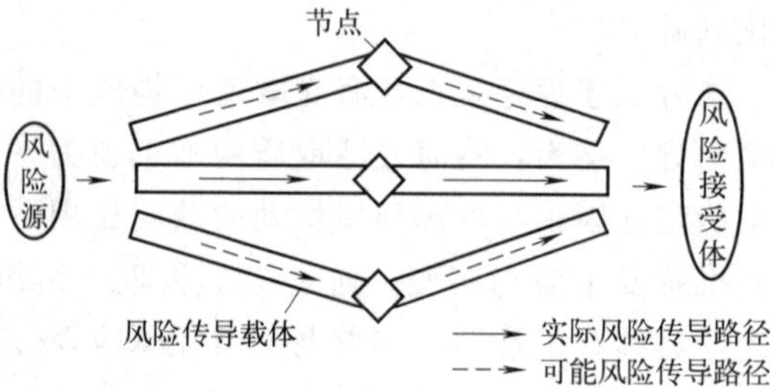

图 3.4 风险传导的示意图

① 风险源。风险传导发生的根本前提是存在风险源，即系统中那些可能干扰正常运作、引发不确定性的内在或外在因素。在海底隧道盾构施工这一复杂系统中，风险源具体表现为前一节所识别的各类施工风险因素，如地质条件不确定性、设备故障、人为操作失误等。风险源的存在是风险能量的起点，它不仅为风险传导提供了初始动力，还可能持续对系统稳定性构成威胁，甚至诱发连锁反应，导致严重后果。因此，准确识别和科学评估风险源是有效实施风险传导管理的首要步骤。

② 风险传导载体。风险传导载体是风险传播的物质或非媒介，是风险得以流动的必要条件。风险必须依附于某些有形实体（如人员、设备、材料）或无形效应（如信息流、组织结构、决策行为）才能实现传导，这些承载风险的对象统称为风险传导载体。需要强调的是，载体的作用并非总是促进风险传导；在某些情况下，载体也可能抑制或削弱风险的传播。这一特性可类比“声波传播”现象：正如声波依赖介质传播，但介质的属性和状态会影响声波的传播效率，风险载体的性质、状态和分布同样决定了风险传导的强度和范围。

通过对载体的识别、分类和控制，可以有针对性地改变风险传导的条件。例如，优化施工流程、增强设备可靠性或完善信息沟通机制，都可能使载体转变为不利于风险传导的状态，从而降低风险流的能量或阻断其传递路径。这一机理也正是风险传导具有“可控性”的根本原因。鉴于其重要性，本书第四章将专门对海底隧道盾构施工中的风险传导载体进行进一步分析与讨论。

③ 风险传导路径。风险源在相互作用下形成风险流，受到风险传导载体的影响并沿着某一特定的路径流动，风险流通过的路径就称为风险传导路径。不同路径的风险传导载体不同，所以风险流在不同路径上传导时所携带的能量也会有所差异。

风险传导路径是指风险流在系统中传导时所经过的特定路线或通道。风险源在触发后，在载体作用下形成具有方向性的风险流，并沿着由系统结构、业务流程或环境条件所决定的路径流动。不同路径上的载体特性存在差异，因此风险流在不同路径中传导时，其强度、速度和可能造成的影响也会显著不同。路径的形成往往受系统内在逻辑和外部约束条件的共同影响，明确关键传导路径，对于精准实施风险干预具有至关重要的意义。

④ 风险接受体。风险流受到风险传导载体的影响并沿着某一特定的路径在

系统的各个节点之间有序传导，必然会到达某个或几个特定的对象，并且在这里表现出某种风险状态，这个对象就称为风险接受体。值得注意的是，风险接受体往往不是风险传导的终点。在接收风险能量后，接受体自身状态可能发生改变，进而演变为新的风险源，引发次级风险流并向其他接受体继续传导，形成复杂的链式反应或网络化扩散效应。这种动态延续的特性使得风险传导过程可能跨越多个阶段和多个子系统，极大地增加了风险管理的复杂性和系统性。

(4) 风险传导效应

在风险传导研究的演进过程中，学术界逐渐识别出若干具有代表性的风险传导效应，这些效应深刻揭示了风险在系统中传播的动态机制与结构特征，为分析海底隧道盾构施工中的风险传导方式提供了重要的理论支撑。本书重点关注以下三种核心效应：多米诺骨牌效应、风险耦合效应及风险扩散效应。它们从不同维度刻画了风险传导的时序性、交互性与空间性，共同构成了理解复杂风险网络的基础。

① 多米诺骨牌效应。多米诺骨牌理论是最早由 Heinrich 于 1931 年提出的，又称为海因里希理论，该理论解释了事故和事故致因之间的关系。多米诺骨牌理论认为事故的发生并非一个独立的事件，相反是一连串事件发生的结果。

在风险传导的语境下，多米诺骨牌效应表现为风险之间按时间顺序依次触发、逐级传递（transmitting）的链式反应。具体而言，初始风险 A 的发生可能触发风险 B，风险 B 进而引发风险 C，以此类推，最终导致风险 E 的出现，从而形成一条连贯的“风险链”。该效应的关键启示在于：风险链具有明显的时序依赖性和逻辑关联性。若能在风险链中任一风险被激活之前（例如在风险 A、B、C 或 D 阶段）实施有效干预，切断传导环节，即可阻止后续风险（如风险 E）的发生，从而避免最终不利后果的发生。这一机制突出了风险早期干预的重要性，也为风险阻断策略提供了理论依据，如图 3.5 所示。

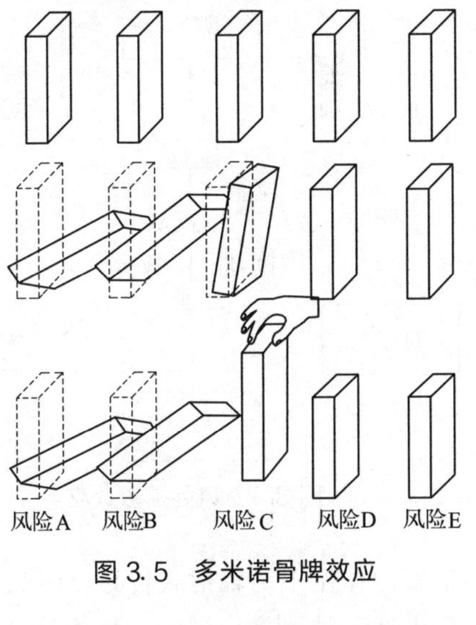

图 3.5 多米诺骨牌效应

② 风险耦合效应。耦合（coupling）是指两个或者两个以上的个体在彼此影响作用下联合产生新个体的过程。在风险传导过程中也存在风险耦合的现象，两个或者几个风险在一个交汇节点处集聚时，就会在彼此相互影响的作用下，联合产生一个新的风险，如图 3.6 所示，风险 A、B、C、D、E、F 在相互作用下，耦合形成风险 G。风险彼此之间的影响可能是相互削弱式的（弱耦合），也有可能是相互促进式的（强耦合），当然也可能

是零影响、相互独立式的（纯耦合）。风险耦合效应凸显了风险传导的非线性特征，表明风险在特定节点上的集聚可能引发突变，显著增加系统的不确定性与复杂性。

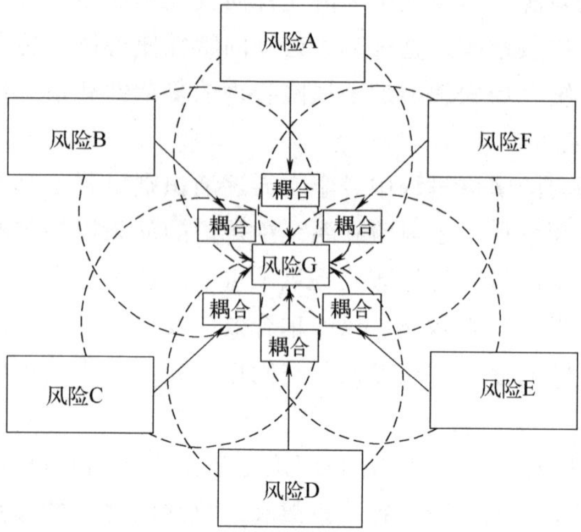

图 3.6 风险耦合效应

③ 风险扩散效应。风险扩散（diffusion）是指某个风险源同时向多个风险接受体进行辐射式的风险传导，与风险耦合相反，如图 3.7 所示，风险 A 发生扩散形成了风险 B、C、D、E、F、G。风险扩散后形成的新风险将沿着各自的风险路径继续进行传导，因此风险扩散效果（新风险的状态）取决于它们各自所沿着的传导路径的性质，风险更倾向于往有利于其传导的风险路径上扩散。

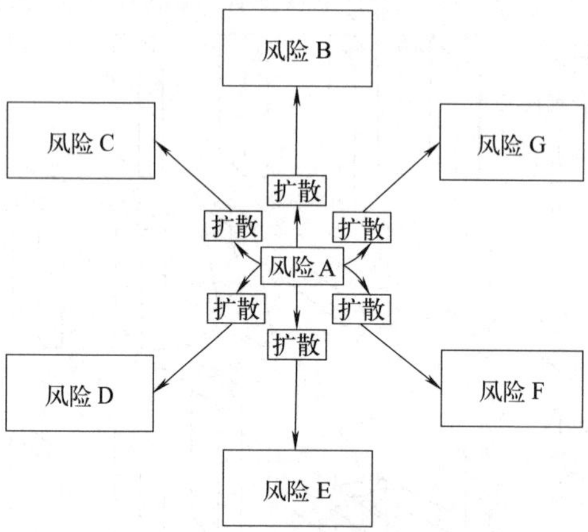

图 3.7 风险扩散效应

通过多米诺骨牌效应、风险耦合效应和风险扩散效应可见，风险传导过程中不仅有多米诺骨牌效应作用下的串行式传导，还有风险耦合效应作用下的集中式传导和风险扩散效应作用下的辐射式传导。因此，在风险传导过程中形成的风险传导路径一定是上述三种风险传导效应为基础的复杂拓扑网络结构，即风险传导网络。

2. 解释结构模型法

解释结构模型（interpretative structural modeling，ISM）法是针对复杂系统结构模型分析而开发的一种结构表达方法，由美国科学家 Warfield 于 1973 年提出[145]。解释结构模型法能够根据构成系统的因素（子系统）间的二元关系，将系统映射成有向图，通过布尔逻辑运算，揭示系统的结构，在不影响系统整体功能的条件下，用简明有向层次化拓扑图展现复杂系统，可读性极强，用户对系统因素的因果关系、层级结构一望而知。因此，解释结构模型法在分析因素众多、关系复杂的系统时具有很强的实用性[11]。当前解释结构模型法被广泛应用于多种学科领域中，以解决复杂系统问题，例如在铁路线路机构优化、供应链系统优化、风险管理研究中都有良好的应用。海底隧道盾构施工涉及复杂多样的风险因素，解释结构模型法能够使这些风险因素结构化，形成层次化拓扑图，构建出的风险因素递阶关系将对海底隧道盾构施工风险传导网络的分析研究大有裨益。

针对多因素系统 $\boldsymbol{X}$（$\boldsymbol{X}=\{X_i \mid i=1, 2, 3, \cdots, n\}$），解释结构模型法的应用步骤如下：

（1）构造邻接矩阵

邻接矩阵是表示两两因素之间相邻关系（直接影响关系）的布尔矩阵，若两个因素间有直接影响关系，则在邻接矩阵中用元素 1 表示，否则用元素 0 表示，其中需要特别说明的是因素自身不存在直接影响关系，邻接矩阵 $\boldsymbol{A}=[a_{pq}]_{n\times n}$ 为：

$$\boldsymbol{A}=\begin{array}{c} \\ \boldsymbol{X}_1 \\ \boldsymbol{X}_2 \\ \vdots \\ \boldsymbol{X}_n \end{array}\begin{array}{c} \begin{array}{cccc} \boldsymbol{X}_1 & \boldsymbol{X}_2 & \cdots & \boldsymbol{X}_n \end{array} \\ \begin{bmatrix} a_{11} & a_{12} & \cdots & a_{1n} \\ a_{21} & a_{22} & \cdots & a_{2n} \\ \vdots & \vdots & \ddots & \vdots \\ a_{n1} & a_{n2} & \cdots & a_{nn} \end{bmatrix} \end{array}$$

邻接矩阵 $\boldsymbol{A}$ 中的各元素通过式（3.6）求得，其中，p 和 q 为小于等于 n 的正整数，即当 $p=q$ 时，$a_{pq}=0$。

$$a_{pq}=\begin{cases}1 & \text{表示 } \boldsymbol{X}_p \text{ 对 } \boldsymbol{X}_q \text{ 有直接影响} \\ 0 & \text{表示 } \boldsymbol{X}_p \text{ 对 } \boldsymbol{X}_q \text{ 无直接影响}\end{cases} \tag{3.6}$$

（2）求可达矩阵

可达矩阵是表示因素两两之间可达关系（不限于直接影响关系）的布尔矩阵，若两因素之间存在或通过其他因素过桥存在影响关系，在可达矩阵中用元素 1 表示，否则用元素 0 表示，其中需要特别说明的是因素自身存在影响关系，可达矩阵 $\boldsymbol{R}=[r_{pq}]_{n\times n}$ 为：

$$\boldsymbol{R}=\begin{array}{c} \\ \boldsymbol{X}_1 \\ \boldsymbol{X}_2 \\ \vdots \\ \boldsymbol{X}_n \end{array}\begin{array}{c} \begin{array}{cccc} \boldsymbol{X}_1 & \boldsymbol{X}_2 & \cdots & \boldsymbol{X}_n \end{array} \\ \begin{bmatrix} r_{11} & r_{12} & \cdots & r_{1n} \\ r_{21} & r_{22} & \cdots & r_{2n} \\ \vdots & \vdots & \ddots & \vdots \\ r_{n1} & r_{n2} & \cdots & r_{nn} \end{bmatrix} \end{array}$$

可达矩阵 $\boldsymbol{R}$ 中的各元素通过式（3.7）求得，其中当 $p=q$ 时，$r_{pq}=1$。

$$r_{pq}=\begin{cases}1 & 表示\ \boldsymbol{X}_p\ 对\ \boldsymbol{X}_q\ 有影响\\ 0 & 表示\ \boldsymbol{X}_p\ 对\ \boldsymbol{X}_q\ 无影响\end{cases} \tag{3.7}$$

通过因素之间影响关系确定可达矩阵非常困难且容易遗漏，在实际操作中，布尔逻辑运算可以为确定可达矩阵提供直接计算方法，通过布尔逻辑运算公式进行计算。

$$\boldsymbol{R}=(\boldsymbol{I}\cup\boldsymbol{A})^n \tag{3.8}$$

式中，$\boldsymbol{I}$ 为一个 $n\times n$ 的单位方阵；$\cup$ 为逻辑“和”运算符号，矩阵中元素按照 $0\cup0=0$、$0\cup1=0$、$1\cup0=0$、$1\cup1=1$ 的规则进行运算。

（3）回路判断

若可达矩阵 $\boldsymbol{R}$ 满足式（3.9），则在因素影响关系中不存在回路，否则需要根据计算结果判断各因素之间的回路关系。

$$\boldsymbol{R}\cap\boldsymbol{R}^{\mathrm{T}}=\boldsymbol{I} \tag{3.9}$$

式中，$\boldsymbol{R}^{\mathrm{T}}$ 为 $\boldsymbol{R}$ 的转置矩阵；$\cap$ 为逻辑“或”运算符号，矩阵中元素按照 $0\cap0=0$、$0\cap1=1$、$1\cap0=1$、$1\cap1=1$ 的规则进行运算。

（4）求可达集、前因集、共同集

对于每一个因素 X_i，把因素 X_i 可以到达的因素整理为一个集合，这个集合就是因素 X_i 的可达集 $R(X_i)$。具体地，在可达矩阵 $\boldsymbol{R}$ 中，顺着因素 X_i 对应的行横向看过去，凡是“1”元素所在列对应的因素即为可达集 $R(X_i)$ 中的因素，且包括因素 X_i 本身，可以用式（3.10）表达。

$$R(X_i)=\{X_q\in X\mid r_{iq}=1\} \tag{3.10}$$

对于每一个因素 X_i，把所有能到达因素 X_i 的因素整理为一个集合，这个集合就是因素 X_i 的前因集 $A(X_i)$。具体地，在可达矩阵 $\boldsymbol{R}$ 中，顺着因素 X_i 对应列竖向看下去，凡是“1”元素所在行对应的因素即为前因集 $A(X_i)$ 中的因素，且包括因素 X_i 本身，可以用式（3.11）表达。

$$A(X_i)=\{X_p\in X\mid r_{pi}=1\} \tag{3.11}$$

可达集 $R(X_i)$ 与前因集 $A(X_i)$ 的交集为 X_i 的共同集 $C(X_i)$，可以用式（3.12）表达。

$$C(X_i)=\{X_i\in X\mid R(X_i)\cap A(X_i)\} \tag{3.12}$$

（5）层级划分

符合共同集 $C(X_i)$ 等于可达集 $R(X_i)$ 条件的所有可达集 $R(X_i)$ 中因素的集合称为最高集 $T(L_l)$，可以用式（3.13）表达。

$$T(L_l)=\{X_i\in X\mid R(X_i)\cap A(X_i)=R(X_i)\} \tag{3.13}$$

最高集中为同层级因素，在可达矩阵 $\boldsymbol{R}$ 中相应划除这些因素对应的行和列，由此形成新系统的可达矩阵 $\boldsymbol{R}'$。重复上述步骤，得到新的层级以及对应因素。以此类推，逐步确定不同的层级。

(6) 部分划分

确定底层因素，满足式（3.14）的因素为底层因素，所有底层因素构成底层因素集 $B(X_i)$。

$$B(X_i)=\{X_i \in X \mid R(X_i) \cap A(X_i)=A(X_i)\} \tag{3.14}$$

在底层因素集 $B(X_i)$ 中两两因素的可达集取交集为空集的两个因素不在一个部分中。

(7) 建立结构模型

根据各因素的回路关系、层级划分、部分划分和因素间关系，能够构建出该系统的解释结构模型。

将 ISM 法应用于海底隧道盾构施工风险因素递阶关系构建中，可以实现用有向的层次化拓扑图表示复杂的海底隧道盾构施工风险因素，解释各风险因素之间的二元关系，为构建海底隧道盾构施工风险传导网络提供基础。

3. 结构方程模型

(1) 结构方程模型的简介

结构方程模型（structural equation modeling，SEM）可以追溯到心理学领域中共性因子的统计技术和经济学领域中路径分析的思想，是一种以变量协方差矩阵为基础的变量关系分析的统计方法，因此又被称为协方差结构模型（covariance structure models，CSM）[146]。结构方程模型是一种普遍应用于诸多学科领域中的线性统计建模方法，将因素分析和路径分析两种统计方法进行了有效整合，同时可以检验模型中各种变量之间的关系，继而获取自变量对因变量的直接或间接影响效果。

结构方程模型包含了多种类型变量，基于变量的获取方式可以分为：观察变量和潜在变量。观察变量是通过直接观察进行测量的变量，相反，潜在变量则无法通过直接观察进行测量，但是潜在变量能够通过观察变量进行间接测量。基于变量的生成方式可以分为：外生变量和内生变量。外生变量是不受其他变量作用的变量，可理解为自变量，相反，内生变量则是受其他变量作用的变量，可理解为因变量。将上述不同类型变量两两组合成结构方程模型的四种变量：外生观察变量、内生观察变量、外生潜在变量和内生潜在变量。一个完整的结构方程模型由两个部分组成：测量模型和结构模型。

其中，测量模型是基于观察变量对潜在变量的构建，其本质是观察变量通过线性函数对潜在变量进行的表达，如式（3.15）和式（3.16）。

$$\boldsymbol{x}=\boldsymbol{\Lambda}_x\boldsymbol{\xi}+\boldsymbol{\delta} \tag{3.15}$$

$$\boldsymbol{y}=\boldsymbol{\Lambda}_y\boldsymbol{\eta}+\boldsymbol{\varepsilon} \tag{3.16}$$

式中，$\boldsymbol{x}$ 为外生观察变量构成的向量；$\boldsymbol{y}$ 为内生观察变量构成的向量；$\boldsymbol{\xi}$ 为外生潜在变量；$\boldsymbol{\eta}$ 为内生潜在变量；$\boldsymbol{\Lambda}_x$ 为外生观察变量在外生潜在变量上的因子负荷矩阵；$\boldsymbol{\Lambda}_y$ 为内生观察变量在内生潜在变量上的因子负荷；$\boldsymbol{\delta}$ 为外生观察

变量 x 的误差项；$\boldsymbol{\varepsilon}$ 为内生观察变量 y 的误差项。

结构模型主要用于表达潜在变量之间的线性关系，如式（3.17）。

$$\boldsymbol{\eta}=B\boldsymbol{\eta}+\gamma\boldsymbol{\xi}+\boldsymbol{\zeta} \tag{3.17}$$

式中，$\boldsymbol{\eta}$ 为内生潜在变量；$\boldsymbol{\xi}$ 为外生潜在变量；B 为内生潜在变量之间的关系；γ 为外生潜在变量对内生潜在变量的影响；$\boldsymbol{\zeta}$ 为结构方程的残差项，表示 $\boldsymbol{\eta}$ 在方程中未能被解释的部分。

测量模型和结构模型初步构建后，就能够搭建结构方程模型的基本框架，理论模型中的各个因素以及因素之间的关系就可以通过路径图进行表示，构成结构方程模型的完整结构，如图 3.8 所示。

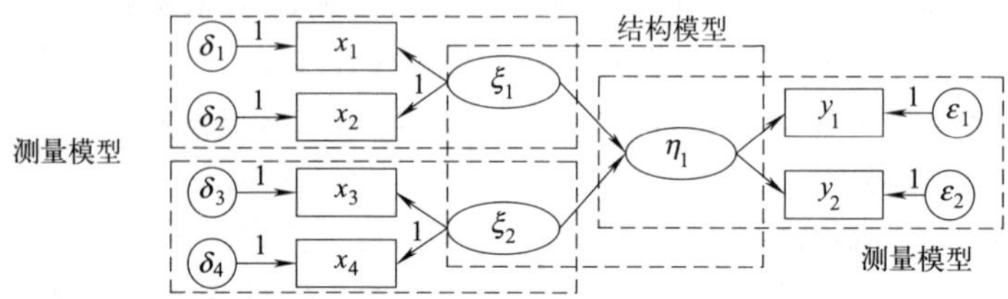

图 3.8 结构方程模型的构成

（2）结构方程模型的应用步骤

① 模型的构建。究其本质，结构方程模型是一个探究所设的模型合理性的验证性技术，所以应用结构方程模型的前提是首先设置（假设）一个理论模型。基于所研究的背景和内容，选取适当的因素（指标、因子等）作为模型中的潜在变量和观察变量，并根据因素之间的影响关系确定各变量之间的作用关系，绘制结构方程模型路径图。

② 数据的收集。模型构建完成后，需通过实证数据对其合理性进行验证。数据通常借助专家问卷调查、现场监测或历史数据库等途径获取，尤其适用于风险传导这类多依赖专家经验判断的领域。所获数据需满足一定的规模要求（一般样本数应为观测变量数的 5～10 倍），并须通过信度分析（如 Cronbach's α）和效度分析（包括内容效度、结构效度等），以确保数据质量与模型拟合的稳健性。

③ 适配度检验。该步骤通过参数估计方法对理论模型与样本数据的匹配程度进行量化检验。常用的参数估计方法包括最大似然法、广义最小二乘法等，其中最大似然法因其稳健性和广泛适用性最为普遍。适配度检验借助一系列拟合指数综合评价模型与数据的整体匹配状况。

④ 模型的评价。在完成参数估计后，需对模型进行系统评价，主要包括两方面：一是考察模型中路径系数的统计显著性，验证变量间假设关系是否成立；二是评估整体拟合指标是否达到可接受标准。只有两者均符合要求，才可认为理论模型较好地反映了实际数据结构。

⑤ 模型的修正。若模型评价结果显示拟合不佳，则需对原模型进行修正。

常用修正方法包括：删除不显著的路径、增列变量间的相关关系、依据修正指数（modification indices，MI）增删或调整路径等。修正过程需兼顾统计改进与理论解释力，避免过度拟合，确保模型既简洁又具备良好的普适性。

⑥ 模型的解释。最后一步是对模型结果进行整理和总结，即将统计输出转化为有实际意义的结论。需系统整理显著路径的参数估计值、方向及效应大小，结合专业背景分析潜变量之间的直接、间接及总效应，并撰写分析报告，明确风险因素间的传导机制与关键路径，为风险管控策略的制定提供依据。

目前，常用于结构方程建模的软件工具包括 Amos、LISREL、EQS、Mplus 等，它们提供了图形化建模、参数估计与拟合评价等完整功能。

海底隧道盾构施工过程涵盖众多复杂且隐性的风险因素，这些因素不仅多样，而且存在显著的交互影响与传导效应，传统方法难以准确刻画其内在关系。结构方程模型通过整合变量测量与因果分析，能够有效揭示风险因素之间的潜在作用路径与传导强度，为系统把握施工风险的形成与扩散机制提供了科学、可行的研究方法。

二、基于 ISM 的海底隧道盾构施工风险因素递阶关系构建

1. 直接影响关系及邻接矩阵

基于本章第二节所识别的海底隧道盾构施工风险因素，为科学确定各风险因素间的直接影响关系，本研究采用德尔菲法（Delphi method）组织多轮专家意见征询。专家组由 13 名在该领域具备深厚理论素养与丰富实践经验的成员构成，其中包括 5 名高校教授、2 名教授级高级工程师以及 6 名长期从事一线施工与管理的工程技术人员，确保了评估视角的全面性与权威性。

在第一轮专家调查中，课题组通过电子邮件向所有专家发送了研究背景、风险因素清单及评价说明。专家们基于自身知识判断，独立提交了对各风险因素间是否存在直接影响关系的初步意见。课题组在回收全部答复后，对数据进行了整理与匿名化处理，剔除身份信息以保证评审客观性，并将意见进行分类、归纳与汇总，最终形成了一份包含各类观点分布的综合反馈报告。

在第二轮调查中，课题组将上一轮调查汇总的匿名反馈报告再次发送给专家组。专家们在参考集体意见分布的基础上，重新审视自己之前的判断，并有机会修改或调整自己的观点。本轮意见征集后，专家组在多数风险关系判断上已趋于共识，但仍存在少数分歧点。课题组对这些意见再次进行了系统整理与分析，并编制了第二轮反馈报告，清晰呈现共识区域与争议焦点。

在第三轮调查中，课题组延续相同流程，将第二轮调查汇总结果返回给专家供其进行最终研判。专家们在前两轮反馈的基础上进行深入思考，进一步收敛意见。在本轮中，专家组就所有风险因素间的直接影响关系达成完全一致。课题组据此对专家共识进行了最终归纳，明确了每一组风险因素的因果方向，并据此构

建了一个有向图模型（如图 3.9 所示），其中箭尾所示的风险因素被确定为对箭头所指风险因素存在直接影响。该二元关系图清晰、直观地揭示了海底隧道盾构施工风险系统内部的结构化传导关系。

在图 3.9 的二元关系图基础上，根据式（3.6）构建出海底隧道施工风险因素邻接矩阵 **A**。

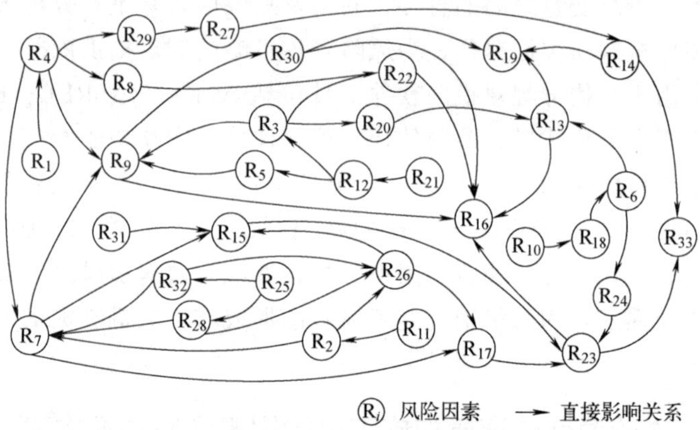

图 3.9 二元关系图

A=

	R_1	R_2	R_3	R_4	R_5	R_6	R_7	R_8	R_9	R_{10}	R_{11}	R_{12}	R_{13}	R_{14}	R_{15}	R_{16}	R_{17}	R_{18}	R_{19}	R_{20}	R_{21}	R_{22}	R_{23}	R_{24}	R_{25}	R_{26}	R_{27}	R_{28}	R_{29}	R_{30}	R_{31}	R_{32}	R_{33}
R_1				1																													
R_2							1																			1							
R_3									1											1		1											
R_4							1	1	1																				1				
R_5									1																								
R_6													1				1							1									
R_7									1						1		1																
R_8																						1											
R_9																1														1			
R_{10}																		1															
R_{11}		1																															
R_{12}			1		1																												
R_{13}																1			1														
R_{14}																			1														1
R_{15}																							1										
R_{16}																																	
R_{17}																							1										
R_{18}						1																											
R_{19}																																	
R_{20}													1																				
R_{21}												1																					
R_{22}														1		1																	
R_{23}																1																	1
R_{24}																							1										
R_{25}																												1				1	
R_{26}																	1										1						
R_{27}														1																			
R_{28}							1																			1							
R_{29}																											1						
R_{30}																1			1														
R_{31}															1																		
R_{32}							1																			1							
R_{33}																																	

注意：空白处元素均为 0。

2. 可达矩阵及关键集合

可达矩阵 $\boldsymbol{R}$ 可以通过式（3.7）求得，结果如下：

$\boldsymbol{R}=$

	R1	R2	R3	R4	R5	R6	R7	R8	R9	R10	R11	R12	R13	R14	R15	R16	R17	R18	R19	R20	R21	R22	R23	R24	R25	R26	R27	R28	R29	R30	R31	R32	R33
R1	1			1			1	1	1					1	1	1	1		1			1	1				1		1	1			1
R2		1					1		1					1	1	1	1		1				1			1	1			1			1
R3			1						1				1	1		1			1	1		1								1			1
R4				1			1	1	1					1	1	1	1		1			1	1				1		1	1			1
R5					1				1							1			1											1			
R6						1							1			1	1		1				1	1									1
R7							1		1						1	1	1		1				1							1			1
R8								1						1		1			1			1											1
R9									1							1			1											1			
R10						1				1			1			1	1	1	1				1	1									1
R11		1					1		1		1			1	1	1	1		1				1			1	1			1			1
R12			1		1				1			1	1	1		1			1	1		1								1			1
R13													1			1			1														
R14														1					1														1
R15															1	1							1										1
R16																1																	
R17																1	1						1										1
R18						1							1			1	1	1	1				1	1									1
R19																			1														
R20										1			1			1	1			1													
R21			1		1				1			1	1	1		1			1	1	1	1								1			1
R22														1		1			1			1											1
R23																1							1										1
R24																1							1	1									1
R25							1		1					1	1	1	1		1				1		1	1	1	1		1		1	1
R26														1		1	1		1				1			1	1						1
R27														1					1								1						1
R28							1		1					1	1	1	1		1				1			1	1	1		1			1
R29														1					1								1		1				1
R30																1			1											1			
R31															1	1							1								1		1
R32							1		1					1	1	1	1		1				1			1	1			1		1	1
R33																																	1

注意：空白处元素均为 0。

由式（3.10）、式（3.11）和式（3.12）分别求得各个风险因素 R_i（$i=1$，2，3，…，33）的可达集 $\boldsymbol{R}(\mathrm{R}_i)$、前因集 $\boldsymbol{A}(\mathrm{R}_i)$ 和共同集 $\boldsymbol{C}(\mathrm{R}_i)$，结果如表 3.11 所示。

表 3.11　可达集、前因集和共同集

i	$\boldsymbol{R}(\mathrm{R}_i)$	$\boldsymbol{A}(\mathrm{R}_i)$	$\boldsymbol{C}(\mathrm{R}_i)$
1	1,4,7,8,9,14,15,16,17,19,22,23,27,29,30,33	1	1
2	2,7,9,14,15,16,17,19,23,26,27,30,33	2,11	2
3	3,9,13,14,16,19,20,22,30,33	3,12,21	3
4	4,7,8,9,14,15,16,17,19,22,23,27,29,30,33	1,4	4
5	5,9,16,19,30	5,12,21	5

续表

i	$R(R_i)$	$A(R_i)$	$C(R_i)$
6	6,13,16,17,19,23,24,33	6,10,18	6
7	7,9,15,16,17,19,23,30,33	1,2,4,7,11,25,28,32	7
8	8,14,16,19,22,33	1,4,8	8
9	9,16,19,30	1,2,3,4,5,7,9,11,12,21,25,28,32	9
10	6,10,13,16,17,18,19,23,24,33	10	10
11	2,7,9,11,14,15,16,17,19,23,26,27,30,33	11	11
12	3,5,9,12,13,14,16,19,20,22,30,33	12,21	12
13	13,16,19	3,6,10,12,13,18,20,21	13
14	14,19,33	1,2,3,4,8,11,12,14,21,22,25,26,27,28,29,32	14
15	15,16,23,33	1,2,4,7,11,15,25,28,31,32	15
16	16	1,2,3,4,5,6,7,8,9,10,11,12,13,15,16,17,18,20,21,22,23,24,25,26,28,30,31,32	16
17	16,17,23,33	1,2,4,6,7,10,11,17,18,25,26,28,32	17
18	6,13,16,17,18,19,23,24,33	10,18	18
19	19	1,2,3,4,5,6,7,8,9,10,11,12,13,14,18,19,20,21,22,25,26,27,28,29,30,32	19
20	13,16,19,20	3,12,20,21	20
21	3,5,9,12,13,14,16,19,20,21,22,30,33	21	21
22	14,16,19,22,33	1,3,4,8,12,21,22	22
23	16,23,33	1,2,4,6,7,10,11,15,17,18,23,24,25,26,28,31,32	23
24	16,23,24,33	6,10,18,24	24
25	7,9,14,15,16,17,19,23,25,26,27,28,30,32,33	25	25
26	14,16,17,19,23,26,27,33	2,11,25,26,28,32	26
27	14,19,27,33	1,2,4,11,25,26,27,28,29,32	27
28	7,9,14,15,16,17,19,23,26,27,28,30,33	25,28	28
29	14,19,27,29,33	1,4,29	29
30	16,19,30	1,2,3,4,5,7,9,11,12,21,25,28,30,32	30
31	15,16,23,31,33	31	31
32	7,9,14,15,16,17,19,23,26,27,30,32,33	25,32	32
33	33	1,2,3,4,6,7,8,10,11,12,14,15,17,18,21,22,23,24,25,26,27,28,29,31,32,33	33

注：为简明扼要，表中各风险因素仅用相应编号中的数字（i）替代。

3. 回路关系、层级分解及部分划分

针对可达矩阵 $\boldsymbol{R}$，按照式（3.9）进行布尔逻辑运算，满足 $\boldsymbol{R} \cap \boldsymbol{R}^{\mathrm{T}}=\boldsymbol{I}$ 的条件，说明风险因素关系中不存在回路。

从表 3.11 中可以得知：$C(\mathrm{R}_{16})=R(\mathrm{R}_{16})$、$C(\mathrm{R}_{19})=R(\mathrm{R}_{19})$、$C(\mathrm{R}_{33})=R(\mathrm{R}_{33})$，说明 R_{16}、R_{19} 和 R_{33} 为层级 L1 中的风险因素。

在可达矩阵 $\boldsymbol{R}$ 中，将 R_{16}、R_{19} 和 R_{33} 对应的行和列划除，形成新的可达矩阵 $\boldsymbol{R}'$。求得剩余各个风险因素 R_i（$i=1$，2，3，…，33，且 $i \neq 16$，19，33）的可达集 $R'(\mathrm{R}_i)$、前因集 $A'(\mathrm{R}_i)$ 和共同集 $C'(\mathrm{R}_i)$。其中，$C'(\mathrm{R}_{13})=R'(\mathrm{R}_{13})$、$C'(\mathrm{R}_{14})=R'(\mathrm{R}_{14})$、$C'(\mathrm{R}_{23})=R'(\mathrm{R}_{23})$、$C'(\mathrm{R}_{30})=R'(\mathrm{R}_{30})$，说明 R_{13}、R_{14}、R_{23} 和 R_{30} 为层级 L2 中的风险因素。

重复上述步骤，可以确定各层级的风险因素：

层级 $\mathrm{L1}=\{\mathrm{R}_{16},\mathrm{R}_{19},\mathrm{R}_{33}\}$；

层级 $\mathrm{L2}=\{\mathrm{R}_{13},\mathrm{R}_{14},\mathrm{R}_{23},\mathrm{R}_{30}\}$；

层级 $\mathrm{L3}=\{\mathrm{R}_{9},\mathrm{R}_{15},\mathrm{R}_{17},\mathrm{R}_{20},\mathrm{R}_{22},\mathrm{R}_{24},\mathrm{R}_{27}\}$；

层级 $\mathrm{L4}=\{\mathrm{R}_{3},\mathrm{R}_{5},\mathrm{R}_{6},\mathrm{R}_{7},\mathrm{R}_{8},\mathrm{R}_{26},\mathrm{R}_{29},\mathrm{R}_{31}\}$；

层级 $\mathrm{L5}=\{\mathrm{R}_{2},\mathrm{R}_{4},\mathrm{R}_{12},\mathrm{R}_{18},\mathrm{R}_{28},\mathrm{R}_{32}\}$；

层级 $\mathrm{L6}=\{\mathrm{R}_{1},\mathrm{R}_{10},\mathrm{R}_{11},\mathrm{R}_{21},\mathrm{R}_{25}\}$。

从表 3.11 中可以得知：$C(\mathrm{R}_{1})=A(\mathrm{R}_{1})$、$C(\mathrm{R}_{10})=A(\mathrm{R}_{10})$、$C(\mathrm{R}_{11})=A(\mathrm{R}_{11})$、$C(\mathrm{R}_{21})=A(\mathrm{R}_{21})$、$C(\mathrm{R}_{25})=A(\mathrm{R}_{25})$、$C(\mathrm{R}_{31})=A(\mathrm{R}_{31})$，说明 R_{1}、R_{10}、R_{11}、R_{21}、R_{25} 和 R_{31} 为底层风险因素。

其中，$R(\mathrm{R}_{1}) \cap R(\mathrm{R}_{10}) \cap R(\mathrm{R}_{11}) \cap R(\mathrm{R}_{21}) \cap R(\mathrm{R}_{25}) \cap R(\mathrm{R}_{31})=\{\mathrm{R}_{16},\mathrm{R}_{33}\} \neq \varnothing$，说明该解释结构模型只存在一个部分。

4. 构建并分析风险因素递阶关系

根据上述确定的各风险因素的回路关系、层级划分、部分划分，并结合风险因素间的关系能够构建出海底隧道盾构施工风险因素递阶关系，如图 3.10 所示。海底隧道盾构施工风险因素共被分成了 6 个层级，直观清晰地揭示了这些风险因素之间的作用机制和逻辑关系。

在 33 个风险因素中，除公众反对（R_{1}）、不可抗力（R_{4}）、政策风险（R_{8}）、工期风险（R_{16}）和合同风险（R_{22}）之外的 28 个风险因素均呈现明显的阶段性特点，结合解释结构模型的 6 层多级结构自下而上地分为准备阶段风险因素（preparing stage risk factors，L6）、始发阶段风险因素（launching stage risk factors：L5）、正常掘进阶段风险因素（normal tunnelling stage risk factors：L4，L3）和接收阶段风险因素（receiving stage risk factors：L2，L1）。R_{1}、R_{4}、R_{8}、R_{16} 和 R_{22} 存在于上述的各个盾构施工阶段中，于是将这 5 个风险因素定义为系统风险（systemic risk factors）。

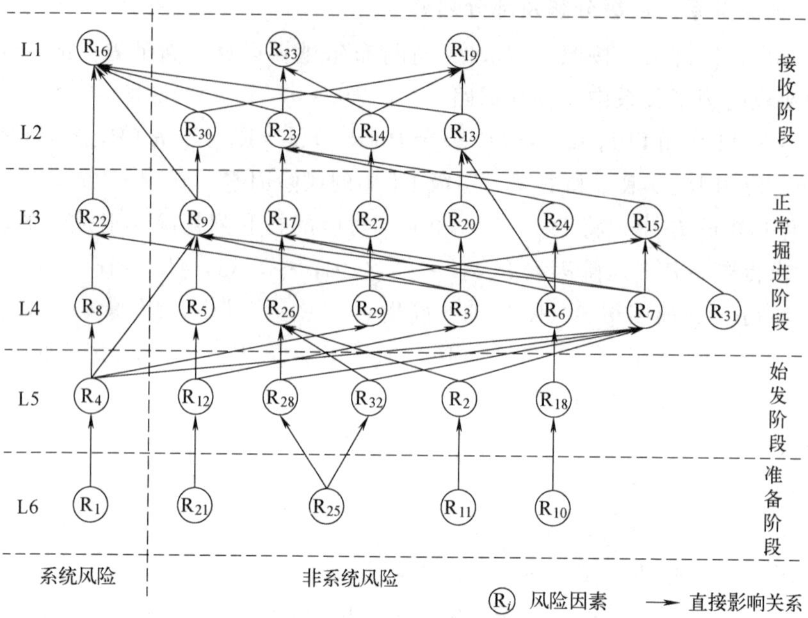

图 3.10　海底隧道盾构施工风险因素递阶关系

三、基于 SEM 的海底隧道盾构施工风险传导网络构建

在上一节海底隧道盾构施工风险因素递阶关系构建过程中，可以发现海底隧道盾构施工风险因素自下而上呈现明显的阶段性特征，形成了一个系统性风险集群和四个以不同盾构施工阶段为特征的阶段性风险集群。ISM 虽然确定了海底隧道盾构施工风险因素的递阶关系，但是风险因素之间影响关系的具体数值并没有得到量化表达。因此，需要通过 SEM 对海底隧道盾构施工风险因素间的影响关系进行量化。

1. 风险传导网络的理论假设

在上一节中，对风险集群的递阶关系进行了分析，可以看出风险按照盾构施工阶段特征自前向后传导。为了充分深入挖掘各风险因素之间的传导关系，本书将一个系统性风险集群和四个阶段性风险集群假设为五个黑箱模型，在各个黑箱中假设风险因素能够充分相互影响并实现转化，构成一个复杂的黑箱内部风险传导结构，假设风险传导网络关系如图 3.11 所示。

在图 3.11 中，各个盾构施工阶段风险集群构成 5 个节点（S、P、L、N、R），连接各节点的为 10 条有向边。按照盾构施工阶段发生的时间顺序，箭尾连接先发生的节点（前向节点），箭头指向后发生的节点（后向节点），有向边根据其连接的前向节点和后向节点可以分别编号为 SP、SL、SN、SR、PL、PN、PR、LN、LR 和 NR，即分别表示风险在传导网络中传导的路径。此处增设新的

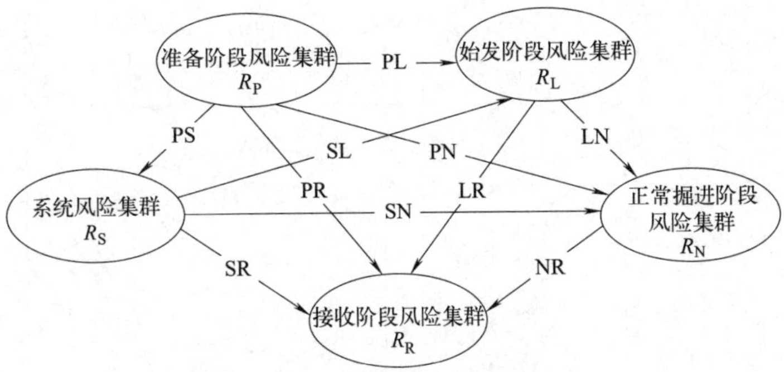

图 3.11 假设风险传导网络关系图

变量表示各个风险集群形成的风险流变量 R_t（$t=$ S，P，L，N，R），其中包括系统风险流变量（R_S）、准备阶段风险流变量（R_P）、始发阶段风险流变量（R_L）、正常掘进阶段风险流变量（R_N）和接收阶段风险流变量（R_R）。此外，将各个风险因素（R_i）依次设置为风险因素变量 R_i（$i=1，2，3，\cdots，33$），海底隧道盾构施工累积风险 CR 设置为变量 CR。

2. 风险传导网络结构方程模型的设置

根据图 3.11 所示，R_S 是假设风险传导网络关系图的起始节点，该节点是不受其他变量作用的变量，并且无法直接通过观察测量获得，因此 R_S 被设置为外生潜在变量，ζ_S 是与之对应的误差项。而 R_P、R_L、R_N、R_R 则受到其他变量的作用，且同样无法直接通过观察测量获得，因此它们被设置为内生潜在变量，ζ_P、ζ_L、ζ_N、ζ_R 分别是这些内生潜在变量的误差项。

风险因素变量 R_i 可以直接通过观察测量获得，因此 R_i（$i=1，2，3，\cdots，33$）被设置为各自所属潜在变量对应的观察变量。其中，R_1、R_4、R_8、R_{16}、R_{22} 分别是 R_S 对应的外生观察变量，δ_1、δ_4、δ_8、δ_{16}、δ_{22} 分别是与之对应的误差项。其余观察变量则为内生观察变量，ε_i（$i=1，2，\cdots，33$，且 $i\neq1，4，8，16，22$）分别是与它们各自对应的误差项。

同时，假设模型还进行了参数设置，λ_i（$i=1，2，3，\cdots，33$）分别为各观察变量对应的路径系数；γ_{SP}、γ_{SL}、γ_{SN}、γ_{SR}、γ_{PL}、γ_{PN}、γ_{PR}、γ_{LN}、γ_{LR}、γ_{NR} 分别为潜在变量之间的影响系数。

应用 Amos 软件对假设模型进行绘制，得到理论海底隧道盾构施工风险传导网络结构方程模型，如图 3.12 所示。

3. 数据获取与分析

（1）数据获取

为科学验证上文所构建的海底隧道盾构施工风险传导网络结构方程模型，本研究采用问卷调查法系统收集实证分析所需数据。数据来源于本章第二节中实施的专家问卷调查，该问卷以评估各风险因素在施工过程中的重要性程度为核心

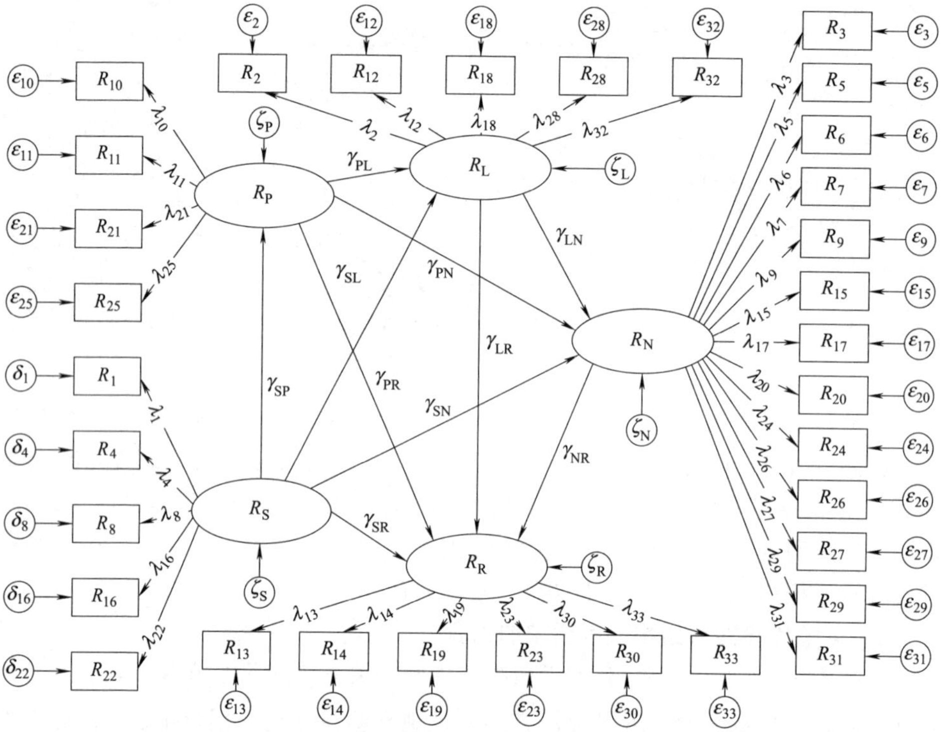

图 3.12　理论海底隧道盾构施工风险传导网络结构方程模型

内容。

尽管原始问卷本质上属于重要性分级评价，但通过合理的数据转换方法，可将其有效转化为适用于结构方程模型分析的等距尺度数据。本书将受访专家对每一风险因素的重要性评判，统一转换为李克特 7 级量表格式进行量化表征，赋值区间从“非常小（1 分）”至“非常大（7 分）”。该转换过程确保了各变量处于相同的数值量纲和度量范围，不仅增强了数据的可比性和连续性，也为模型参数估计提供了符合要求的连续型指标输入。

采用李克特 7 点量表形式，能够在最大限度保留专家原始判断信息的基础上，将定性评价转化为可进行统计分析的定量数据，从而更准确、可靠地检验理论模型的适配度、路径显著性及整体解释力，为验证风险传导网络结构的合理性提供扎实的数理依据。

(2) 样本容量

在结构方程模型分析中，样本容量是影响模型稳健性和结果可靠性的关键因素。理论上，样本量越大，模型估计越稳定；小样本则容易导致模型无法收敛，出现违规估计（如负方差或相关系数超出合理范围），或造成参数的低估。多位学者对此提出了具体建议：Boomsma 指出，样本容量不应少于 100，最好在 200 以上。更一般的原则是，样本量应超过模型中测量指标数量的 10 倍，或不少于自由估计参数总数的5倍。Hair等学者进一步细化提出，当样本量为100时，模型中的测量指标应不超过5个，且每个指标至少对应3个自由估计参数；样本量为150时，测量指标数目应控制在7个以内[147]。

在本研究中，模型共设定5个潜在变量（R_S、R_P、R_L、R_N、R_R）和33个观察变量（R_1、R_2、…、R_{33}），即自由参数总数为33。若依据Boomsma的建议，样本量应不少于165；而参考Hair等的标准，样本量达到100亦可接受。出于统计保守性原则考虑，本研究将合理样本容量区间确定为165～200份。实际问卷调查共回收有效样本173份，符合上述各项理论建议与统计要求，能够为模型参数估计和整体拟合效果提供充分的数据支持。

（3）信度和效度分析

为了考察调查问卷的可靠性和有效性，本书选择SPSS 23.0数据分析软件对调查问卷数据进行信度和效度分析。一般地，信度分析按照分量表进行，即分别分析各个变量的信度。本书分别针对整体和各个潜在变量进行信度分析，克隆巴赫系数（Cronbach's α）结果如表3.12所示。表中整体的克隆巴赫系数为0.901，远大于0.8，并且各个潜在变量对应的克隆巴赫系数也都大于0.7，说明调查问卷的可靠性和信度满足要求。

表3.12 克隆巴赫系数

潜在变量	观察变量个数	克隆巴赫系数
R_S	5	0.786
R_P	4	0.767
R_L	5	0.794
R_N	13	0.892
R_R	6	0.810
整体	33	0.901

调查问卷数据的KMO检验和Bartlett球形检验结果如表3.13所示。表中KMO检验值为0.768，大于0.5，Bartlett球形检验的显著性为0.000，小于0.05，说明本书选取的风险因素之间相关性较强，调查问卷通过效度检验。

表3.13 KMO和Bartlett检验

KMO检验值	0.768	
Bartlett球形检验	近似卡方	462.865
	自由度	528
	显著性	0.000

综上所述，本书采用的问卷以及获取的相关数据符合结构方程模型分析的要求，能够为后续的模型估计提供数据支持。

4. 参数估计

本书采用结构方程模型建模软件Amos进行分析，在绘图界面中进行SEM

路径图绘制，并读取输入到 SPSS 23.0 中的数据，通过运行“Calculate Estimates”得到结构方程模型中的各个参数的估计值，如表 3.14 和表 3.15 所示，其中表 3.14 为观察变量与潜在变量的路径系数分析结果，表 3.15 为各潜在变量之间影响系数分析结果。

表 3.14 观察变量与潜在变量路径系数

潜在变量	→	观察变量	路径系数	归一化值
R_S	→	R_1	0.735	0.246
		R_4	0.474	0.159
		R_8	0.653	0.219
		R_{16}	0.425	0.142
		R_{22}	0.698	0.234
R_P	→	R_{10}	0.667	0.259
		R_{11}	0.859	0.333
		R_{21}	0.485	0.188
		R_{25}	0.568	0.220
R_L	→	R_2	0.635	0.174
		R_{12}	0.762	0.209
		R_{18}	0.498	0.137
		R_{28}	0.856	0.235
		R_{32}	0.897	0.246
R_N	→	R_3	0.896	0.101
		R_5	0.578	0.065
		R_6	0.486	0.055
		R_7	0.589	0.066
		R_9	0.832	0.093
		R_{15}	0.689	0.077
		R_{17}	0.798	0.090
		R_{20}	0.687	0.077
		R_{24}	0.635	0.071
		R_{26}	0.632	0.071
		R_{27}	0.487	0.055
		R_{29}	0.739	0.083
		R_{31}	0.861	0.097
R_R	→	R_{13}	0.453	0.118
		R_{14}	0.419	0.109
		R_{19}	0.634	0.165
		R_{23}	0.726	0.189
		R_{30}	0.881	0.229
		R_{33}	0.728	0.190

表 3.15 潜在变量之间的影响系数

潜在变量			影响系数	标准化值
R_S	→	R_S	1.000	1.000
R_S R_P	→	R_P	0.642 1.000	−1.000 1.000
R_S R_P R_L	→	R_L	0.769 0.739 1.000	−0.770 −1.000 1.000
R_S R_P R_L R_N	→	R_N	0.687 0.618 0.627 1.000	−0.639 −1.000 −0.953 1.000
R_S R_P R_L R_N R_R	→	R_R	0.750 0.821 0.681 0.653 1.000	−0.441 −0.032 −0.839 −1.000 1.000

5. 模型适配度检验

在结构方程建模中，模型适配度检验用于评估理论模型与实际观测数据之间的匹配程度，是判断模型是否可接受的关键环节。本书利用 Amos 软件进行适配度检验，该软件提供多种统计指标以综合评价模型的整体拟合效果。表 3.16 列出了六种常用的适配度评价指标及其建议标准，包括指标的中英文含义和建议值。

在 Amos 软件中可以进行模型适配度检验，具体操作为点击“View Test”按钮进入 Amos Output 界面，可以在 Model fit 模块中查找模型适配度评判指标的相关数据，结果如表 3.17 所示，并与表 3.16 中的建议值对比进行判断。

表 3.16 模型适配度评判指标

指标	英文含义	中文含义	建议值[148]
CMIN/DF	minimum value of the discrepancy /degree of freedom	卡方自由度比	<2
RMSEA	root mean square error of approximation	近似均方根误差	<0.05
RMR	root mean square residual	均方根残差	<0.05
GFI	goodness of fit index	良适性适配指标	>0.90
NFI	normed fit index	标准适配度指标	>0.90
CFI	comparative fit index	比较性适配指数	>0.90

表 3.17　模型适配度检验结果

指标	CMIN/DF	RMSEA	RMR	GFI	NFI	CFI
指标值	1.364	0.032	0.047	0.935	0.921	0.978
判断	很好	很好	很好	很好	很好	很好

从表 3.17 中可知：卡方自由度比（CMIN/DF）为 1.364，小于建议值 2；近似均方根误差（RMSEA）为 0.032，小于 0.05 的严格标准；均方根残差（RMR）值为 0.047，低于 0.05 的阈值；良适性适配指标（GFI）为 0.935，标准适配度指标（NFI）为 0.921，比较性适配指数（CFI）达到 0.978，三者均高于 0.90 的建议水平。

所有指标的实际值均优于或符合建议标准，表明该理论模型与样本数据之间具有高度一致性，拟合效果理想。检验结果证实，所构建的海底隧道盾构施工风险传导网络结构方程模型具有良好的正确性与合理性，能够有效反映实际风险传导机制，可用于后续的路径分析与假设检验。

四、风险流转化机理分析

海底隧道盾构施工风险传导的本质是将海底隧道盾构施工过程视作一个系统，在受到内、外部不确定因素袭扰影响的前提下，系统内部产生风险能量依附于系统风险载体以各种形式在系统中流动，最终经过累积在某一时间节点达到系统所能承受的阈值，导致系统出现相对目标较大的偏离，甚至引发失败。由于海底隧道盾构施工风险具有显著的复杂性，并且在风险传导过程中必然将形成复杂的风险传导网络结构，对海底隧道盾构施工风险传导网络的构建是实现风险评估的必备条件之一。因此本书在五个风险集群的基础上假设并检验了一个海底隧道盾构施工风险传导网络，在风险传导网络中，风险集群被假设成五个黑箱，各个黑箱中风险因素之间充分相互影响并实现转化，形成风险流沿连接各风险集群的有向边由前向后传导。

风险流变量 R_t 是构建风险传导网络过程中增设的变量，无法直接衡量，在结构方程模型中被设置为潜在变量。通过本章第二节可知风险因素可以通过评估实现量化，在此可以理解为可直接获得的变量，在结构方程模型中风险因素变量 R_i 被设置为观察变量。在结构方程模型中，潜在变量能够通过观察变量进行间接测量，观察变量可以通过线性函数对潜在变量进行表达，这为如何实现风险因素变量向风险流变量的定量转化过程提供了解决思路。

在结构方程模型中，λ_i 所组成的矩阵称为因子载荷矩阵，其统计意义为观察变量依赖潜在变量的相对重要性（权重），形成了式（3.15）和式（3.16）的线性表达式。进一步地，可以将风险因素变量向风险流变量的转化关系构建成如式（3.18）的线性表达式。

$$R_t = \sum_{i=1}^{33} \beta_{it} R_i \tag{3.18}$$

式中，β_{it} 为风险因素变量 R_i 依赖风险流变量 R_t 的权重，β_{it} 的大小取决于结构方程模型中的对应路径系数在该潜在变量 R_t 所有路径系数集合中的权重，即观察变量 R_i 对应的路径系数归一化值，见表 3.14 第四列。

由此，各风险流计算过程如下：

系统风险流变量 R_S

$$R_S=\beta_{1S}R_1+\beta_{4S}R_4+\beta_{8S}R_8+\beta_{16S}R_{16}+\beta_{22S}R_{22} \tag{3.19}$$

准备阶段风险流变量 R_P

$$R_P=\beta_{10P}R_{10}+\beta_{11P}R_{11}+\beta_{21P}R_{21}+\beta_{25P}R_{25} \tag{3.20}$$

始发阶段风险流变量 R_L

$$R_L=\beta_{2L}R_2+\beta_{12L}R_{12}+\beta_{18L}R_{18}+\beta_{28L}R_{28}+\beta_{32L}R_{32} \tag{3.21}$$

正常掘进阶段风险流变量 R_N

$$R_N=\beta_{3N}R_3+\beta_{5N}R_5+\beta_{6N}R_6+\beta_{7N}R_7+\beta_{9N}R_9+\beta_{15N}R_{15}+\beta_{17N}R_{17}+\beta_{20N}R_{20}+\beta_{24N}R_{24}+\beta_{26N}R_{26}+\beta_{27N}R_{27}+\beta_{29N}R_{29}+\beta_{31N}R_{31} \tag{3.22}$$

接收阶段风险流变量 R_R

$$R_R=\beta_{13L}R_{13}+\beta_{14L}R_{14}+\beta_{19L}R_{19}+\beta_{23L}R_{23}+\beta_{30L}R_{30}+\beta_{33L}R_{33} \tag{3.23}$$

通过式（3.19）~式（3.23）可以快速利用风险因素变量求解得到各个风险流变量，风险流在风险传导网络传导过程中也会发生相互作用，并不断产生累积效应从而形成累积风险，因此风险流变量与 CR 之间的关系彰明较著，风险流变量的确定能够为后续海底隧道盾构施工累积风险定量化研究提供基础。

本章小结

本章聚焦于海底隧道盾构施工风险因素，首先介绍了风险识别的方法与流程，综合运用文献研究法与专家调查法，借助模糊集理论设计问卷并处理数据，确保风险因素识别的全面性与客观性，最终确定 33 个关键风险因素。接着对风险进行评估，采用定性与定量相结合的方式，构建风险分级矩阵。而后深入探讨风险传导网络的动态演化，阐述风险传导网络构建的理论与方法，运用解释结构模型法确定风险因素递阶关系，揭示其作用机制与逻辑关系；再借助结构方程模型量化风险因素间的影响关系，构建合理有效的风险传导网络。最后，分析风险流转与转化机理，明确风险因素变量向风险流变量的定量转化过程，为后续海底隧道盾构施工累积风险定量化研究筑牢根基，有助于更精准地把握施工风险，为风险防控提供有力支持。

第四章　基于脆弱性的累积风险动态评估

风险在流动的过程中，通过各种路径交织成一个复杂且庞大的风险传导网络。这个网络不仅涉及系统内部和外部的风险因素，还涉及同一阶段和不同阶段之间的风险因素。这些风险因素相互影响和作用，并在风险传导网络中遵循一定的路径进行传导，最终累积成为累积风险。随着时间的推移，累积风险有可能在某一时间节点达到系统所能承受的阈值，从而引发实际情况与既定目标出现较大偏离，甚至导致整个海底隧道盾构施工的失败。为了保障海底隧道盾构施工过程顺利进行，需要对风险加以评估。但是由于海底隧道盾构施工过程面临的风险因素多样，并且呈现复杂的递阶关系，在风险传导网络中风险随着盾构施工阶段变化而发生转变，可能比较容易实现对某一单风险因素进行评估，但是随着环境变化，不确定性因素可能再次出现。因此风险在风险传导网络中具有极大的不确定性，很难直接有效地对风险进行动态评估。

如何有效进行风险动态评估，解决这个问题可以从风险传导的特点中获得启示。风险传导具有路径依赖性的特点，相对于动态变化的风险，风险传导路径则相对固定，表现为风险传导载体的稳定性。在明确了这一点的基础上，引入“脆弱性”的概念作为控制风险传导的着力点。微观上，脆弱性是一种有利于风险传导的风险载体的属性；宏观上，脆弱性是海底隧道盾构施工过程作为一个系统自身抵抗风险的能力。本章着眼于脆弱性对海底隧道盾构施工累积风险动态评估模型展开研究。

第一节　脆弱性的动态性分析

通过第二章的分析，可以发现由于系统脆弱性的存在，风险事件、风险结果和风险状态表现出明显的动态特征。基于脆弱性，它们之间相互转化，并形成累积风险。如前文所述，适应度是脆弱性的一个典型特征要素，在本书中，这种适应度表现为海底隧道盾构施工过程中面临风险时采取的控制措施，这些控制措施能够降低海底隧道盾构施工相应阶段的脆弱性，从而改变风险传导的过程，以实现对累积风险进行控制的目的。

由于针对脆弱性的控制措施被引入，“风险-脆弱性”过程中的脆弱性也具有了动态性。这就意味着如果要实现对累积风险的控制，首先必须清楚掌握脆弱性的动态过程。为了方便并简化开展脆弱性动态性相关分析，本书基于脆弱性做出设定：海底隧道盾构施工针对脆弱性的控制措施施加于各个盾构施工阶段的转换处，脆弱性状态 $F(t)$ 的变化也只发生在两个盾构施工阶段交接处，在控制措施施加后的这一个盾构施工阶段过程中脆弱性不发生变化，并且对上一个盾构施工阶段的脆弱性状态没有影响。

通过式（2.9）不难看出，传递函数 $W(s)$ 仅与在受到风险事件袭扰后的系统脆弱性状态有关。设在节点 j 处风险事件形成对系统的袭扰，则其前向节点 i 与节点 j 之间的传递函数 $W_{ij}(s)$ 可以表达为式（4.1）。

$$W_{ij}(s)=\int_0^s f[F_j(t)]\mathrm{d}t \tag{4.1}$$

式中，$F_j(t)$ 为节点 j 处风险事件形成对系统袭扰后表现出的脆弱性状态；s 为风险事件向节点 j 传导的时间长度。

引入 s_k 表示风险事件在某盾构施工阶段 $k(k=\mathrm{S、P、L、N、R})$ 上作用的时间，t_k 表示该盾构施工阶段的时间中点，则由式（4.1）可进一步推导出式（4.2）。

$$W_{ij}(s)=f[\sum_{k=i}^{j}s_kF_j(t_k)] \tag{4.2}$$

由式（4.2）可以得到有向边 ij 或者节点 $j(i=j)$ 中的“风险-脆弱性”过程所对应的脆弱性 F_{ij}，即风险传导过程的脆弱性，如式（4.3）所示。

$$F_{ij}=\sum_{k=i}^{j}s_kF_j(t_k) \tag{4.3}$$

值得注意的是，完成海底隧道盾构施工累积风险控制的前提条件是求解出第二章第三节中风险传导的三种形式风险变量，其风险事件向风险结果转化和风险状态向风险事件的转化过程计算又必须依赖于风险传导过程的脆弱性 F_{ij}，为了便于理解式（4.3）中关于脆弱性的动态规律，可将“风险-脆弱性”过程描述成如图 4.1 所示的网络。

以下是对图 4.1 的进一步解释：

① 本书中海底隧道盾构施工共分为 4 个阶段，每个阶段占用的时间分别为 T_P、T_L、T_N、T_R，t_P、t_L、t_N、t_R 分别为它们各自所在阶段的时间

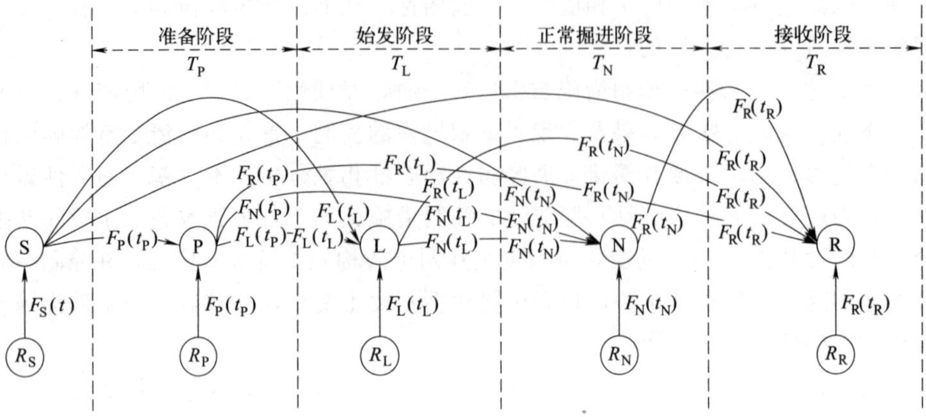

图 4.1 “风险-脆弱性”过程的动态描述

注：①图中的节点 S、 P、 L、 N、 R 为海底隧道盾构施工风险传导网络节点；

②图中的有向边为海底隧道盾构施工各个风险传导过程；

③有向边上的变量符号 $F_j(t_k)$ 表示该风险传导过程在不同时间点所表现出的脆弱性

中点；

② 在不同网络节点处遭受风险袭扰时，系统表现出的脆弱性有所差异，因此系统的脆弱性分别为 $F_S(t)$、$F_P(t)$、$F_L(t)$、$F_N(t)$、$F_R(t)$，并且系统脆弱性随盾构施工阶段变化而变化，比如 $F_N(t)$ 在不同阶段的脆弱性状态分别为 $F_N(t_P)$、$F_N(t_L)$、$F_N(t_N)$；

③ 有向边代表风险传导过程，每条有向边的脆弱性是由该有向边代表的风险传导过程经历的所有脆弱性状态一起决定的，比如有向边 PN 的脆弱性 F_{PN} 取决于 $F_N(t_P)$、$F_N(t_L)$、$F_N(t_N)$；

④ 节点处的风险传导过程的脆弱性是由该节点的系统脆弱性状态决定的，比如节点 N 的脆弱性 F_{NN} 取决于 $F_N(t_N)$；

⑤ 系统风险 R_S 对海底隧道盾构施工各个阶段都产生影响，从节点 S 出发传导至后续各个节点的系统风险与相应节点内部风险传导过程效果一致，故而有向边 SP、SL、SN、SR 对应的脆弱性 F_{SP}、F_{SL}、F_{SN}、F_{SR} 依次取决于 $F_P(t_P)$、$F_L(t_L)$、$F_N(t_N)$、$F_R(t_R)$。

第二节 海底隧道盾构施工脆弱性因素的识别

脆弱性因素识别是实现风险传导过程脆弱性评价的前提，本书在识别海底隧道盾构施工脆弱性因素时采用了与第三章中海底隧道盾构施工风险因素识别相同的方法。

一、拟定脆弱性因素清单

为了确定拟定脆弱性因素清单，本书共收集整理得到 14 篇极度相关学术论文，并且走访了海底隧道盾构施工现场，提取得到海底隧道盾构施工拟定脆弱性因素（proposed fragility factors）共计 33 个。分别对拟定脆弱性因素编号为 PF_i（$i=1$，2，…，32，33）。项目管理理论将项目系统分解为目标系统（F_1）、对象系统（F_2）、组织系统（F_3）和行为系统（F_4）4 个子系统，本书将上述海底隧道盾构施工脆弱性因素按此分为 4 个维度[149]，并分别对各个拟定脆弱性因素在文献、现场走访中出现的情况进行了统计，如表 4.1 所示，其中“*”表示该行对应的拟定脆弱性因素在相应列代表的文献中出现过。

在表 4.1 中，大部分拟定脆弱性因素出现次数集中分布于 10～13 次，占文献（包括走访现场）总量 60%以上；政府的稳定性和连续性、信息共享程度、前期工程质量、施工组织合理性、技术力量储备情况、参与各方能力水平等脆弱性因素出现次数较少，但也达到选用文献总量的 50%，说明表 4.1 中的拟定脆弱性因素皆存在研究的必要性。

二、脆弱性因素确定

在确定海底隧道盾构施工脆弱性因素时，采用了与第三章中确定风险因素相同的方法，根据上述确定的海底隧道盾构施工拟定脆弱性因素清单，基于问卷调查法和个人判断法征求专家的意见，并采用模糊集理论设计调查问卷并对调查数据进行处理，该调查问卷经过相同的调查问卷预调研讨论会并完成了问卷发放和回收过程。

参考表 4.1 拟定脆弱性因素清单包含的 33 个拟定脆弱性因素和表 3.2 中模糊数的语言描述，设计调查问卷（见附录 B 中问卷 B-1）。需要说明的是，与附录 A 中问卷不同，各拟定脆弱性因素被分为 4 个维度，在衡量各拟定脆弱性因素时考虑的是它们在各自所在维度内的重要性程度。为了保证专家调查的连贯性，该问卷与附录 A 的问卷同时发放和回收，调查问卷背景与第二章第二节中保持一致。

根据问卷调查中获得的数据，参考式（3.1）～式（3.4），可以分别求解出各拟定脆弱性因素的重要性程度值 $I(\widetilde{P}'_i)$，其中 $i=1$，2，3，…，33，计算结果见表 4.2 中第三列。

从表 4.2 能够看出，拟定脆弱性因素重要性程度值在 1.543～3.954 之间分布，并且绝大部分处于区间 3～4 之间。在目标系统维度 F_1 和对象系统维度 F_2 中，各拟定脆弱性因素重要性程度均大于 3，说明这 10 个拟定脆弱性因素的重要性程度均大于“中等（M）”程度，因此有必要保留这两个维度内的所有拟定脆弱

表 4.1 拟定脆弱性因素清单文献统计

拟定脆弱性因素			[150]	[151]	[152]	[153]	[154]	[155]	[156]	[157]	[158]	[159]	[160]	[161]	[162]	[163]	走访	合计
PF_1	项目的重要性		*	*	*		*	*		*	*	*	*	*	*		*	12
PF_2	政治、经济稳定情况					*	*		*	*	*	*	*		*	*	*	10
PF_3	公众支持态度	F_1 目标系统	*	*	*	*		*		*	*		*	*	*	*	*	12
PF_4	市场需求情况		*	*			*	*	*	*		*	*		*		*	10
PF_5	生态环境条件		*	*	*	*	*	*	*			*	*	*	*	*	*	13
PF_6	招投标规范性			*	*	*	*				*	*		*	*	*	*	10
PF_7	项目建设规模		*	*		*	*	*	*	*	*	*	*			*		11
PF_8	项目总投资额	F_2 对象系统	*	*	*		*	*	*	*	*	*	*	*		*		12
PF_9	项目地理位置		*	*		*	*			*	*	*	*	*		*		10
PF_{10}	项目复杂程度		*	*	*	*	*	*		*		*		*		*		10
PF_{11}	合同完备程度		*	*	*		*			*	*	*	*	*		*		10
PF_{12}	政府的稳定性和连续性			*	*		*	*	*	*			*	*		*		9
PF_{13}	组织构架合理性		*	*	*		*	*	*	*		*	*	*		*		11
PF_{14}	参与各方伙伴关系			*	*	*		*	*		*	*	*	*		*	*	11
PF_{15}	政府的支持程度	F_3 组织系统			*	*	*	*	*	*	*		*		*	*		10
PF_{16}	信息共享程度		*		*	*		*	*	*	*		*					8
PF_{17}	项目审批程序的复杂程度		*	*	*		*			*	*	*	*	*		*		10
PF_{18}	设计、施工单位资质			*	*	*	*	*		*		*	*			*	*	10
PF_{19}	分包商、供应商选择的合理性		*		*	*	*	*	*	*		*	*	*		*		11

续表

拟定脆弱性因素				[150]	[151]	[152]	[153]	[154]	[155]	[156]	[157]	[158]	[159]	[160]	[161]	[162]	[163]	走访	合计
PF_{20}	融资效率	F_4	行为系统	*		*	*	*			*	*	*	*	*	*			10
PF_{21}	前期工程质量			*		*		*	*	*		*	*			*		*	9
PF_{22}	地质勘探准确性			*		*	*	*	*	*	*	*	*	*	*				11
PF_{23}	施工组织合理性			*		*		*			*	*		*	*		*		8
PF_{24}	设计方案合理性				*	*			*	*	*	*		*	*	*		*	10
PF_{25}	承包商项目管理能力				*	*	*		*	*	*	*		*	*		*	*	11
PF_{26}	建设方项目管理能力				*	*	*	*		*		*	*	*	*		*		10
PF_{27}	刀具管理能力			*	*		*	*	*	*		*	*	*	*		*		11
PF_{28}	超前地质预报准确性				*		*	*	*	*	*	*	*	*	*		*		11
PF_{29}	技术力量储备情况			*	*		*	*		*		*	*					*	8
PF_{30}	应急预案合理性				*			*	*	*	*	*	*	*			*	*	10
PF_{31}	沟通协调能力			*	*	*	*	*	*	*	*	*		*		*	*	*	13
PF_{32}	参与各方能力水平					*	*	*		*		*	*	*			*		8
PF_{33}	施工安全教育情况				*	*	*	*	*	*		*		*	*	*	*		11

表 4.2 各拟定脆弱性因素 $I(\widetilde{P}_i')$ 的计算结果

F_i	PF_i	$I(\widetilde{P}_i')$	处置	新编号	权重 $\omega_{i,j}$
F_1	PF_1	3.630	√	$F_{1.1}$	0.168
	PF_2	3.549	√	$F_{1.2}$	0.164
	PF_3	3.566	√	$F_{1.3}$	0.165
	PF_4	3.590	√	$F_{1.4}$	0.166
	PF_5	3.561	√	$F_{1.5}$	0.165
	PF_6	3.711	√	$F_{1.6}$	0.172
F_2	PF_7	3.688	√	$F_{2.1}$	0.250
	PF_8	3.543	√	$F_{2.2}$	0.240
	PF_9	3.792	√	$F_{2.3}$	0.257
	PF_{10}	3.717	√	$F_{2.4}$	0.252
F_3	PF_{11}	3.671	√	$F_{3.1}$	0.144
	PF_{12}	1.636	×	—	—
	PF_{13}	3.572	√	$F_{3.2}$	0.140
	PF_{14}	3.584	√	$F_{3.3}$	0.141
	PF_{15}	3.705	√	$F_{3.4}$	0.145
	PF_{16}	1.543	×	—	—
	PF_{17}	3.624	√	$F_{3.5}$	0.142
	PF_{18}	3.746	√	$F_{3.6}$	0.147
	PF_{19}	3.584	√	$F_{3.7}$	0.141
F_4	PF_{20}	3.590	√	$F_{4.1}$	0.096
	PF_{21}	1.595	×	—	—
	PF_{22}	3.873	√	$F_{4.2}$	0.104
	PF_{23}	1.584	×	—	—
	PF_{24}	3.497	√	$F_{4.3}$	0.094
	PF_{25}	3.572	√	$F_{4.4}$	0.096
	PF_{26}	3.636	√	$F_{4.5}$	0.098
	PF_{27}	3.451	√	$F_{4.6}$	0.093
	PF_{28}	3.925	√	$F_{4.7}$	0.105
	PF_{29}	1.590	×	—	—
	PF_{30}	3.879	√	$F_{4.8}$	0.104
	PF_{31}	3.873	√	$F_{4.9}$	0.104
	PF_{32}	1.624	×	—	—
	PF_{33}	3.954	√	$F_{4.10}$	0.106

性因素。而在组织系统维度 F_3 和行为系统维度 F_4 中，政府的稳定性和连续性（PF_{12}）、信息共享程度（PF_{16}）、前期工程质量（PF_{21}）、施工组织合理性（PF_{23}）、技术力量储备情况（PF_{29}）和参与各方能力水平（PF_{32}）的重要性程度值均小于 2，说明这 6 个拟定脆弱性因素的重要性程度均不大于“偏小（FL）”程度，因此应该将这 6 个拟定脆弱性因素从拟定脆弱性因素清单中筛除。

经过对拟定脆弱性因素清单的筛选，最终确定海底隧道盾构施工脆弱性因素清单，其中共包括 27 个脆弱性因素，为了便于开展后续的研究，根据各脆弱性因素所处的脆弱性维度，重新对它们编号为 $F_{i.j}$，其中 i 表示该脆弱性因素所处的脆弱性维度（$i=1$，2，3，4），j 表示在各自脆弱性维度中的排列序号（$j=1$，2，3，…，k，k 为脆弱性维度内包含的脆弱性因素的数量），见表 4.2 的第五列。

三、脆弱性维度的调查

根据式（4.4）可以计算得到各个脆弱性因素在各自维度内的权重 $\omega_{i.j}$。

$$\omega_{i.j}=\frac{I(\widetilde{P}'_{i.j})}{\sum_{j=1}^{k}I(\widetilde{P}'_{i.j})} \tag{4.4}$$

式中，$I(\widetilde{P}'_{i.j})$ 为脆弱性因素 $F_{i.j}$ 对应的重要性程度值。

可以利用各个脆弱性因素在各自维度内的权重对脆弱性维度进行评估，见式（4.5）。

$$F_i(t)=\sum_{j=1}^{k}\omega_{i.j}F_{i.j}(t) \tag{4.5}$$

式中，$F_i(t)$ 为脆弱性维度变量，$F_{i.j}(t)$ 为脆弱性因素变量（$i=1$，2，3，4；$j=1$，2，3，…，k，k 为脆弱性维度内包含的脆弱性因素的数量）；$\omega_{i.j}$ 为 $F_{i.j}(t)$ 对应的脆弱性因素在各自维度内的权重，可由式（4.4）计算得到。

如上一节脆弱性的动态分析中所述，在不同网络节点处遭受风险袭扰时，系统表现出的脆弱性有所差异，脆弱性是针对特定阶段的风险流而言的，在不同阶段风险流下表现出不同的脆弱性状态（F_S、F_P、F_L、F_N 和 F_R）。因此，脆弱性的各个维度对脆弱性状态的贡献度应该视具体阶段风险流而定。在附录 B 问卷 B-2 中，本书设计了海底隧道盾构施工脆弱性的调查问卷，旨在考查脆弱性的各个维度在不同阶段风险流下所表现出的重要性程度。根据问卷调查中获得的数据，参考式（3.1）～式（3.4），可以分别求解出脆弱性的各个维度在不同阶段风险流下所表现出的重要性程度 $I(\widetilde{P}''_{x-i})$。其中，$x=$S，P，L，N，R；$i=1$，2，3，4。计算结果见表 4.3 中第三列。

根据式（4.6）可以计算得到脆弱性的各个维度在不同阶段风险流下所表现出的重要性程度的权重 μ_{x-i}，计算结果见表 4.3 中第四列。

$$\mu_{x-i}=\frac{I(\widetilde{P}''_{x-i})}{\sum_{i=1}^{4}I(\widetilde{P}''_{x-i})} \tag{4.6}$$

式中，$I(\widetilde{P}''_{x-i})$ 为脆弱性的各个维度在不同阶段风险流下所表现出的重要性程度（$x=$S，P，L，N，R；$i=1$，2，3，4）。

由此，可对不同阶段风险流下脆弱性状态进行评估，见式（4.7）。

$$F_x(t)=\sum_{i=1}^{4}\mu_{x-i}F_i(t) \tag{4.7}$$

式中，$F_x(t)$ 为特定阶段风险流下的脆弱性状态，其中 $x=$S，P，L，N，R；$F_i(t)$ 为脆弱性维度，$i=1$，2，3，4；μ_{x-i} 为脆弱性的各个维度在不同阶段风险流下所表现出的重要性程度的权重，可由式（4.6）计算得到，计算结果见表 4.3 的第四列。

表 4.3 脆弱性维度调查统计结果

脆弱性状态	脆弱性维度	$I(\widetilde{P}''_{x-i})$	权重 μ_{x-i}
F_S	目标系统 F_1	3.873	0.263
	对象系统 F_2	3.572	0.242
	组织系统 F_3	3.711	0.252
	行为系统 F_4	3.590	0.243
F_P	目标系统 F_1	3.630	0.251
	对象系统 F_2	3.549	0.245
	组织系统 F_3	3.717	0.257
	行为系统 F_4	3.590	0.248
F_L	目标系统 F_1	3.705	0.256
	对象系统 F_2	3.624	0.250
	组织系统 F_3	3.566	0.246
	行为系统 F_4	3.584	0.248
F_N	目标系统 F_1	3.688	0.255
	对象系统 F_2	3.671	0.254
	组织系统 F_3	3.543	0.245
	行为系统 F_4	3.561	0.246
F_R	目标系统 F_1	3.584	0.245
	对象系统 F_2	3.497	0.239
	组织系统 F_3	3.792	0.259
	行为系统 F_4	3.746	0.256

第三节 海底隧道盾构施工风险传导过程的脆弱性评价

从“风险-脆弱性”过程的机理分析可知，对海底隧道盾构施工累积风险实施有效控制的核心，在于实现对风险传导过程中系统脆弱性的量化评估。因此，开展海底隧道盾构施工风险传导过程的脆弱性评价成为一项关键任务。本节将在已识别脆弱性因素的基础上，系统梳理该脆弱性评价的具体流程与实现路径。

本章第一节所建立的脆弱性动态分析框架，为风险传导过程中的脆弱性评价提供了方法论基础；而脆弱性因素及其不同维度，则为评价工作提供了可操作的具体指标。需要强调的是，此处的脆弱性评价聚焦于其动态属性，旨在刻画系统在风险传导作用下的时变响应与适应能力，而非仅进行某一时刻的静态快照式评估。该评价旨在揭示随着时间推进及风险在系统中持续传导，海底隧道盾构施工系统内部状态、结构与功能发生的动态演变过程及其内在动力学机制。

基于以上关于脆弱性的两部分研究结果，风险传导过程的脆弱性评价可以分解成以下几个步骤：

1. 脆弱性因素初始值

在本书中，脆弱性因素变量 $F_{i.j}$（t）的取值范围为［0，5］，取值越高，系统抵抗风险袭扰能力越弱，相反，取值越低表示系统抵抗风险袭扰能力越强。实现风险传导过程的脆弱性评价的基础是脆弱性因素变量初始值，即在 t_0 时刻的各个脆弱性因素变量 $F_{i.j}$（t_0）的值。

脆弱性因素初始值确定需要基于具体工程案例展开，可以通过专家评判或参考类似工程案例获取。虽然这两种方法都是结合工程案例的实际情况对每一个脆弱性因素进行充分调研并评判，但是仍无法避免取值的主观影响。然而本书重点考察的是脆弱性的动态变化以及脆弱性对累积风险控制的作用，所以只要保证针对各个脆弱性因素初始值的评判尺度统一就能够保证脆弱性评价的效力。

2. 控制措施

通过施加有效的控制措施能够降低系统脆弱性，从而提高系统抵抗风险的能力，这说明脆弱性动态变化的动力来源是控制措施。控制措施是指工程案例在实施过程中采取的能够降低脆弱性的方法、方案等。控制措施降低脆弱性表现为三个方面：一是作用对象，即该控制措施能够对哪些脆弱性因素起到作用；二是作用时间，即该控制措施施加在盾构施工周期的哪一个阶段；三是作用效果，即通过该控制措施的施加能够降低脆弱性因素值的大小。这三个方面都需要结合实际工程案例的具体情况进行整理和确定。

3. 脆弱性因素动态值

在脆弱性因素初始值和控制措施确定的基础上，可以分别求出各个脆弱性因素变量在各个阶段的动态值（简称为脆弱性因素动态值），即脆弱性因素初始值 $F_{i.j}(t_0)$ 在各个阶段施加的控制措施作用发生变化后的值，用 $F_{i.j}(t)$ （$i=1$，2，3，4；$j=1$，2，3，…，k，k 为脆弱性维度内包含的脆弱性因素的数量；$t=t_{\mathrm{P}}$，t_{L}，t_{N}，t_{R}）表示。

4. 脆弱性维度动态值

在脆弱性因素动态值 $F_{i.j}(t)$ 和表 4.2 中的各个脆弱性因素在各自维度内的权重 $\omega_{i.j}$ 计算结果基础上，由式（4.5）可以计算得到脆弱性维度变量在各个阶段的动态值（简称为脆弱性维度动态值），用 $F_i(t)$（$i=1$，2，3，4；$t=t_{\mathrm{P}}$，t_{L}，t_{N}，t_{R}）表示。

5. 特定阶段风险流下脆弱性状态值

在脆弱性维度动态值 $F_i(t)$ 和表 4.3 中的脆弱性的各个维度在不同阶段风险流下所表现出的重要性程度的权重 μ_{x-i} 计算结果基础上，由式（4.7）可以计算得到特定阶段风险流下脆弱性状态值，用 $F_x(t)$（$x=$S，P，L，N，R；$t=t_{\mathrm{P}}$，t_{L}，t_{N}，t_{R}）表示。

6. 风险传导过程的脆弱性

在特定阶段风险流下脆弱性状态值 F_x（t）的基础上对风险传导过程的脆弱性进行评价，用 F_{xy} 表示。其中，$xy=$SS、PP、LL、NN、RR 时，F_{xy} 为风险传导网络中节点的脆弱性；当 $xy=$ SP、SL、SN、SR、PL、PN、PR、LN、LR、NR 时，F_{xy} 为风险传导网络中有向边的脆弱性。F_{xy} 可由式（4.7）计算得出，具体计算过程按表 4.4 和表 4.5 执行，表 4.4 给出了求解 F_{xy} 的回归系数计算表，表 4.5 给出了求解 F_{xy} 的计算表。

表 4.4 脆弱性的回归系数计算表

F_{xy}	s_P	s_L	s_N	s_R	α_P	α_L	α_N	α_R
F_{SS}					1	1	1	1
F_{SP}					1	0	0	0
F_{SL}					0	1	0	0
F_{SN}					0	0	1	0
F_{SR}					0	0	0	1
F_{PP}					1	0	0	0
F_{PL}	$T_P/2$	$T_L/2$			$s_P/(s_P+s_L)$	$s_L/(s_P+s_L)$	0	0
F_{PN}	$T_P/2$	T_L	$T_N/2$		$s_P/(s_P+s_L+s_N)$	$s_L/(s_P+s_L+s_N)$	$s_N/(s_P+s_L+s_N)$	0
F_{PR}	$T_P/2$	$T_L/2$	T_N	$T_R/2$	$s_P/(s_P+s_L+s_N+s_R)$	$s_L/(s_P+s_L+s_N+s_R)$	$s_N/(s_P+s_L+s_N+s_R)$	$s_R/(s_P+s_L+s_N+s_R)$
F_{LL}					0	1	0	0
F_{LN}		T_L	$T_N/2$		0	$s_L/(s_L+s_N)$	$s_N/(s_L+s_N)$	0
F_{LR}		$T_L/2$	T_N	$T_R/2$	0	$s_L/(s_L+s_N+s_R)$	$s_N/(s_L+s_N+s_R)$	$s_R/(s_L+s_N+s_R)$
F_{NN}					0	0	1	0
F_{NR}			$T_N/2$	$T_R/2$	0	0	$s_N/(s_N+s_R)$	$s_R/(s_N+s_R)$
F_{RR}					0	0	0	1

表 4.5 风险传导网络中各个过程的脆弱性计算表

F_{xy}	t_P	t_L	t_N	t_R	F_{xy}
F_{SS}	$F_S(t_P)$	$F_S(t_L)$	$F_S(t_N)$	$F_S(t_R)$	$F_{SS}=\alpha_P F_S(t_P)\vee\alpha_L F_S(t_L)\vee\alpha_N F_S(t_N)\vee\alpha_R F_S(t_R)$
F_{SP}	$F_P(t_P)$				$F_{SP}=\alpha_P F_P(t_P)$
F_{SL}		$F_L(t_L)$			$F_{SL}=\alpha_L F_L(t_L)$
F_{SN}			$F_N(t_N)$		$F_{SN}=\alpha_N F_N(t_N)$
F_{SR}				$F_R(t_R)$	$F_{SR}=\alpha_R F_R(t_R)$
F_{PP}	$F_P(t_P)$				$F_{PP}=\alpha_P F_P(t_P)$
F_{PL}	$F_L(t_P)$	$F_L(t_L)$			$F_{PL}=\alpha_P F_L(t_P)+\alpha_L F_L(t_L)$
F_{PN}	$F_N(t_P)$	$F_N(t_L)$	$F_N(t_N)$		$F_{PN}=\alpha_P F_N(t_P)+\alpha_L F_N(t_L)+\alpha_N F_N(t_N)$
F_{PR}	$F_R(t_P)$	$F_R(t_L)$	$F_R(t_N)$	$F_R(t_R)$	$F_{PR}=\alpha_P F_R(t_P)+\alpha_L F_R(t_L)+\alpha_N F_R(t_N)+\alpha_R F_R(t_R)$
F_{LL}		$F_L(t_L)$			$F_{LL}=\alpha_L F_L(t_L)$
F_{LN}		$F_N(t_L)$	$F_N(t_N)$		$F_{LN}=\alpha_L F_N(t_L)+\alpha_N F_N(t_N)$
F_{LR}		$F_R(t_L)$	$F_R(t_N)$	$F_R(t_R)$	$F_{LR}=\alpha_L F_R(t_L)+\alpha_N F_R(t_N)+\alpha_R F_R(t_R)$
F_{NN}			$F_N(t_N)$		$F_{NN}=\alpha_N F_N(t_N)$
F_{NR}			$F_R(t_N)$	$F_R(t_R)$	$F_{NR}=\alpha_N F_R(t_N)+\alpha_R F_R(t_R)$
F_{RR}				$F_R(t_R)$	$F_{RR}=\alpha_R F_R(t_R)$

上述步骤是计算控制措施作用下的脆弱性动态变化情况的方法，风险传导过程的脆弱性评价是对基于脆弱性的风险传导机制的进一步补充和说明，它们共同组成了基于脆弱性的海底隧道盾构施工累积风险动态评估模型。

本章小结

本章围绕海底隧道盾构施工的累积风险动态评估，深入探讨了基于脆弱性的评估方法。首先，分析了脆弱性的动态特征，指出脆弱性是控制风险传导的关键，且其状态变化依赖于盾构施工阶段的转换处所施加的控制措施。其次，识别了海底隧道盾构施工中的脆弱性因素，通过文献统计和专家调查，确定了 27 个关键脆弱性因素，并分为目标系统、对象系统、组织系统和行为系统四个维度。进一步地，评估了各脆弱性维度在不同施工阶段风险流下的重要性程度。最后，构建了风险传导过程的脆弱性评价框架，明确了从脆弱性因素初始值确定到风险传导过程脆弱性计算的完整步骤，为基于脆弱性的累积风险动态评估提供了量化方法和计算模型。本章的研究为海底隧道盾构施工风险管理提供了新的视角和工具。

第三部分

风险控制与工程实践

第五章 系统动力学在风险控制中的应用

风险动态评估是海底隧道盾构施工风险管理体系中的关键环节，也是对现有风险管理实践的重要补充。在海底隧道盾构施工过程中，风险随工程推进不断累积和演变，因此需要在施工全过程中采用科学、有效的方法对其进行持续评估与动态控制。本书所提出的风险管理核心目标，是确保施工期间累积风险始终处于合理、可控的范围之内，从而保障工程安全与顺利推进。

前文系统阐述了海底隧道盾构施工累积风险的界定方式、识别方法、评估模型及控制策略，建立了一套完整的风险管控逻辑框架。在此基础上，本书后续将深入分析各类风险因素在施工过程中的具体表现与传导机制，构建更精确的风险评估与预测模型，并对不同控制措施的实施效果开展定量化分析与实证研究。这些研究，旨在为海底隧道盾构施工提供系统、科学的理论依据与可操作的实践指导，进一步提升风险管理的精细化水平与主动防控能力，实现对累积风险的有效遏制和工程安全的根本保障。

第一节 海底隧道盾构施工风险控制

1. 控制对象

风险控制是海底隧道盾构施工风险管理的关键内容。本书从广泛应用于心理学、毒理学、电力工业等领域的累积风险中获得启发，引入累积风险作为海底隧道盾构施工风险控制的重要指标。在海底隧道盾构施工过程中，累积风险表现为各种相互关联的风险因素的综合表现。这些风险因素之间密切联系，需要探讨如何采取措施对它们进行密切估测和控制。

2. 控制原则

（1）系统性原则

海底隧道盾构施工风险具有多样性、层次性和动态变化等特征，因此风险控制必须立足于系统视角，综合考虑各类风险的相互作用及其对工程整体的潜在影响，确保能够全方位、多角度地减轻风险带来的不利后果。

（2）有效性原则

在风险控制过程中所采用的策略与方法应具备明确的实效性，能够直接或间接地降低风险发生概率或减弱其影响，切实提升施工过程的整体安全水平。

（3）合理性原则

风险控制措施所选用的切入点不仅需在理论上具备风险控制能力，还应兼顾实际可操作性。该原则是确保控制措施能够落地并发挥预期效果的重要基础。

（4）全过程原则

海底隧道盾构施工风险表现出显著的阶段性特征，即不同施工阶段的风险类型与强度存在差异。因此，风险控制应贯穿于工程建设的全过程，确保在施工各阶段均可实施相应控制策略，实现对风险演变的持续响应与动态管理。

3. 控制目标

（1）控制累积风险增长

通过实施一系列科学、有效的风险控制措施，主动干预和引导累积风险的形成与发展过程，使其朝着有利的方向演进，旨在将海底隧道盾构施工中的累积风险严格控制在可接受阈值之内，最大限度避免因风险失控导致的工程中断、人员伤亡及重大经济损失，保障施工安全与工程顺利推进。

（2）可视化显示累积风险变化

通过构建模型并进行仿真模拟，结合输出的图表和数据，实现海底隧道盾构施工累积风险变化情况可直观呈现的目标。仿真模拟可以提供施工过程的实时风险评估结果，同时还可以对比不同控制措施条件下的累积风险变化情况，这有助于了解控制措施的实际作用，为最佳应对策略的制定提供支持。

（3）预测累积风险发展走向

通过系统收集施工过程中的多源数据，结合预测模型与先进分析工具，实现对累积风险未来演变趋势的科学预判。准确的风险预测有助于制定更具前瞻性和适应性的风险管理计划与应急预案，提升工程对潜在风险的预见能力和响应水平，为海底隧道盾构施工的长期稳定推进提供可靠保障。

（4）健全的风险管理体系

依托对累积风险的系统识别、准确评估和动态控制，推动形成结构完整、运行高效的风险管理体系。该体系应确保控制措施合理可行、执行到位，全面提升项目对风险的感知灵敏度与综合应对能力，显著降低风险对施工进程的负面影响，最终实现风险管控工作的规范化、系统化和持续优化。

第二节 系统动力学建模原理

一、系统动力学原理及发展

累积风险的形成依赖于脆弱性作用下的风险传导机制，涉及的变量复杂，时间延续较长，针对累积风险的控制工作必然是一个长期、复杂、动态的系统性过程。本书将累积风险引入研究过程中，确定了海底隧道盾构施工风险因素清单并提供了风险因素定量评估的方法；构建了海底隧道盾构施工风险传导网络，厘清了风险传导的运动路径和转化机理，为累积风险控制的实现提供了着力点，即将脆弱性引入风险传导的过程（R-F 过程），通过降低系统脆弱性的方式实现对风险传导过程的评估和控制。值得注意的是，从上述分析中不难发现整个过程虽然能够对累积风险进行有效控制，但是由于其涉及的变量众多，计算过程也非常复杂，很难以单纯的人力计算途径实现，必须通过建模将整个 R-F 过程进行整合，本书将借助系统动力学构建海底隧道盾构施工累积风险控制模型，从而实现为项目风险管理者做出决策提供参考的目标。

系统动力学的起源是美国麻省理工学院 Forrester 教授在 20 世纪中叶关于社会经济问题的创新性研究。1958 年，Forrester 首次将这种思想应用于工业企业管理研究中，将之命名为“工业动力学”，讨论了一系列关于生产和分配的问题。Forrester 在 1961 年出版的著作《工业动力学》为这一学科奠定了基础，书中对相关理论及其原理进行了详细的介绍，并给出了应用案例[164]。后来，其应用和理论逐渐延伸至其他诸多研究领域中，如医学、经济学、军事、工程建设等。“工业动力学”一词显然限制了该学科的发展，最终在 1966 年被“系统动力学”替代，新名称充分显示了系统科学的思想，即系统动力学揭示的是系统内部构成要素之间的反馈关系，以此来探究问题出现的根源，而非通过总结归纳系统外部的随机事件规律间接地解释系统的行为。系统动力学诞生后的大约 30 年里，先后经历了两次重大实践并诞生了一些理论著作。Forrester 的门生 Meadows 所领导的研究小组接受了一个构建世界模型的任务，这是一个基于系统动力学的世界模型，旨在解决客观存在的日益扩张的人口规模和接近枯竭的地球资源等问题，《世界动力学》《城市动力学阐释》《城市动力学导论》等都是在这次理论实践过程中完成的著作[165]。第二次实践由 Forrester 负责，他将彼时的美国经济、社会等问题作为一个系统，建立一个美国全国模型，试图为经济学家们解释一系列悬而未决的问题。在这次实践中，他依靠系统动力学揭示了美国经济周期波动的内在形成机理[166]。

系统动力学（system dynamics，SD）是经济数学学科的重要分支之一，它最早被用来处理企业在发展运营过程中面临的问题，例如生产管理、库存仓储等。系统动力学将系统论、信息论和控制论等结合，以反馈控制理论为基础，通过计算机技术对系统内部动态行为进行仿真模拟，实现对复杂的信息反馈系统进行分析，预测系统的未来发展趋势。随着学科交叉发展，系统动力学被引入风险管理领域中。在工程项目管理方面，Rodrigues 等[167] 将传统项目管理方法与系统动力学方法进行了针对性的比较，发现了它们在切入点和技术方面的差异，他们认为系统动力学不仅为项目管理领域研究打开了一个新局面，还为项目参与各方提供了科学高效的管理工具。在工程项目风险管理方面，Lyneis 等[168] 通过对案例的研究发现，系统动力学能够很好地用于项目风险评估中，为项目战略管理提供支持。陈萌等[169] 通过系统动力学建立了高拱坝施工进度风险演化模型，并对复杂的风险演化路径进行了计算机仿真模拟，为风险管理者提供了决策参考。蒋聪[170] 引入系统动力学，对工程项目复杂的风险传递路径进行了深入探讨，建立了旧城改造项目全寿命周期风险因果关系模型，通过计算机仿真模拟有针对性地提出合理风险控制方法。由此不难看出，系统动力学已经广泛应用于包括风险管理在内的工程项目管理领域，但遗憾的是这类应用大多数是对工程项目相关要素（如工期、风险）的仿真模拟，虽然能为风险管理者采取相应措施提供参考，但是并没有直接提出控制相关要素的有效措施。

然而，在相关要素控制尤其是风险控制方面，系统动力学逐渐在其他研究领域中得到实践。在军事作战领域，郑有志[171] 提出了一个基于系统动力学的风险控制模型，试图将作战风险限制于合理的范围中。在物流管理领域，杨扬等[172] 基于系统动力学打造了一个物流运作风险的系统动力学模型，该模型可以将风险控制策略综合考虑在内，实现风险控制策略的成本与绩效相均衡。在制造生产领域，康前军[173] 依托轨道列车弹簧，提出了基于系统动力学的产品质量风险控制模型，对发现最佳风险控制策略有所裨益。上述研究成果说明系统动力学的理论可以较好地应用于风险控制中，依托系统动力学的优势，不仅能够清晰展现出系统内部变量之间的反馈关系，而且能够直观反映出控制措施施加后系统的表现，即系统中各个变量的实时变化情况，这有利于风险管理者合理地研判控制措施的施加类型和时间，并能够借助分析对未来发展趋势进行预测。受此启发，本书将在前述章节研究成果之上，结合系统动力学理论和构模思路，设计并构建海底隧道盾构施工累积风险控制模型。

系统动力学作为一种研究复杂系统行为的方法论，在与其他模型方法相比较时，展现出以下几方面的显著优势：

① 变量容量大，处理复杂系统的能力强。系统动力学模型具备处理数千个变量的能力，能够容纳并整合多维度、多层级的影响因子，为研究和模拟高度复杂的系统问题提供了技术基础与操作便利。

② 融合定性分析与定量分析。该方法强调以定性分析为先导，通过系统结构建模和因果反馈关系梳理，明确系统运行机制；进而以定量模拟为支撑，实现变量间关系的数值化表达。两者相辅相成，共同推动对系统行为的深入理解。

③ 支持计算机仿真实验。系统动力学可借助计算机仿真技术，模拟系统在不同情境和参数下的动态行为，为评估政策干预、预测长期趋势以及分析复杂系统的动态演变提供了强大且灵活的实验平台。

④ 擅长处理高阶、非线性系统问题。现实系统中的多重反馈、时滞效应和非线性关系往往难以用传统线性模型描述，而系统动力学在此类问题的建模与解析方面表现出独特优势，尤其适用于具有复杂动态特性的社会、工程及管理系统。

二、系统动力学的基本概念

1. 系统边界

系统边界限定了系统的界限，这是一个抽象的概念，可以理解成被研究系统涵盖的功能和非功能之间的界限。具体表现为界限之内的是与系统建模相关的元素，不相关的元素将被界限排除在外，系统动力学研究对象就是界限之内的诸多元素之间相互作用关系。

2. 因果反馈回路图

系统中各元素之间相互的影响关系是系统动力学发挥作用的前提，这些影响关系又称为反馈关系。在系统动力学中，用因果链表示反馈关系，如图 5.1 所示的有向线段即为因果链。所谓反馈是采取相应对策以减少系统输出结果和期望之间差异的过程，根据作用效果不同，反馈分为正反馈和负反馈，从而因果链也相应分成正因果链［图 5.1（a）］和负因果链［图 5.1（b）］。在正因果链中，元素 B 会在元素 A 的驱动下产生同向增减，在因果链中用“＋”标明；在负因果链中，元素 B 会在元素 A 的驱动下产生反向增减，在因果链中用“－”标明。

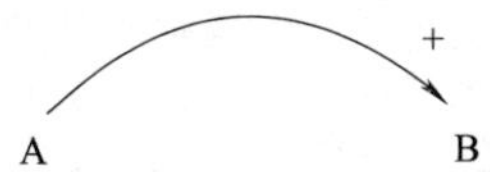

(a) 正因果链

(b) 负因果链

图 5.1　因果链

在一个系统中往往具有诸多元素且相互之间因果关系复杂，从而在一个因果反馈回路中可能会同时存在多条因果链，因果反馈回路正是由这些因果链连接形成的闭合回路，因果反馈回路同样也有正负之分。在正反馈回路中，发生于回路中任何一处的元素偏离初始状态时，循环回路一周之后该偏离将增大。相反，负反馈回路则力求减少因素偏离初始导致系统相对于目标状态的偏离。直观地，可以通过因果反馈回路图中负因果链数量判断其正负，若因果反馈回路图中的负因果链的数量为偶数时，则其为正因果反馈回路，如图 5.2（a）所示；若因果反馈回路图中的负因果链的数量为奇数时，则其为负因果反馈回路，如图 5.2（b）所示。

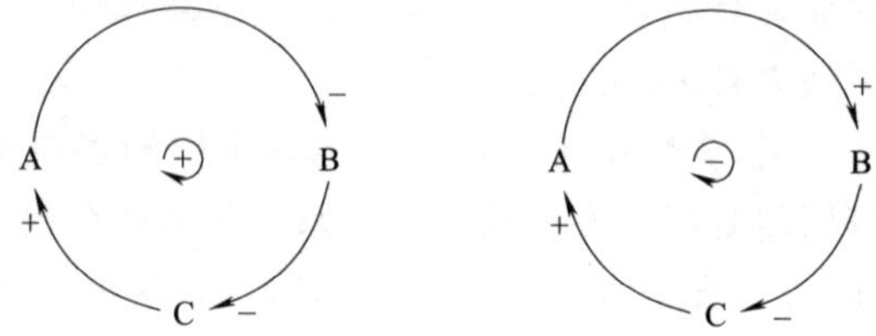

(a) 正因果反馈回路　　(b) 负因果反馈回路

图 5.2　因果反馈回路

3. 存量流量图

因果反馈回路是对系统中各元素之间影响关系的梳理，但是这种处于定性阶段的分析无法实现对系统内部动态行为的了解和把握，还需要进一步采取定量分析。此时，引入存量流量图可以为定量分析创造条件。存量流量图是在各元素的定性分析基础上构建的，用于清晰地表示系统中各元素之间的定量关系。存量流量图不仅明确了系统的反馈形式，还揭示了系统的控制规律。其中，存量是指特定时间段内系统的变化量，是一种状态变量；流量则指存量随时间变化的速度。为了进一步区分变量性质，将变量分为以下几种类型[174]：

（1）状态变量

状态变量对应“存量”，也称为水平变量，是描述系统累积效应的变量。状态变量的值由初始变量和速率变量在特定时间段内的累积共同组成，在存量流量图中用矩形符号表示。状态变量对应数学概念里的积分，其方程：

$$\mathrm{lv}S(t)=S(t_0)+\int_{t_0}^{t}\mathrm{rate}S(t)\mathrm{d}t=S(t_0)+\int_{t_0}^{t}[\mathrm{Inflow}S(t)-\mathrm{Outflow}S(t)]\mathrm{d}t \tag{5.1}$$

式中，$\mathrm{lv}S(t)$ 为 t 时刻状态变量的值；$S(t_0)$ 为该状态变量的初始值；$\mathrm{rate}S(t)$ 为该状态变量 t 时刻的变化速率；$\mathrm{Inflow}S(t)$ 和 $\mathrm{Outflow}S(t)$ 分别为 t 时刻的累积变量流入速率和流出速率。

（2）速率变量

速率变量对应“流量”，是用来描述系统在特定一段时间内累积效应变化快慢的变量。速率变量具有控制状态变量变化速度快慢的功能，用双线箭头和阀门的组合符号表示。速率变量对应数学概念里的导数，即

$$\frac{\mathrm{dlv}S(t)}{\mathrm{d}t}=\mathrm{Inflow}S(t)-\mathrm{Outflow}S(t) \tag{5.2}$$

速率变量的方程可以表示成如下形式：

$$\mathrm{rate}S(t)=g[\mathrm{lv}S(t),\mathrm{aux}(t),\mathrm{exo}(t),\mathrm{const}] \tag{5.3}$$

式中，aux(t) 为辅助变量 t 时刻的数值；exo(t) 为外生变量 t 时刻的数值；const 为常量。

(3) 辅助变量

辅助变量是一种中间变量，连接状态变量和速率变量，具有信息传递的功能，用圆圈符号表示，画图时圆圈符号通常可以省略。辅助变量的值一般取决于其他变量，其方程可以表示成如下形式：

$$\mathrm{aux}(t)=f[\mathrm{lv}S(t),\mathrm{aux}'(t),\mathrm{exo}(t),\mathrm{const}] \tag{5.4}$$

式中，aux′(t) 为除辅助变量 aux(t) 之外的辅助变量的值。

(4) 常量

常量也称常变量，是指不随时间而变化的量，常量通常对应系统中的边界因素，如系统内局部目标或标准，用圆圈符号表示，画图时圆圈符号通常可以省略。常量的方程可以表示成如下形式：

$$\mathrm{const}=常数 \tag{5.5}$$

(5) 影子变量

顾名思义，影子变量是其原变量的“影子”，是相隔较远的变量再次重复出现时的符号表现形式，其作用只是为了模型的简洁直观，用“<　>”符号表示。

(6) 源和漏

源和漏表示系统以外的信息，“源”是从系统外流入系统内的信息，“漏”是从系统内向系统外流出的信息，用云朵符号表示。

图 5.3 展示的是一个存量流量示意，囊括了上述各类型变量，并用相应的符号和名称进行了标记。

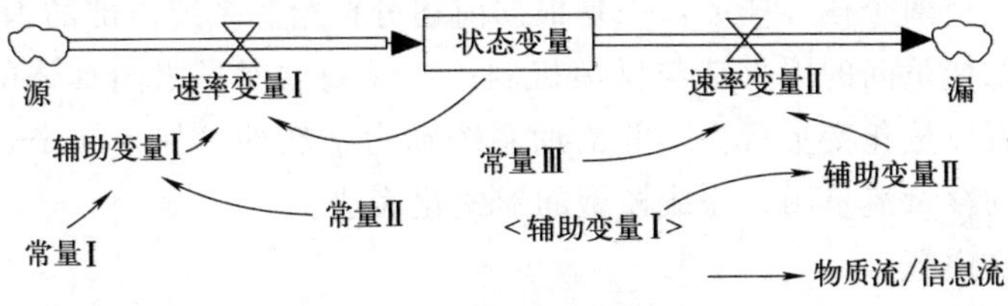

图 5.3　存量流量图示意图

4. 仿真模拟

基于存量流量图，可借助计算机实现系统行为的动态仿真，从而通过模拟分析筛选最优决策方案。该过程通常需依托专业软件完成。在软件环境中，研究人员能够便捷地绘制研究对象所对应的存量流量图，直观追踪系统中各变量随时间的变化趋势，并精确获取任意时间节点的变量数值。此外，用户还可通过调整关键变量或参数，模拟不同策略情境下系统的响应差异，进而系统比较各方案的运行效果，为决策提供依据。

在众多系统动力学仿真工具中，Vensim（由美国 Ventana Systems 公司开发）以其友好的操作界面、良好的可视化功能、灵活的原因追溯能力以及方便的结果对比机制，成为当前系统动力学建模与仿真中应用较为广泛的软件之一。鉴于其在复杂系统动态模拟方面的综合优势，本书选用 Vensim 作为海底隧道盾构施工累积风险控制模型的建模仿真平台，以支持风险传导与控制策略的量化分析与评估。

三、系统动力学建模步骤

系统动力学自创立以来，经过长期的理论探索与实践积累，已逐步发展出一套结构清晰、逻辑严谨的分析流程体系。该体系通常涵盖五个主要步骤，其完整构建过程如图 5.4 所示。

（1）分析待研究系统

首先，依据系统动力学的理论与原则，对研究系统进行深入调研，全面把握其组成结构与运行机制。在此过程中，需完成系统边界的科学划定，识别系统内关键要素及其基本属性，并剔除外部干扰变量，从而明确建模的对象与范围。该步骤是模型构建的基础，直接影响后续模块划分与结构建立的准确性。

（2）划分系统模块

在明确系统要素的基础上，结合系统本身的结构特征或借助规范的结构分析方法（如聚类分析、功能分解等），将识别出的元素进行合理归类，并整合为若干相对独立又相互关联的功能子模块。同时，需明确各子模块之间以及子模块与整体系统之间的相互作用关系，从而建立起系统的初步架构。

（3）模型建立

该阶段包括两个核心任务：一是根据前述分析绘制系统内部的因果反馈回路图，清晰展示变量间的因果链与反馈机制；二是确立变量之间具体的数学关系，设计参数方程以量化变量行为，并借助系统动力学软件（如 Vensim、Stella 等）绘制出完整的存量流量图，完成模型的形式化表达。

（4）仿真模拟

在系统动力学软件环境中，根据系统实际情况设定模型参数并为变量赋初值，运行模型进行仿真。还可通过调整关键参数，模拟不同外部条件或政策干预下系统的动态响应，生成多情景结果。通过对模拟结果进行对比与分析，评估各策略效果，为系统优化与决策提供依据。

（5）模型检验与调整

模型检验应贯穿于系统动力学建模的全过程。本步骤重点根据检验与评估结果，如结构一致性检验、参数灵敏度测试、历史数据拟合度分析等对模型进行校准与修正。可调整的内容包括系统结构、变量关系定义、参数取值及方程形式等，以不断提升模型的真实性、稳健性和解释力，使其更贴合实际系统的行为特征。

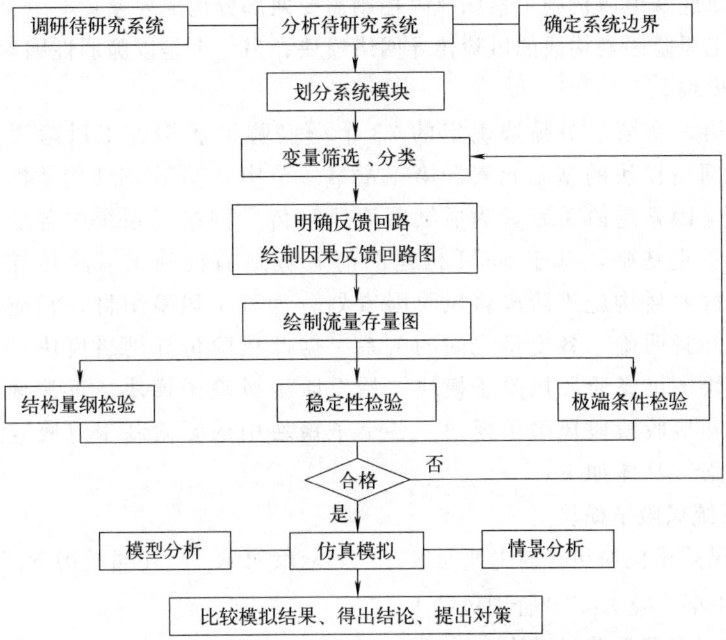

图 5.4　系统动力学模型构建过程示意图

第三节 因果反馈回路与存量流量分析

一、模型边界确定和假设条件

系统动力学模型的边界通常可以分为两方面内容：一个是指系统的功能边界；另一个是指空间和时间意义上的边界。系统动力学的研究聚焦于系统内部，系统发挥作用的核心在于系统内部的反馈机制，即各元素之间的相互作用，系统的演化方向取决于此。因此，在系统动力学的研究过程中，系统以外的元素对系统本身的性质和演化方向的影响可以不予考虑。在这个前提之下，界定系统动力学模型的流程可概括为：资料搜集与整理、系统模块划分、变量筛选与分类。

建立海底隧道盾构施工累积风险控制模型的目的是预测海底隧道盾构施工过

程中各风险变量以及累积风险的未来变化趋势，使项目风险管理者能够参考这些预测值及时选择有效控制措施，以确保风险处于可接受的状态。在确定海底隧道盾构施工累积风险控制模型边界时，前面的章节为此处确定边界奠定了理论基础。实现海底隧道盾构施工累积风险控制需要两部分构成要素：一个是由海底隧道盾构施工风险因素构成的风险传导网络模块；另一个是以脆弱性因素为基础的风险控制模块。

通过第三章第二节筛选确定的33个海底隧道盾构施工风险因素构成了风险传导网络模块的基础元素。第三章第三节中，基于ISM构建海底隧道盾构施工风险因素递阶关系，为后续厘清风险传导网络子系统中各变量的因果反馈关系奠定基础，基于SEM构建的海底隧道盾构施工风险传导网络，将风险因素按照盾构施工阶段将风险因素划分为五个风险集群，相应增设风险流变量，并且明确了各变量之间的关系。据此风险传导网络模块可分为系统风险子模块、准备阶段风险子模块、始发阶段风险子模块、正常掘进阶段风险子模块和接收阶段风险子模块。各个子模块中的元素基于海底隧道盾构施工风险网络，具体如下：

1. 系统风险子模块

系统风险子模块包含的主要元素有“公众反对 R_1”“不可抗力 R_4”“政策风险 R_8”“工期风险 R_{16}”“合同风险 R_{22}”。

2. 准备阶段风险子模块

准备阶段风险子模块包含的主要元素有“辅助设施损坏 R_{10}”“设备损坏、物体打击 R_{11}”“盾构机拼装失误 R_{21}”“始发工作井失稳 R_{25}”。

3. 始发阶段风险子模块

始发阶段风险子模块包含的主要元素有“始发端基座质量不合标准 R_2”“始发轴线偏离超标 R_{12}”“洞门密封止水装置失效 R_{18}”“始发端加固不足 R_{28}”“盾构后靠不稳定 R_{32}”。

4. 正常掘进阶段风险子模块

正常掘进阶段风险子模块包含的主要元素有“未勘明溶洞、障碍物 R_3”“泥水仓压力突降 R_5”“海洋环境腐蚀 R_6”“盾构姿态偏差超标 R_7”“掌子面失稳 R_9”“邻近建（构）筑物沉降 R_{15}”“掘进线路偏离超标 R_{17}”“带压进仓作业 R_{20}”“盾尾密封失效 R_{24}”“千斤顶故障 R_{26}”“管片拼装不当 R_{27}”“管片质量不合格 R_{29}”“注浆施工不当 R_{31}”。

5. 接收阶段风险子模块

接收阶段风险子模块包含的主要元素有“盾构机拆卸失误 R_{13}”“接收端基座质量不合格 R_{14}”“接收工作井失稳 R_{19}”“到达轴线偏离超标 R_{23}”“接收端加固不足 R_{30}”“接收端口密封失效 R_{33}”。

通过第四章筛选确定的 4 个维度共计 27 个脆弱性因素构成了风险控制模块的基础元素。通过控制措施的施加将直接改变系统脆弱性，这种变化可以起到影响风险传导的作用，其中基于脆弱性的风险传导机制已在第二章第三节中进行了论述。

上述风险传导网络模块和风险控制模块共同构成了海底隧道盾构施工累积风险控制模型。此外，为了方便之后继续借助系统动力学理论构建该模型，本书又设置了以下假设条件：

① 仅考虑海底隧道盾构施工阶段，包括准备阶段、始发阶段、正常掘进阶段和接收阶段中的风险，而不考虑发生在其他施工过程中的风险，如隧道二次衬砌、道路铺设、设备安装、装饰装修等施工过程不在本研究范围内；

② 诸如政策风险、不可抗力、合同风险等系统风险存在于上述的各个盾构施工阶段中，因此它们被单独列出组成系统风险集群进行考虑；

③ 为了保证数据的可获得性，假设在本书研究过程中，与系统相关的现实条件不发生重大变化，即本模型中的常量取值为常数；

④ 由于海底隧道盾构施工周期较长，该模型将仿真模拟时间步长设置为 1 个月，故本模型中时间的单位均为“Month”；

⑤ 为了便于分析和理解，本模型中将风险、脆弱性和控制措施等变量进行无量纲化处理，相关变量的单位均设置为“Level”。

二、因果反馈回路图的建立

在第三章第三节里，基于脆弱性的风险传导机制中各个变量间存在以下几种反馈关系，如图 5.5 所示。

1. 风险流→风险状态

风险因素之间相互作用并产生能量积蓄，能量达到一定程度就能形成具有威胁的风险流，风险流通过风险传导网络进行转化形成威胁系统安全运行的风险状态。因此，风险流（R_t）和风险状态（StateR_t）之间呈现正反馈关系，它们之间构成正因果链，如图 5.5 中标注（1）的因果链所示。

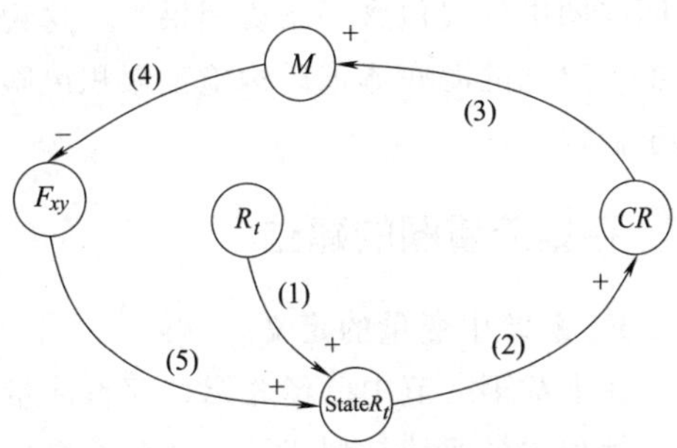

图 5.5 模型中的几种反馈关系示意图

2. 风险状态→累积风险

累积风险是由风险状态不断累积而形成的。因此，风险状态（StateR_t）和累积风险（CR）之间呈现正反馈关系，它们之间构成正因果链，如图 5.5 中标注（2）的因果链所示。

3. 累积风险→控制措施

海底隧道盾构施工累积风险增加甚至逼近极大风险的阈值时，将迫使风险管理者不得不采取必要且有效的控制措施应对。因此，累积风险（CR）和控制措施（M）之间呈现正反馈关系，它们之间构成正因果链，如图 5.5 中标注（3）的因果链所示。

4. 控制措施→脆弱性

控制措施会对降低海底隧道盾构施工相应阶段的系统脆弱性产生积极影响。因此，控制措施（M）和风险传导过程的脆弱性（F_{xy}）之间呈现负反馈关系，它们之间构成负因果链，如图 5.5 中标注（4）的因果链所示。

5. 脆弱性→风险状态

根据“风险-脆弱性”过程的动态描述可知，脆弱性的降低将会提高系统抵抗风险的能力，具体表现为在风险传导网络中的风险状态减弱。因此，风险传导过程的脆弱性（F_{xy}）和风险状态（$\mathrm{State}R_t$）之间呈现正反馈关系，它们之间构成正因果链，如图 5.5 中标注（5）的因果链所示。

图 5.5 不仅揭示了模型中涉及的几种变量之间的反馈关系，还构成了一个海底隧道盾构施工累积风险控制模型的因果反馈回路图的简化图。图中共包含了五类主要变量：①针对系统脆弱性制订的控制措施组合 M；②海底隧道盾构施工风险传导过程的脆弱性 F_{SS}、F_{SP}、F_{PP}、F_{SL}、F_{PL}、F_{LL}、F_{SN}、F_{PN}、F_{LN}、F_{NN}、F_{SR}、F_{PR}、F_{LR}、F_{NR}、F_{RR}；③各个风险集群形成的风险流 R_{S}、R_{P}、R_{L}、R_{N}、R_{R}；④海底隧道盾构施工各个阶段的风险状态 $\mathrm{State}R_{\mathrm{S}}$、$\mathrm{State}R_{\mathrm{P}}$、$\mathrm{State}R_{\mathrm{L}}$、$\mathrm{State}R_{\mathrm{N}}$；⑤海底隧道盾构施工累积风险 CR。各个变量之间的反馈关系被清晰地用因果链表达，共同组成了多条因果反馈回路。不难发现各条因果反馈回路图中均仅包含一条负因果链，这说明各条因果反馈回路均为负极性，这说明本书建立的海底隧道盾构施工累积风险控制模型能够实现自我调节，使得变量趋于稳定。

三、存量流量图的建立

1. 系统中变量的定义

在本章第二节中已经介绍，存量流量图中主要包括状态变量、速率变量、辅助变量和常量四种类型变量，结合因果反馈回路图，并根据实际需要，在构建海底隧道盾构施工累积风险控制模型过程中增设了部分新变量，模型中变量总数为 158 个，其中：状态变量 22 个，如表 5.1 所示；速率变量 22 个，如表 5.2 所示；辅助变量 84 个，如表 5.3 所示；常量 30 个，如表 5.4 所示。在各表中标明了各变量在前述章节的来源出处（“章节出处”列），需要说明的是，由于 Vensim 软件在名称键入时存在格式限制，各个变量在 Vensim 软件中的符号表示也在表中相应列出。

表 5.1 模型中的状态变量

状态变量	符号表示	Vensim 符号	单位	章节出处
目标系统脆弱性	F_1	F1	Level	第四章第二节、第三节
对象系统脆弱性	F_2	F2		
组织系统脆弱性	F_3	F3		
行为系统脆弱性	F_4	F4		
节点 S 在准备阶段产生的风险结果	Result$R_{SS\text{-}P}$	ResultRss-p	Level	第三章第三节
节点 S 在始发阶段产生的风险结果	Result$R_{SS\text{-}L}$	ResultRss-l		
节点 S 在正常掘进阶段产生的风险结果	Result$R_{SS\text{-}N}$	ResultRss-n		
节点 S 在接收阶段产生的风险结果	Result$R_{SS\text{-}R}$	ResultRss-r		
有向边 SP 对应的风险结果	ResultR_{SP}	ResultRsp	Level	第三章第三节
有向边 PP 对应的风险结果	ResultR_{PP}	ResultRpp		
有向边 SL 对应的风险结果	ResultR_{SL}	ResultRsl		
有向边 PL 对应的风险结果	ResultR_{PL}	ResultRpl		
有向边 LL 对应的风险结果	ResultR_{LL}	ResultRll		
有向边 SN 对应的风险结果	ResultR_{SN}	ResultRsn		
有向边 PN 对应的风险结果	ResultR_{PN}	ResultRpn		
有向边 LN 对应的风险结果	ResultR_{LN}	ResultRln		
有向边 NN 对应的风险结果	ResultR_{NN}	ResultRnn		
有向边 SR 对应的风险结果	ResultR_{SR}	ResultRsr		
有向边 PR 对应的风险结果	ResultR_{PR}	ResultRpr		
有向边 LR 对应的风险结果	ResultR_{LR}	ResultRlr		
有向边 NR 对应的风险结果	ResultR_{NR}	ResultRnr		
有向边 RR 对应的风险结果	ResultR_{RR}	ResultRrr		

表 5.2 模型中的速率变量

速率变量	符号	Vensim 符号	单位	章节出处
F_1 对应的速率变量	RateF_1	RateF1	Level/Month	第四章第二节、第三节
F_2 对应的速率变量	RateF_2	RateF2		
F_3 对应的速率变量	RateF_3	RateF3		
F_4 对应的速率变量	RateF_4	RateF4		
RateResult$R_{SS\text{-}P}$ 对应的速率变量	RateResult$R_{SS\text{-}P}$	RateResultRss-p	Level/Month	第三章第三节
RateResult$R_{SS\text{-}L}$ 对应的速率变量	RateResult$R_{SS\text{-}L}$	RateResultRss-l		
RateResult$R_{SS\text{-}N}$ 对应的速率变量	RateResult$R_{SS\text{-}N}$	RateResultRss-n		
RateResult$R_{SS\text{-}R}$ 对应的速率变量	RateResult$R_{SS\text{-}R}$	RateResultRss-r		
ResultR_{SP} 对应的速率变量	RateResultR_{SP}	RateResultRsp	Level/Month	第三章第三节
ResultR_{PP} 对应的速率变量	RateResultR_{PP}	RateResultRpp		
ResultR_{SL} 对应的速率变量	RateResultR_{SL}	RateResultRsl		
ResultR_{PL} 对应的速率变量	RateResultR_{PL}	RateResultRpl		
ResultR_{LL} 对应的速率变量	RateResultR_{LL}	RateResultRll		
ResultR_{SN} 对应的速率变量	RateResultR_{SN}	RateResultRsn		
ResultR_{PN} 对应的速率变量	RateResultR_{PN}	RateResultRpn		
ResultR_{LN} 对应的速率变量	RateResultR_{LN}	RateResultRln		
ResultR_{NN} 对应的速率变量	RateResultR_{NN}	RateResultRnn		
ResultR_{SR} 对应的速率变量	RateResultR_{SR}	RateResultRsr		
ResultR_{PR} 对应的速率变量	RateResultR_{PR}	RateResultRpr		
ResultR_{LR} 对应的速率变量	RateResultR_{LR}	RateResultRlr		
ResultR_{NR} 对应的速率变量	RateResultR_{NR}	RateResultRnr		
ResultR_{RR} 对应的速率变量	RateResultR_{RR}	RateResultRrr		

表 5.3　模型中的辅助变量

辅助变量	符号	Vensim 符号	单位	章节出处
准备阶段的时间脉冲函数	PLUSE（P）	PLUSE-p	Dmnl	第四章第一节
始发阶段的时间脉冲函数	PLUSE（L）	PLUSE-l		
正常掘进阶段的时间脉冲函数	PLUSE（N）	PLUSE-n		
接收阶段的时间脉冲函数	PLUSE（R）	PLUSE-r		
F_1 在各阶段对应的变化率	RateF_1(P)	RateF1-p	Level/Month	第四章第二节、第三节
	RateF_1(L)	RateF1-l		
	RateF_1(N)	RateF1-n		
	RateF_1(R)	RateF1-r		
F_2 在各阶段对应的变化率	RateF_2(P)	RateF2-p		
	RateF_2(L)	RateF2-l		
	RateF_2(N)	RateF2-n		
	RateF_2(R)	RateF2-r		
F_3 在各阶段对应的变化率	RateF_3(P)	RateF3-p		
	RateF_3(L)	RateF3-l		
	RateF_3(N)	RateF3-n		
	RateF_3(R)	RateF3-r		
F_4 在各阶段对应的变化率	RateF_4(P)	RateF4-p		
	RateF_4(L)	RateF4-l		
	RateF_4(N)	RateF4-n		
	RateF_4(R)	RateF4-r		
各阶段风险流下脆弱性状态	F_S	Fs	Level	第四章第二节
	F_P	Fp		
	F_L	Fl		
	F_N	Fn		
	F_R	Fr		
各风险传导过程的脆弱性	F_{SS}	Fss	Level	第四章第三节
	F_{PP}	Fpp		
	F_{LL}	Fll		
	F_{NN}	Fnn		
	F_{RR}	Frr		
	F_{SP}	Fsp		
	F_{SL}	Fsl		
	F_{SN}	Fsn		
	F_{SR}	Fsr		
	F_{PL}	Fpl		
	F_{PN}	Fpn		
	F_{PR}	Fpr		
	F_{LN}	Fln		
	F_{LR}	Flr		
	F_{NR}	Fnr		
系统风险流	R_S	Rs	Level	第三章第三节
准备阶段风险流	R_P	Rp		
始发阶段风险流	R_L	Rl		
正常掘进阶段风险流	R_N	Rn		
接收阶段风险流	R_R	Rr		

续表

辅助变量	符号	Vensim 符号	单位	章节出处
有向边 SP 对应的风险流	R_{SP}	Rsp	Level	第三章第三节
有向边 PL 对应的风险流	R_{PL}	Rpl		
有向边 SL 对应的风险流	R_{SL}	Rsl		
有向边 PN 对应的风险流	R_{PN}	Rpn		
有向边 LN 对应的风险流	R_{LN}	Rln		
有向边 SN 对应的风险流	R_{SN}	Rsn		
有向边 PR 对应的风险流	R_{PR}	Rpr		
有向边 LR 对应的风险流	R_{LR}	Rlr		
有向边 NR 对应的风险流	R_{NR}	Rnr		
有向边 SR 对应的风险流	R_{SR}	Rsr		
节点 S 在准备阶段的风险状态	$StateR_{S\text{-}P}$	StateRs-p	Level	第二章第三节
节点 S 在始发阶段的风险状态	$StateR_{S\text{-}L}$	StateRs-l		
节点 S 在正常掘进阶段的风险状态	$StateR_{S\text{-}N}$	StateRs-n		
节点 S 在接收阶段的风险状态	$StateR_{S\text{-}R}$	StateRs-r		
节点 P 的风险状态	$StateR_{P}$	StateRp	Level	第二章第三节
节点 L 的风险状态	$StateR_{L}$	StateRl		
节点 N 的风险状态	$StateR_{N}$	StateRn		
风险传导过程的传递函数	$Transfer_{SS}$	Transfer-ss	Dmnl	第二章第三节
	$Transfer_{SP}$	Transfer-sp		
	$Transfer_{PP}$	Transfer-pp		
	$Transfer_{PL}$	Transfer-pl		
	$Transfer_{SL}$	Transfer-sl		
	$Transfer_{LL}$	Transfer-ll		
	$Transfer_{PN}$	Transfer-pn		
	$Transfer_{LN}$	Transfer-ln		
	$Transfer_{SN}$	Transfer-sn		
	$Transfer_{NN}$	Transfer-nn		
	$Transfer_{PR}$	Transfer-pr		
	$Transfer_{LR}$	Transfer-lr		
	$Transfer_{NR}$	Transfer-nr		
	$Transfer_{SR}$	Transfer-sr		
	$Transfer_{RR}$	Transfer-rr		
风险传导过程的扩散函数	$Diffusion_{PL}$	Diffusion-pl	Dmnl	第二章第三节
	$Diffusion_{PN}$	Diffusion-pn		
	$Diffusion_{PR}$	Diffusion-pr		
	$Diffusion_{LN}$	Diffusion-ln		
	$Diffusion_{LR}$	Diffusion-lr		
	$Diffusion_{NR}$	Diffusion-nr		
累积风险	CR	CR	Level	第三章第三节

表 5.4　模型中的常量

常量	符号	Vensim 符号	单位	章节出处
准备阶段占用的时间	T_P	Tp	Month	第四章第一节
始发阶段占用的时间	T_L	Tl		
正常掘进阶段占用的时间	T_N	Tn		
接收阶段占用的时间	T_R	Tr		
耦合度系数	ρ_{SP}	RHOsp	Dmnl	第二章第三节
	ρ_{SL}	RHOsl		
	ρ_{PL}	RHOpl		
	ρ_{SN}	RHOsn		
	ρ_{PN}	RHOpn		
	ρ_{LN}	RHOln		
	ρ_{SR}	RHOsr		
	ρ_{PR}	RHOpr		
	ρ_{LR}	RHOlr		
	ρ_{NR}	RHOnr		
基准失效率值	θ_{SS}	THETAss	Dmnl	第二章第三节
	θ_{SP}	THETAsp		
	θ_{PP}	THETApp		
	θ_{SL}	THETAsl		
	θ_{PL}	THETApl		
	θ_{LL}	THETAll		
	θ_{SN}	THETAsn		
	θ_{PN}	THETApn		
	θ_{LN}	THETAln		
	θ_{NN}	THETAnn		
	θ_{SR}	THETAsr		
	θ_{PR}	THETApr		
	θ_{LR}	THETAlr		
	θ_{NR}	THETAnr		
	θ_{RR}	THETArr		
NoUnits	NoUnits	NoUnits	Level	去量纲化

2. 绘制存量流量图

海底隧道盾构施工累积风险控制模型变量众多、结构复杂，为提升模型的清晰性与可操作性，本书将其划分为两大核心模块：风险控制模块与风险传导网络模块，整体结构如图 5.6 所示。

风险控制模块以累积风险值（*CR*）作为核心控制信号，通过触发相应的控制机制降低系统脆弱性，从而干预风险传导过程，最终实现抑制累积风险增长的目标。风险传导网络模块则主要用于模拟海底隧道盾构施工过程中各类风险在系统内动态传导的完整机制。为增强该模块的直观性与结构性，依据盾构施工流程将其进一步划分为五个子模块：系统风险子模块、准备阶段风险子模块、始发阶段风险子模块、正常掘进阶段风险子模块及接收阶段风险子模块，从而系统反映各阶段风险的产生、传递与演化过程。

基于上述模块划分，本书借助 Vensim 系统动力学软件绘制了完整的海底隧道盾构施工累积风险控制模型存量流量图，具体图示见附录 C。该图清晰呈现了变量间的反馈关系与存量流量结构，为后续仿真与策略分析提供了可视化基础。

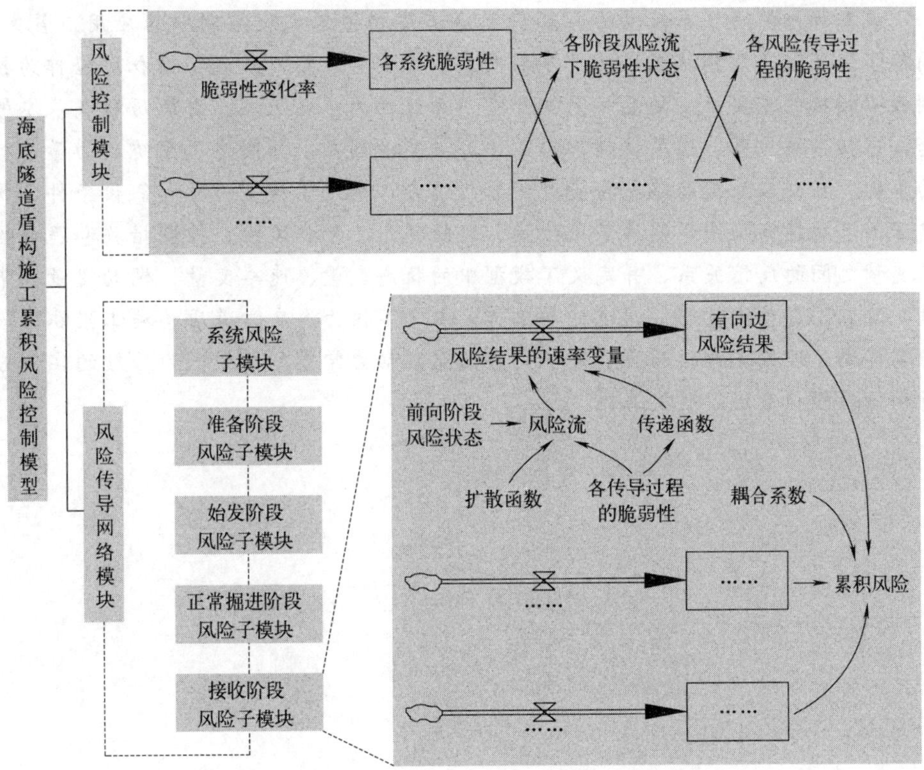

图 5.6　海底隧道盾构施工累积风险控制模型示意图

四、模型逻辑方程的确定

在构建海底隧道盾构施工累积风险控制模型的过程中，确定变量间的逻辑关系是系统动力学建模的核心环节。本研究依据系统动力学基本原理，结合已建立的存量流量图以及基于脆弱性的风险传导机制，对模型中各变量之间的数学与逻辑关系进行了系统梳理与界定，并在 Vensim 软件中为相应变量逐一设置了逻辑方程。

由于部分逻辑方程的参数需依托实际工程数据进行标定与验证，同时也为增强模型的可理解性与可重现性，本书将于第六章结合具体工程实例进行分析，并在附录 D 中完整展示所有逻辑方程的具体表达式及相关参数设定，以便读者更清晰地把握模型结构与运行机制。

本章小结

本章详细探讨了系统动力学在海底隧道盾构施工风险控制中的应用。首先，明确了海底隧道盾构施工风险控制的对象、原则和目标，强调了累积风险作为控制核心指标的重要性。随后，系统介绍了系统动力学的原理、发展历程及基本概念，包括系统边界、因果反馈回路图、存量流量图等，并阐述了系统动力学建模的步骤。在因果反馈回路与存量流量分析部分，确定了模型边界和假设条件，构建了因果反馈回路图，明确了风险流、风险状态、累积风险、控制措施和脆弱性等变量之间的反馈关系，并定义了模型中的状态变量、速率变量、辅助变量和常量，绘制了存量流量图。通过这些工作，本章不仅为海底隧道盾构施工累积风险控制提供了理论支持，而且构建了完整的系统动力学模型框架，为后续的实例分析和仿真模拟奠定了坚实基础。

第六章　典型案例分析与实践指南

第一节　工程案例背景与数据采集

本书所构建的海底隧道盾构施工累积风险控制模型，其逻辑关系框架及部分参数已在前期理论分析与专家调查中初步确立。然而，如前述章节所述，模型逻辑方程的进一步完善、系统检验以及仿真模拟的有效开展，仍需依托实际工程数据进行校准与验证。为此，本节选取某一典型海底隧道盾构施工项目作为实际案例，系统收集其在施工过程中产生的多类风险相关数据，旨在为模型中尚未确定的参数提供实证依据，增强模型的实用性与可靠性，并为后续仿真及控制策略分析提供扎实的数据基础。

一、案例信息介绍

本书以某市地铁 5 号线跨海大直径盾构施工项目（以下简称“案例项目”）作为研究对象，开展海底隧道盾构施工累积风险控制的实例分析。案例项目隧道总长 3310m，其中海底盾构段长达 2310m，线路走向如图 6.1 所示。该项目采用直径为 12.26m 的泥水平衡式大盾构进行施工，在掘进过程中主要面临四大技术难题：穿越岩溶强烈发育区，大直径长距离硬岩掘进，高水压环境下大盾构密封与带压进仓作业，以及下穿重要建（构）筑物。由于其极高的技术复杂性与施工风险，且国内外缺乏同类工程先例，该案例被业内专家认定为“世界性难题”[175]，若不采取科学有效的风险控制措施，工程将面临极大不确定性。

根据前文所确立的模型边界与基本假设，本研究的时间范围设定为自工程勘探与溶洞处理等前期准备工作开始，至盾构拆卸与吊出等接收工作完成为止。整个施工过程划分为四个主要阶段：准备阶段、始发阶段、正常掘进阶段和接收阶段。项目总工期为 43 个月，各阶段具体时间分配如表 6.1 所示。这一阶段的划分与工期设定，为后续风险动态模拟与控制策略分析提供了清晰的时间框架和过程基础。

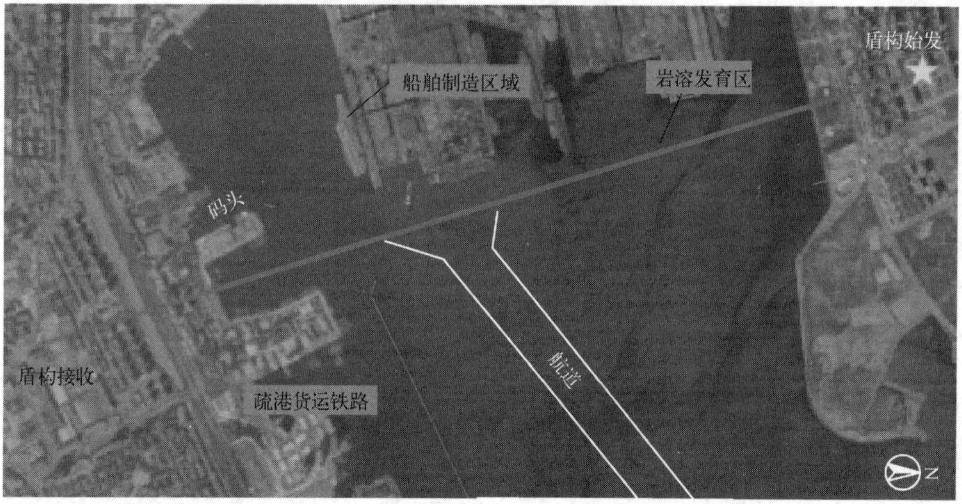

图 6.1　盾构线路示意图

表 6.1　案例项目各阶段的时间分布

项目阶段	历时/月	时间依据
准备阶段 T_P	13	2017 年 12 月起，开始进行溶洞处理，勘探、填充等盾构准备工作陆续展开
始发阶段 T_L	4	2019 年 1 月 18 日，直径 12.26m 泥水平衡盾构机于海湾北岸始发
正常掘进阶段 T_N	20	2019 年 5 月，盾构进入海底掘进阶段，于 2020 年 12 月到达海湾南岸
接收阶段 T_R	6	2021 年 6 月 30 日，完成整个穿海施工

二、数据采集与计算

针对案例项目，数据采集的目的在于完成海底隧道盾构施工累积风险控制模型中相关的变量赋值和模型参数设定。其中一部分数据可以直接从案例项目现有资料中获取，例如案例项目盾构施工各个阶段的时间分布数据等，然而另一部分数据则需要通过深入分析和计算间接获取，在前面章节的研究中均已为这些计算过程给定了方法，数据采集和计算完成之后即可将它们代入模型中。接下来就待确定的变量数据采集和计算依次进行介绍。

1. 风险流变量

海底隧道盾构施工累积风险控制模型需要输入各盾构施工阶段的风险流变量（R_S、R_P、R_L、R_N、R_R）的值，可以通过第三章第三节中式（3.18）～式

(3.23) 计算得到，其中路径系数见表 3.14。公式中尚未确定的数值为风险因素变量 R_i ($i=1, 2, 3, \cdots, 33$)，可以对案例项目的资料进行研判之后，对照表 3.10 风险分级矩阵分别确定各风险因素变量的等级。案例项目中的 33 个风险因素变量的风险等级以及取值依据均在表 6.2 中列出，单位为“Level”。

表 6.2 案例项目风险因素变量等级

风险因素变量 R_i				取值依据	等级
系统风险		R_8	政策风险	2018 年 7 月，《国务院办公厅关于进一步加强城市轨道交通规划建设管理的意见》发布，针对轨道交通确立了量力而行、有序推进的原则，严格的建设申报条件，对本项目面临严格审查的高度风险	4
系统风险		R_1	公众反对	从工程概况、线路走向、车站设置、环境污染、征地动迁等方面制定《某市地铁五号线工程公众意见征询表》，通过调查，未收到建设性的反对意见	1
系统风险		R_4	不可抗力	项目施工受到疫情带来停工高度风险的持续性影响	4
系统风险		R_{22}	合同风险	中国中铁股份有限公司与某市地铁有限公司合资成立中铁某市地铁五号线有限公司（项目公司），某市市政府与项目公司签订《特许经营协议》，公司股权构架合理，合同条款清晰，风险等级为稍有风险	1
系统风险		R_{16}	工期风险	2017 年 12 月起开始进行勘探和溶洞处理等盾构准备工作。2019 年 1 月，盾构机始发，预计 2020 年底洞通，2021 年 6 月完成整个穿海工程。此计划比原 47.7 个月的预计工期有所缩短，但受不可抗力、岩溶地层不确定性和交叉作业组织难度大等原因影响，工期控制仍是项目难点之一，故此仍将其判定为高度风险	4
非系统风险	准备阶段	R_{25}	始发工作井失稳	盾构机从始发工作井进入地层前，需拆除洞体范围内的工作井围护结构，以便将盾构机推入土层开始掘进，该过程容易引发工作井失稳、涌水涌泥，风险显著	3
非系统风险	准备阶段	R_{10}	辅助设施损坏	项目采用特制大直径泥水平衡盾构机，结构复杂，体积庞大，整体重达 2840 t，对辅助设施承载力和耐久性有很高的要求，风险显著	3
非系统风险	准备阶段	R_{11}	设备损坏、受到物体打击	施工现场工作内容与工作部位失调，易导致设备相互碰撞或受到意外物体撞击，稍有风险	2
非系统风险	准备阶段	R_{21}	盾构机拼装失误	施工过程中存在工作人员对盾构机设备情况不够了解、不按照规范进行操作、拼装完成后不进行复检，导致拼装失误，一般风险	2
非系统风险	始发阶段	R_{28}	始发端加固不足	采用大直径(12.2m)泥水平衡盾构机，洞门直径大，土体暴露面积大，处理所需时间长，易发生意外，加固不足将给施工安全带来显著风险	3
非系统风险	始发阶段	R_{18}	洞门密封止水装置失效	对洞门密封止水装置的要求，泥水平衡盾构机比其他类型盾构机更高，若密封止水装置无法在比泥浆压力更高的情况下仍保持有效可靠，则无法建立泥水平衡，无法支护盾构正面土体，风险显著	3

续表

风险因素变量 R_i				取值依据	等级
非系统风险	始发阶段	R_{12}	始发轴线偏离超标	在盾构机出洞过程中，其推进轴线会面临偏离原设计轴线的一般风险，需要随着推进深入控制偏差	2
		R_{32}	盾构后靠不稳定	项目采用的盾构机推进油缸最大推力 14809 t，盾构后靠支撑体系在受盾构机推进顶力的作用后，易发生支撑体系的局部变形或者位移，风险显著	3
		R_2	始发端基座质量不合标准	大型泥水平衡盾构机自重大，对工作井内基座承载能力要求高，否则可能失稳，难以保证盾构初始姿态和轴线精度，埋下安全隐患，该风险属于高度风险	4
	正常掘进阶段	R_3	未勘明溶洞、障碍物	盾构机穿越岩溶发育区，平均见洞率 49.5%，虽前期会对溶洞进行勘察注浆处理，但尚存在未勘明溶洞的可能性，一旦盾构机穿越未探明溶洞，会面临高度风险，可能发生突陷，或姿态难以控制，盾构掘进困难，造成工期不受控制。盾构机穿越未勘明障碍物时，会面临刀具和盾构机本身的磨损，甚至导致盾构机故障的高度风险	4
		R_{17}	掘进线路偏离超标	隧道穿越地层复杂，包括中风化基岩、强风化基岩、砂层、黏土、淤泥等，灰岩段掘进存在岩石强度较高且岩层软弱不均、风化槽，板岩中石英含量 40%，且岩层存在破裂带区域，岩石完整性较差。在此环境中掘进线控制的准确性面临显著风险	3
		R_9	掌子面失稳	跨海段水深 9～14m，隧道穿越地层较破碎，透水性强，且与海水相连，水头压力大，加之 4m 左右高差的涨落潮反复影响，掘进过程中易出现掌子面不稳、涌水风险，风险显著	3
		R_{26}	千斤顶故障	项目采用的盾构机全长 158m、直径 12.26m，重量达 2840t，推进油缸最大推力 14809 t，最大掘进速度 50mm/min，日掘进量 2～6m，盾构隧道长 2870m，面对持续性高荷载工作，千斤顶作为推进的动力系统发生故障的风险显著	3
		R_7	盾构姿态偏差超标	盾构海域段施工水土压力大，土体加固以及溶洞填充存在不确定性，推进过程中姿态发生失控的风险显著	3
		R_{24}	盾尾密封失效	跨海段水深 9～14m，隧道穿越地层较破碎，透水性强，且与海水相连，水头压力大，存在水系连通，有可能因水压过高造成盾尾密封失效，风险显著	3
		R_5	泥水仓压力突降	泥水盾构机施工中泥水仓压控制难，易发生泥水仓失压，一旦失压，开挖工作面将面临失稳的高度风险	4
		R_{20}	带压进仓作业	长距离硬岩掘进可能存在岩层滞排、堵塞泥仓门、破碎机等管路故障、前方清理障碍等问题，以及岩层掘进对泵体及管道磨损的问题，多种可能均需要带压进仓作业，带压进仓作业风险显著	3
		R_6	海洋环境腐蚀	在海底进行盾构掘进工作，海水压力大，海水是一种强腐蚀介质，虽然盾构技术先进，仍然具有一般风险	2

续表

风险因素变量 R_i				取值依据	等级
非系统风险	正常掘进阶段	R_{31}	注浆施工不当	初次注浆不迅速会造成浆液沉积堵塞输浆管；二次注浆早期强度不足，会造成地表沉降；注浆压力过大会造成冒浆，风险性一般	2
		R_{29}	管片质量不合格	因管片设计问题或者质量检查不全面，造成管片工作性能无法满足施工要求，管片破损和渗漏，风险性一般	2
		R_{27}	管片拼装不当	相邻管片高差超过设计范围，造成安装平面不平整，甚至出现挤压破碎，影响施工进度，风险性一般	2
		R_{15}	邻近建(构)筑物沉降	盾构线路临近军港公寓，下穿疏港铁路、码头管理处房屋、军港码头、军港码头房屋及船舶航道，侧穿民用加油站和军用油库。盾构机沉降控制及掘进姿态、泥水盾构机压力平衡等控制不当，将面临地表沉降、既有建(构)筑物损坏的高度风险	4
	接收阶段	R_{23}	到达轴线偏离超标	盾构机到达时，若发现其偏离轴线，可能面临纠偏困难，甚至无法顺利进洞的一般风险	2
		R_{30}	接收端加固不足	接收端加固不足，一旦处理不当，洞门外土体可能坍塌或流失，甚至造成盾构机失控的后果，风险一般	2
		R_{33}	接收端口密封失效	若盾构机到达洞门处密封失效，可能会造成地下渗水侵蚀盾构机，严重时地下水流失导致地面沉降，风险一般	2
		R_{14}	接收端基座质量不合格	接收端基座质量不合格，可能引起基座变形，严重时引发盾构姿态突变，风险一般	2
		R_{19}	接收工作井失稳	接收工作井为地铁区间一侧的中间风井，拆除洞口围护结构时易发生土体坍塌、地层变形过大，风险一般	2
		R_{13}	盾构机拆卸失误	盾构机到达接收工作井前，已先拆除开挖洞体范围内的工作井围护结构，面临洞口土体失稳、地下水涌入，风险显著	3

案例项目风险流变量的计算结果如表 6.3 所示。

表 6.3　案例项目风险流变量计算表

风险流变量	R_S	R_P	R_L	R_N	R_R
计算结果/Level	3.096	2.592	3.109	3.007	2.190

2. 控制措施

在案例项目盾构施工过程中，项目参与各方采取了多种控制措施，本书从中选取了 11 个能够有效降低系统脆弱性的控制措施（M_1，M_2，M_3，…，M_{11}），在表 6.4 中对各个控制措施的详细情况进行了描述。

表 6.4 案例项目控制措施

代号	控制措施	详情描述
M_1	采用单洞双线隧道设计方案	只需要一台盾构机，一次性将双侧地铁列车隧道打通，减少一条隧道的挖掘，缩小了所需的地位宽度，总开挖面积小，施工相互干扰少
M_2	掘进前地质处理	盾构机掘进前，尽可能地探查掘进区域溶洞赋存情况，并对海底的溶洞和裂隙发育区进行了混凝土注浆处理，整个隧道外围 6m 到底下 10m 的范围全部进行了注浆加固处理，确保了地层硬度和密度，防止海水渗透
M_3	采用配备大流量泥水冲刷循环设计和二次破碎机的气垫调压式泥水平衡盾构机	克服穿越建(构)筑物、沉降控制严、滞排问题的难点
M_4	采用常压换刀刀盘、伸缩式球铰主驱动的设计以及预留饱和气体潜水条件	克服长距离硬岩掘进、刀具消耗大、进仓作业的难点
M_5	采用 360°超前钻和超前注浆系统及超前物探设备	克服溶洞、各种不同强度岩性的风险和难点
M_6	刀盘耐磨性提高措施	刀盘面板采用耐磨复合钢板全覆盖，刀盘外圈梁后部采用全环合金耐磨块，有效提高整体耐磨性能。在刀梁前面板安装 6 条连续磨损检测带，以两种高度布置
M_7	构建海底隧道结构健康监测与智能安全预警系统	项目建设单位邀请某大学和北京某设计发展集团股份有限公司组成科研团队，通过布设传感器，对隧道结构关键位置的荷载、变形和损伤等进行长期、连续、实时的监测，保障施工安全顺利进行
M_8	疫情防控期间封闭施工	针对疫情，工程项目部迅速反应，对施工现场进行封闭管理，要求留守人员严禁外出，春节期间封闭施工，128 名施工人员未回家，降低项目进度受疫情的影响
M_9	实时远程监控系统	在各个关键工作面设置实时监控系统，并配有监控室，24h 不间断掌控现场安全状况
M_{10}	隧道通信延伸系统	隧道专门配备有通信信号发射基站，每个作业面联通信号全覆盖，保证紧急状况报告通畅
M_{11}	开展多类型事故应急演练	项目部针对施工过程中可能发生的事故类型，进行了多次应急演练，提升了现场应急处置能力。如模板支撑体系坍塌事故综合应急演练、电瓶车防溜车应急演练、盾尾刷击穿导致涌水应急演练等

从表 6.4 中不难发现，这些控制措施并非落实在整个盾构施工周期，而是施加于某个或某几个盾构施工阶段。类似地，控制措施并非对系统中所有的脆弱性因素起作用，即某个控制措施可能只针对降低特定一个或者几个脆弱性因素有效

果。因此，只有确定各个控制措施的作用阶段和作用对象后，才有条件对风险传导过程的脆弱性进行评价。假设各个控制措施的作用效果相同，即单位控制措施对脆弱性因素的降低效果均为−1，单位为“Level”，且各个控制措施针对一个脆弱性因素只施加一个单位。在以上假设条件下，表 6.5 给出了各个控制措施的作用阶段和作用对象，并依次计算出了对脆弱性因素的影响值 $\Delta F_{i.j}(t_P)$。为了便于对表 6.5 和相关计算过程的理解，现以脆弱性因素 $F_{2.4}$（项目复杂程度）为例进行说明：

在 11 个控制措施中，能够对 $F_{2.4}$ 产生影响的有 M_1、M_2、M_3、M_4、M_5 和 M_6。其中，M_1 和 M_2 的作用阶段均为准备阶段，即在准备阶段，有两个控制措施可以有效降低 $F_{2.4}$，因此在准备阶段脆弱性因素 $F_{2.4}$ 的影响值 $\Delta F_{2.4}(t_P)$ 为−2 Level。

M_3、M_4、M_5 和 M_6 的作用阶段均为始发阶段，即在始发阶段，有四个控制措施可以有效降低 $F_{2.4}$，因此在始发阶段脆弱性因素 $F_{2.4}$ 的影响值 $\Delta F_{2.4}(t_P)$ 为−4 Level。

表 6.5　案例项目控制措施的作用效果计算

$F_{i.j}$	M_1	M_2	M_3	M_4	M_5	M_6	M_7	M_8	M_9	M_{10}	M_{11}	$\Delta F_{i.j}(t_P)$	$\Delta F_{i.j}(t_L)$	$\Delta F_{i.j}(t_N)$	$\Delta F_{i.j}(t_R)$
$F_{1.1}$															
$F_{1.2}$															
$F_{1.3}$	P											−1			
$F_{1.4}$															
$F_{1.5}$	P											−1			
$F_{1.6}$															
$F_{2.1}$	P											−1			
$F_{2.2}$	P							N				−1		−1	
$F_{2.3}$		P										−1			
$F_{2.4}$	P	P	L	L	L	L						−2	−4		
$F_{3.1}$															
$F_{3.2}$															
$F_{3.3}$															
$F_{3.4}$								N			N			−2	
$F_{3.5}$	P											−1			
$F_{3.6}$															
$F_{3.7}$															
$F_{4.1}$															
$F_{4.2}$	P				L							−1	−1		
$F_{4.3}$	P											−1			
$F_{4.4}$							L		L	N	N		−2	−2	
$F_{4.5}$							L		L				−2		
$F_{4.6}$	L			L		L							−3		
$F_{4.7}$					L								−1		
$F_{4.8}$											N			−1	
$F_{4.9}$									N	N				−2	
$F_{4.10}$											P	−1			

注：P、L、N 分别指控制措施作用于案例项目的准备阶段、始发阶段、正常掘进阶段。

3. 风险传导过程的脆弱性评价

海底隧道盾构施工累积风险控制模型实现仿真模拟前还需要完成脆弱性的动态性分析，进一步得到风险传导过程的脆弱性数值。根据第四章第三节中所述的评价步骤1，首先要确定脆弱性因素初始值 $F_{i.j}$ (t_0)，基于对案例项目的深入调研，通过专家评判或类似工程案例参考获取案例项目脆弱性因素初始值 $F_{i.j}$ (t_0)，单位为“Level”，如表 6.6 所示。

表 6.6 案例项目脆弱性因素初始值

$F_{i.j}$	取值依据	等级
$F_{1.1}$	案例项目是项目所在海湾两岸中心发展战略、城市北拓、缓解城市交通拥堵、改善居民出行条件的需要，且案例项目所在区间海底盾构隧道工程为某市地铁五号线项目控制性节点工程	2
$F_{1.2}$	国际局部形势紧张，但总体稳定，从整体上看中国政治稳定，经济韧性好、潜力足、活力强，应对外部冲击能力不断增强	2
$F_{1.3}$	某市东部地区和解放路沿线的市民急切盼望地铁五号线开通运营，以解决目前公交车少、交通不便、出行困难的窘境	2
$F_{1.4}$	某市地铁五号线项目所在区间海底隧道是目前连接该片海湾南北两岸的唯一海上交通通道	2
$F_{1.5}$	整个海底隧道施工过程均位于海底以下，在海底以上无建（构）筑物等工程设施，不改变海底地形，不会对水动力环境和冲淤环境造成明显影响	2
$F_{1.6}$	某市地铁五号线项目采用 PPP 模式，社会资本采购以公开招标方式进行，最终由中国中铁股份有限公司作为牵头人中标。中国中铁某局集团城市轨道交通工程有限公司负责 04 标段某市地铁五号线案例项目所在区间海底隧道工程	2
$F_{2.1}$	某市地铁五号线案例项目所在区间海底隧道全长 3.31km，其中海域段 2.31km	3
$F_{2.2}$	工程费用约 10.99 亿元	4
$F_{2.3}$	跨海段穿越地层主要为强、中风化白云质灰岩和强、中风化钙质板岩	4
$F_{2.4}$	海底隧道穿越白云质灰岩地层存在岩溶，为中等—强烈发育，体积大	4
$F_{3.1}$	中国中铁股份有限公司与某市地铁有限公司合资成立中铁某市地铁五号线有限公司（项目公司），某市政府与项目公司签订《特许经营协议》，授予项目公司特许经营权，在特许经营期内，由项目公司负责本项目全部建设内容的投资、融资、建设、运营、管理、维护	3
$F_{3.2}$	项目公司各职能部门完备，分工明确	2
$F_{3.3}$	某市政府与中国中铁股份有限公司及其参建子公司有着长期良好的合作基础	2
$F_{3.4}$	我国经济保持稳中有进，防范风险成为经济增长主要任务，因此需要收紧对地铁项目的审核，以防范政府债务风险	4
$F_{3.5}$	2017 年以来，为抑制地方债务的增加，财政部接连出台了 50 号文、87 号文用以规范地方政府举债融资以及政府购买服务	4
$F_{3.6}$	工程设计单位为某城市轨道交通设计研究院有限公司，某市地铁五号线案例项目所在区间海底隧道工程施工单位为中国中铁某局集团城市轨道交通工程有限公司，皆达到相应资质并有丰富的工程经验	2

续表

$F_{i,j}$	取值依据	等级
$F_{3.7}$	能够针对本项目的特点选择有相应资质、技术过硬、经验丰富的单位	2
$F_{4.1}$	本项目采用 PPP 融资模式，引入社会资本参与建设，资金来源可靠稳定	2
$F_{4.2}$	隧道穿越溶洞多，需穿越 1500m 岩溶发育区，存在未探明溶洞的风险	4
$F_{4.3}$	项目采用盾构穿越海底的设计方案，体现了技术上的先进性和环境友好性，但需穿越溶岩强烈发育区，尚无先例可循	3
$F_{4.4}$	中国中铁某局集团城市轨道交通工程有限公司累计参建 240 余个盾构区间，完成超 340km 掘进里程，多次创造全国盾构掘进施工新纪录。2016 年以来，公司连续 3 年入围中国中铁三级施工企业“20 强”	2
$F_{4.5}$	案例项目的项目公司是中国中铁股份有限公司牵头的社会资本方与某市政府授权的平台公司为政府方出资代表共同组建的项目公司，其组成公司在地铁项目工程建设上有足够的能力和丰富的经验	2
$F_{4.6}$	隧道穿越地层复杂，存在岩石强度高且岩层上下软弱不均，风化槽、岩溶发育，盾构容易产生刀具磨耗及异常损坏，对刀具管理提出了很高的要求	4
$F_{4.7}$	区间隧道穿越白云质灰岩地层（1530m）存在岩溶，为中等—强烈发育（平均见洞率 49.5%，线岩溶率最高 58%），体积大（专勘最大为 25m），需要预先准确地探明以便加固处理	3
$F_{4.8}$	中国中铁某局集团城市轨道交通工程有限公司在盾构掘进施工领域有丰富经验，并多次创造全国新纪录，有预案制定的能力和经验，但大直径盾构穿越岩溶强烈发育区，尚无先例可循	3
$F_{4.9}$	政府方与出资方共同组建项目公司，而出资方是由中国中铁股份有限公司牵头的多家参建子公司共同组成，要求合作方之间沟通紧密，难度大	4
$F_{4.10}$	中国中铁某局集团城市轨道交通工程有限公司和某市地铁有限公司皆有定期组织员工参加安全培训的传统	2

根据第四章第三节中所述的评价步骤 3，在表 6.5 和表 6.6 结果的基础上，计算案例项目脆弱性因素动态值 $F_{i.j}$ (t)，单位为“Level”，计算结果如表 6.7 所示。其中，由于脆弱性因素不能为负值，$F_{i.j}$ (t) 的值降至 0 后不再继续减小。

表 6.7　案例项目脆弱性因素动态值计算结果

$F_{i,j}(t)$	$F_{i,j}(t_L)$	$F_{i,j}(t_N)$	$F_{i,j}(t_R)$	$F_{i,j}(t)$	$F_{i,j}(t_L)$	$F_{i,j}(t_N)$	$F_{i,j}(t_R)$
$F_{1.1}(t)$	2	2	2	$F_{3.5}(t)$	3	3	3
$F_{1.2}(t)$	2	2	2	$F_{3.6}(t)$	2	2	2
$F_{1.3}(t)$	1	1	1	$F_{3.7}(t)$	2	2	2
$F_{1.4}(t)$	2	2	2	$F_{4.1}(t)$	2	2	2
$F_{1.5}(t)$	1	1	1	$F_{4.2}(t)$	3	2	2
$F_{1.6}(t)$	2	2	2	$F_{4.3}(t)$	2	2	2
$F_{2.1}(t)$	2	2	2	$F_{4.4}(t)$	2	0	0
$F_{2.2}(t)$	3	3	2	$F_{4.5}(t)$	2	0	0
$F_{2.3}(t)$	3	3	3	$F_{4.6}(t)$	4	1	1
$F_{2.4}(t)$	2	0	0	$F_{4.7}(t)$	3	2	2
$F_{3.1}(t)$	3	3	3	$F_{4.8}(t)$	3	3	2
$F_{3.2}(t)$	2	2	2	$F_{4.9}(t)$	4	4	2
$F_{3.3}(t)$	2	2	2	$F_{4.10}(t)$	1	1	1
$F_{3.4}(t)$	4	4	2				

根据第四章第三节中所述的评价步骤 4，在表 4.2 和表 6.7 计算结果的基础上，按照式（4.5），计算案例项目脆弱性维度动态值 $F_i(t)$，单位为“Level”，计算结果如表 6.8 所示。

表 6.8 案例项目脆弱性维度动态值计算结果

$F_i(t)$	$F_i(t_P)$	$F_i(t_L)$	$F_i(t_N)$	$F_i(t_R)$
$F_1(t)$	2.000	1.670	1.670	1.670
$F_2(t)$	3.750	2.498	1.993	1.753
$F_3(t)$	2.719	2.577	2.577	2.286
$F_4(t)$	2.905	2.601	1.726	1.414

根据第四章第三节中所述的评价步骤 5，在表 4.3 和表 6.8 计算结果的基础上，按照式（4.7），计算案例项目特定阶段风险流下脆弱性状态值 $F_x(t)$，单位为“Level”，计算结果如表 6.9 所示。

表 6.9 案例项目特定阶段风险流下脆弱性状态值计算结果

$F_x(t)$	$F_x(t_P)$	$F_x(t_L)$	$F_x(t_N)$	$F_x(t_R)$
$F_S(t)$	2.825	2.325	1.990	1.783
$F_P(t)$	2.837	2.336	1.996	1.785
$F_L(t)$	2.839	2.331	1.988	1.779
$F_N(t)$	2.843	2.331	1.988	1.779

根据第四章第三节中所述的评价步骤 6，在表 6.1 的基础上，对照表 4.4，计算案例项目脆弱性的回归系数，计算结果如表 6.10 所示。在表 6.9 和表 6.10 计算结果的基础上，按照表 4.5 中给出的公式，计算案例项目风险传导过程的脆弱性 F_{xy}，单位为“Level”，计算结果如表 6.11 所示。

表 6.10 案例项目脆弱性的回归系数计算结果

F_{xy}	α_P	α_L	α_N	α_R
F_{SS}	1	1	1	1
F_{SP}	1	0	0	0
F_{SL}	0	1	0	0
F_{SN}	0	0	1	0
F_{SR}	0	0	0	1
F_{PP}	1	0	0	0
F_{PL}	0.765	0.235	0	0
F_{PN}	0.317	0.195	0.488	0
F_{PR}	0.194	0.119	0.597	0.090
F_{LL}	0	1	0	0
F_{LN}	0	0.167	0.833	0
F_{LR}	0	0.080	0.800	0.120
F_{NN}	0	0	1	0
F_{NR}	0	0	0.769	0.231
F_{RR}	0	0	0	1

表 6.11　案例项目风险传导过程的脆弱性计算结果

F_{xy}	计算过程	计算结果
$F_{SS}(t_P)$	1×2.825	2.825
$F_{SS}(t_L)$	1×2.325	2.325
$F_{SS}(t_N)$	1×1.990	1.990
$F_{SS}(t_R)$	1×1.783	1.783
F_{SP}	1×2.387	2.387
F_{SL}	1×2.331	2.331
F_{SN}	1×1.988	1.988
F_{SR}	1×1.784	1.784
F_{PP}	1×2.837	2.837
F_{PL}	0.765×2.839+0.235×2.331	2.719
F_{PN}	0.317×2.843+0.195×2.331+0.488×1.988	2.326
F_{PR}	0.194×2.837+0.119×2.342+0.597×1.997+0.090×1.784	2.182
F_{LL}	1×2.331	2.331
F_{LN}	0.167×2.331+0.833×1.988	2.045
F_{LR}	0.080×2.342+0.800×1.997+0.120×1.784	1.999
F_{NN}	1×1.988	1.988
F_{NR}	0.769×1.997+0.231×1.784	1.948
F_{RR}	1×1.784	1.784

第二节 风险动态控制的实证效果

一、模型设定

为实现有效的仿真模拟，需依据前期数据采集与计算的结果，对模型进行系统设定。该过程涵盖逻辑方程的输入、状态变量初始值的确定、外生变量赋值的设定以及模型时间轴的配置等关键步骤。以下将对模型中相关变量的具体取值及参数设置进行说明。

1. 状态变量的初始值

在 Vensim 软件中，所有状态变量均需设定初始值。根据表 5.1 的分类，模型中的状态变量可分为脆弱性维度与风险结果两类。其中，脆弱性维度各变量的初始值依据表 6.8 中 F_i（t_P）列的数据计算确定；考虑到项目初始时刻尚未发生风险事件，所有风险结果类状态变量的初始值均设为 0Level。各状态变量的具体初始值汇总于表 6.12 中，为后续仿真提供明确的初始状态依据。

表 6.12　状态变量的初始值

状态变量	初始值/Level	状态变量	初始值/Level
F1	2.000	ResultRpl	0
F2	3.750	ResultRll	0

续表

状态变量	初始值/Level	状态变量	初始值/Level
F3	2.719	ResultRsn	0
F4	2.905	ResultRpn	0
ResultRss-p	0	ResultRln	0
ResultRss-l	0	ResultRnn	0
ResultRss-n	0	ResultRsr	0
ResultRss-r	0	ResultRpr	0
ResultRsp	0	ResultRlr	0
ResultRpp	0	ResultRnr	0
ResultRsl	0	ResultRrr	0

2. 外生变量的取值

模型中包含若干外生变量，即不依赖于其他变量影响的独立变量，需对其逐一赋值，具体取值见表 6.13。其中，风险流变量的数值依据第三章第三节中式(3.19)～式（3.23）计算得出，结果列于表 6.3；案例项目各盾构施工阶段的持续时间根据表 6.1 设定，单位统一为“Month”；时间脉冲函数 PLUSE 依据各施工阶段的起止时间进行配置；耦合度系数 ρ（RHO）的取值参考了第三章第三节中潜在变量间影响系数的标准化结果；各传递函数中的基准失效率 θ（THETA）借鉴既有研究成果设定为 0.2[176]。

此外，模型中引入了去量纲化参数 NoUnits，该参数为便于无量纲数值运算而设置，主要用于幂运算等数学处理。其数值恒为 1，单位为“Level”，本身不具实际物理意义，仅服务于计算过程中的单位统一与转换。通过引入此类参数，可有效避免因量纲不匹配而对数值结果产生干扰，保障模型计算的规范性与一致性。

3. 时间边界

在开展模型仿真模拟之前，需对模型的时间边界（time bounds）进行明确设置。具体操作是在 Vensim 软件的工具栏中打开“Model Settings”对话框，依次设定以下参数：初始时间（INITIAL TIME）设为 0，结束时间（FINAL TIME）设为 43，时间步长（TIME STEP）设为 1，时间单位（Units for Time）设为“Month”，积分类型（Integration Type）选择“Euler”（欧拉积分法），并勾选“Save results every TIME STEP”以保存每一步的计算结果。完整设置界面如图 6.2 所示。

通过上述配置，模型具备了运行所需的时间框架与数值积分基础，从而可准确模拟海底隧道盾构施工过程中累积风险的动态演变。基于此配置及前文确定的变量与参数，可顺利完成整个模型逻辑方程的输入。全部逻辑方程的详细表达式均已整理并列于附录 D，为模型的可重现性与后续仿真分析提供完整依据。

表 6.13　外生变量取值

变量	取值	单位	变量	取值	单位	变量	取值	单位
Rs	3.096	Level	RHOsp	−1.000	Dmnl	THETAsl	0.2	Dmnl
Rp	2.592	Level	RHOsl	−0.770	Dmnl	THETApl	0.2	Dmnl
Rl	3.109	Level	RHOpl	−1.000	Dmnl	THETAll	0.2	Dmnl
Rn	3.007	Level	RHOsn	−0.639	Dmnl	THETAsn	0.2	Dmnl
Rr	2.190	Level	RHOpn	−1.000	Dmnl	THETApn	0.2	Dmnl
Tp	13	Month	RHOln	−0.953	Dmnl	THETAln	0.2	Dmnl
Tl	4	Month	RHOsr	−0.441	Dmnl	THETAnn	0.2	Dmnl
Tn	20	Month	RHOpr	−0.032	Dmnl	THETAsr	0.2	Dmnl
Tr	6	Month	RHOlr	−0.839	Dmnl	THETApr	0.2	Dmnl
PLUSE-p	(1,13)	Dmnl	RHOnr	−1.000	Dmnl	THETAlr	0.2	Dmnl
PLUSE-l	(14,4)	Dmnl	THETAss	0.2	Dmnl	THETAnr	0.2	Dmnl
PLUSE-n	(18,20)	Dmnl	THETAsp	0.2	Dmnl	THETArr	0.2	Dmnl
PLUSE-r	(38,6)	Dmnl	THETApp	0.2	Dmnl	NoUnits	1	Level

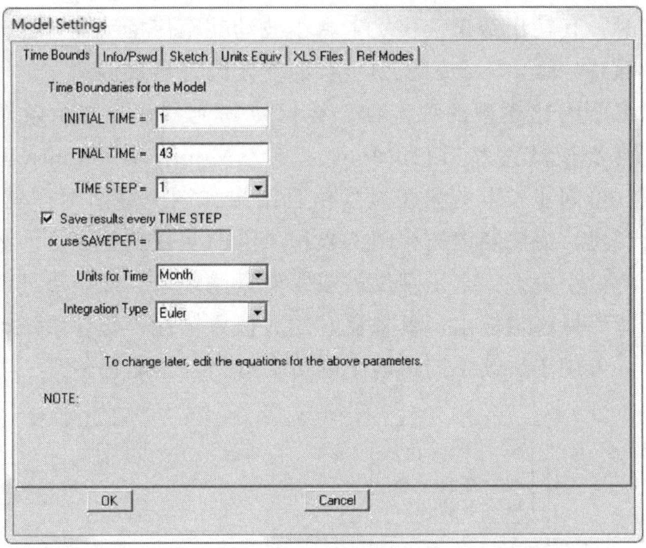

图 6.2　Vensim 软件中模型时间边界设置界面

二、模型检验

在开展海底隧道盾构施工累积风险控制模型的仿真模拟之前，需对模型进行系统性检验，以评估其在逻辑一致性、量纲统一性、结构稳定性以及极端条件下的可靠性。只有通过全面检验的模型，其仿真结果才具备科学性与实践指导价值[177]。本书主要从结构验证与量纲一致性两方面对模型进行检验，具体内容如下：

（1）结构量纲检验

模型结构检验旨在确保模型符合系统动力学的基本原理与现实物理规律，避免出现逻辑矛盾或因果谬误[178]。本书利用 Vensim 软件中“Model”菜单下的“Check Model”功能，对模型中变量关系、方程设置及反馈结构进行自动化检测，验证其逻辑合理性。

量纲一致性检验则用于判断模型中各方程在未引入无实际意义参数的前提下，是否在所有物理量量纲上保持前后一致。该检验通过 Vensim 中的“Units Check”功能实现，能够识别单位不匹配或量纲混淆的问题。量纲一致不仅是模型数学严谨性的体现，也从另一个角度佐证了其结构逻辑的正确性。

经 Vensim 软件执行上述两项检验，本书所构建的海底隧道盾构施工累积风险控制模型均顺利通过，表明模型具备良好的结构规范性与量纲统一性，为后续仿真实验奠定了可靠基础。

（2）稳定性检验

稳定性检验旨在评估模型在不同时间步长设置下仿真结果的一致性，是判断模型是否具备数值稳健性的重要依据。一个稳定性良好的模型，当在合理范围内调整时间步长时，其输出结果应仅发生微小波动甚至保持不变，同时系统行为的整体发展趋势保持一致，不会因积分步长的变化出现显著偏离。

为检验本书所构建模型的稳定性，在保持其他参数与初始条件不变的前提下，分别将仿真步长设置为 0.125Month、0.25Month 及 1Month 三种不同尺度进行多次模拟。不同步长下的累积风险仿真结果如图 6.3 所示。模拟结果表明，尽管步长有所变化，海底隧道盾构施工累积风险的演变趋势高度一致，数值结果仅存在可接受的微小偏差，未出现发散或剧烈振荡现象。该结果证明模型在不同积分粒度下均能保持稳定输出，具备良好的数值鲁棒性，符合系统动力学模型对稳定性的要求，可用于后续不同情境下的仿真分析与策略评估。

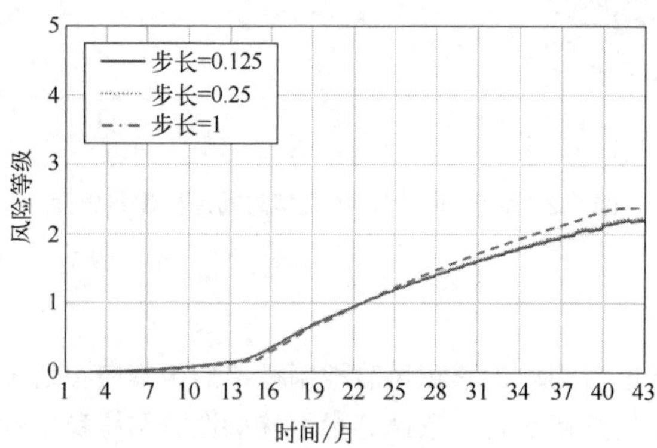

图 6.3 稳定性检验结果

（3）极端条件检验

极端条件检验用于评估模型在极端参数取值下的响应行为，以验证其仿真结果的合理性与可靠性。该检验通过将模型中的关键变量设置为极限值（如最小值或最大值），观察输出结果是否仍符合现实逻辑或理论预期，从而判断模型是否具备良好的行为鲁棒性和理论一致性。极端条件下的仿真不仅可检验模型结构的有效性，还可为正常情境下的结果解释提供对比依据。

本书分别选取风险因素变量与脆弱性因素变量作为关键变量，进行两组极端条件检验：

首先，对风险因素变量施加极端取值。将其风险等级分别设置为0（表示稍有风险）和5（表示极大风险），相应仿真结果如图6.4所示。当风险等级为0时，系统中无风险流产生，累积风险在整个仿真周期内始终保持为0，符合“无风险输入则无风险累积”的逻辑预期。当风险等级为5时，累积风险随时间推移呈显著上升趋势，并在仿真中后期因控制机制的作用逐渐趋于平稳，该行为与实际工程中高风险经控制方可抑制的认知一致。结果表明，模型在风险因素极端条件下响应合理，通过该项检验。

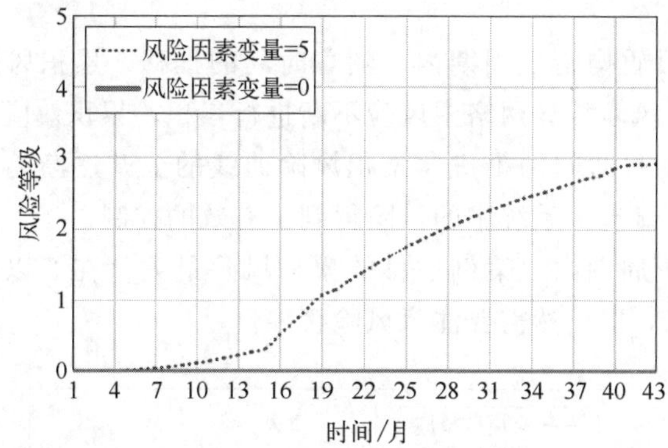

图6.4 极端条件检验结果（风险因素）

其次，对脆弱性因素变量进行极端取值检验。将其取值分别设定为0（代表系统具备理想抗风险能力）和5（代表系统极度脆弱），仿真结果如图6.5所示。当脆弱性为0时，系统几乎免疫风险传导，累积风险始终为0，反映出在完全韧性条件下风险无法积累的理想情景。当脆弱性为5时，系统丧失风险抵御能力，

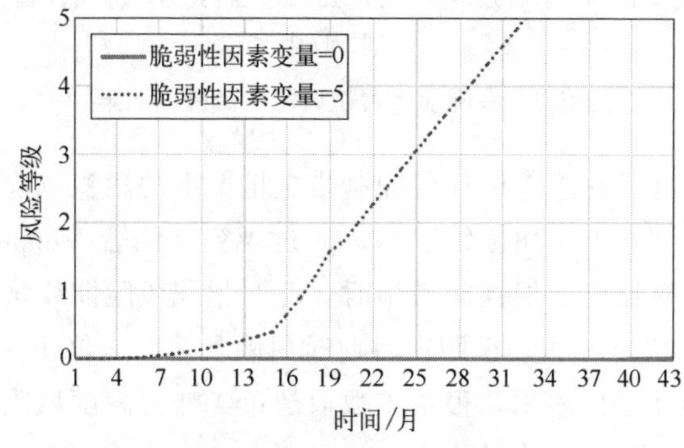

图6.5 极端条件检验结果（脆弱性因素）

累积风险迅速攀升，很快达到不可接受的极高风险水平，模拟出系统崩溃的极端演变路径，与“高脆弱性导致风险急剧恶化”的实际认知相符。结果证明，模型在脆弱性因素极端条件下仍表现出良好的行为一致性，通过该项检验。

综合两组检验结果可知，本书所构建模型在不同极端情境下均能输出符合理论预期和工程逻辑的结果，表现出较强的可靠性和解释力，适用于进一步仿真与控制分析。

三、模型仿真模拟分析

在完成对海底隧道盾构施工累积风险控制模型的各项检验之后，运用 Vensim 软件进行仿真模拟，并输出仿真模拟结果，以此观察海底隧道盾构施工累积风险以及各个风险传导过程中风险的变化趋势。

海底隧道盾构施工累积风险的仿真模拟结果在图 6.6 中用实线表示。通过观察可以得到：

① 在案例项目盾构施工周期内，随着时间的推移，累积风险曲线走向呈现上升趋势，说明在风险传导网络中风险不断进行累积，累积效应明显。

② 随着案例项目时间的推进，累积风险曲线的上升逐渐趋于平缓，说明施加的控制措施效果显现，系统中的风险得到了有效的控制。

③ 在盾构施工周期内，案例项目的累积风险最大值在 3 以内，属于一般风险，可以正常施工，但仍然需要注意风险管控。

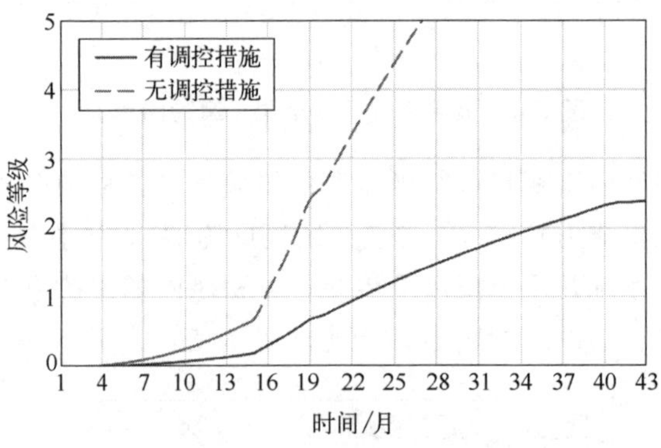

图 6.6　案例项目累积风险仿真模拟结果

模型还对案例项目在不采取任何控制措施情况下的累积风险变化趋势进行了仿真模拟，结果在图 6.6 中用虚线表示。通过观察并结合 Vensim 软件输出的结果数据可以得到：对比有施加控制措施时，此时累积风险曲线增长速度加快，其数值在第 22 个月时为 3.340，说明项目此时风险显著，应停止作业，否则随着施工推进，风险将继续恶性累积，很快该数值超过 4 变为高度风险状态，最终在第 28 个月超过 5 成为极大风险状态。

相较于无控制措施的情况，实施控制措施后的累积风险在第 36 个月数值才超过 2（一般风险），这一风险状态被有效推迟了 18 个月。此外，到了工期末尾（第 43 个月），累积风险的数值仅为 2.381，仍然处于一般风险状态，显示出非常显著的控制效果。

仿真模拟结果符合案例项目的工程实际情况，有效验证了模型构建的正确性，客观反映了累积风险在控制措施作用下的变化规律。这些结果进一步证实了该模型在实际工程中的应用价值。

在图 6.7～图 6.10 中，分别展示了案例项目在各个风险传导过程（节点 P、节点 L、节点 N 和节点 R）中的风险结果和风险状态的变化趋势，直观地验证了风险传导网络的风险传导规律：

① 节点风险状态是由该节点前向边风险结果传导而来的，且是由它们耦合形成，并不是简单的加和，如图 6.7 中所示的 StateRp 是由 ResultRsp 和 ResultRpp 之间的弱耦合效应形成的。

② 节点的风险状态会通过扩散效应传递给所有的后向节点，并形成风险事件。如 Rpl、Rpn 和 Rpr 均由图 6.7 中所示的 StateRp 按各自风险传导过程的脆弱性大小进行分配得到。

③ 反映了各个风险传导过程的控制效果，如图 6.10 所示，由于控制措施作用的滞后效应，准备阶段和始发阶段减缓趋势不明显，但到正常掘进阶段和接收阶段曲线上升趋势得到了明显控制。

综上所述，本书以脆弱性作为着力点，对风险传导过程的控制策略是有效的。通过对案例项目进行分析，所构建的海底隧道盾构施工累积风险控制模型的合理性得到了验证。该模型不仅能够真实反映系统中风险在各时刻的演变情况，还能够帮助风险管理者全面评估和把控盾构施工过程中的整体风险。更为重要的是，通过调整模型中的相关变量，能够实现风险预测的直观化和快速化，从而为选择恰当的风险控制措施提供重要的决策依据。

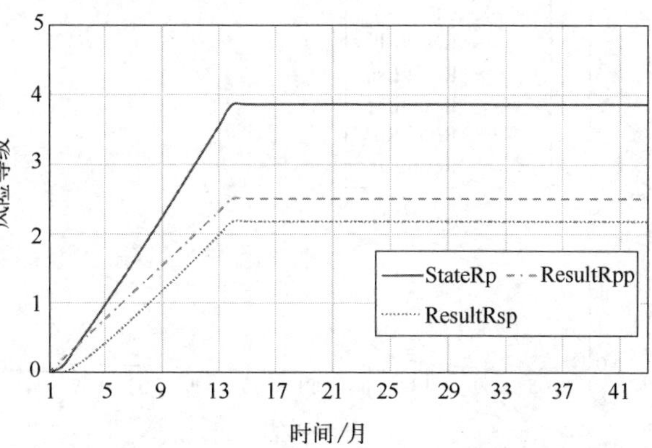

图 6.7 风险传导过程仿真模拟结果（节点 P）

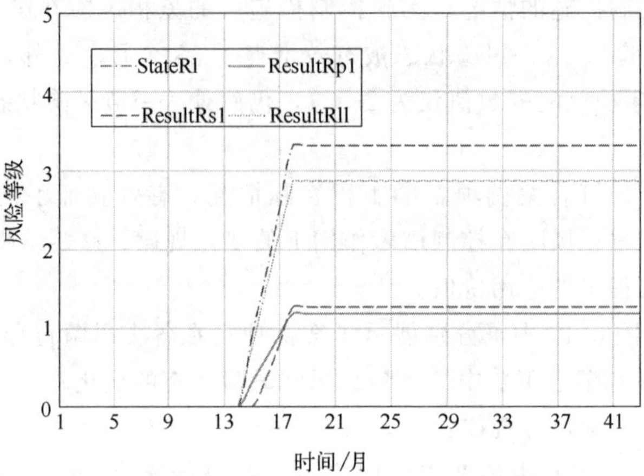

图 6.8　风险传导过程仿真模拟结果（节点 L）

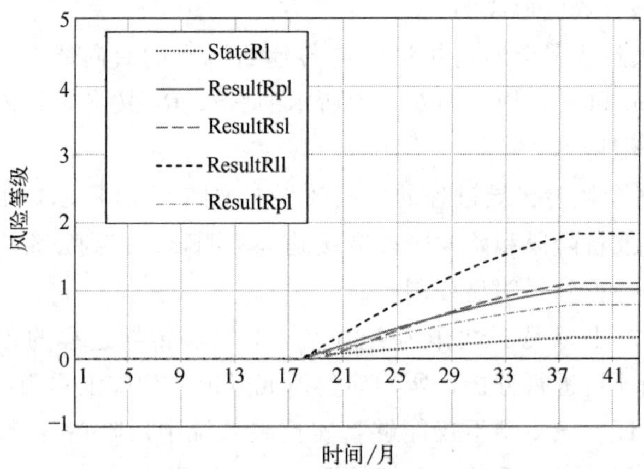

图 6.9　风险传导过程仿真模拟结果（节点 N）

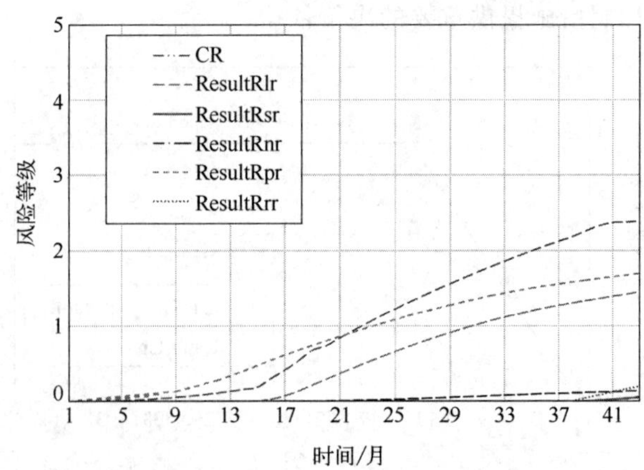

图 6.10　风险传导过程仿真模拟结果（节点 R）

第三节 海底隧道施工风险管理建议

海底隧道作为现代交通基础设施的重要组成部分，不仅极大地缩短了海两岸的时空距离，促进了区域经济的融合与发展，而且在国家安全、战略防御等方面发挥着不可替代的作用。然而，海底隧道的建设过程充满了复杂性和不确定性，涉及地质、水文、气象、技术、管理等多个领域，任何环节的疏忽都可能导致严重的后果。

因此，实施全面而有效的风险管理是确保海底隧道施工安全、质量和进度的关键。本节将结合前述章节的理论分析和案例研究，提出一系列具体、可操作的海底隧道施工风险管理建议，以期为未来类似工程提供参考和借鉴。

一、强化风险识别与评估

1. 综合运用多种风险识别方法

风险识别是风险管理的第一步，其准确性直接影响后续的风险评估与控制。应综合运用文献研究法、专家调查法（包括个人判断法、头脑风暴法和德尔菲法）以及基于流程分解的方法，如工作分解结构法、因果分析图法等，来全面识别海底隧道施工过程中的潜在风险。例如，通过对类似工程案例的文献研究，可以总结出常见的风险因素；而通过专家调查，则可以获取行业内的最新风险信息和应对经验。

2. 定量与定性评估相结合

在风险评估阶段，应采用定量与定性相结合的方法。传统的风险系数法（风险＝发生概率×影响程度）虽然直观，但往往难以准确衡量风险发生的概率和影响程度。因此，可以引入模糊综合评价法、层次分析法（AHP）等工具，结合专家打分，对风险进行更全面的评估。例如，对于难以量化的风险因素，如政策风险、社会稳定性风险等，可以通过专家打分的方式确定其影响程度；而对于可以量化的风险，如地质条件变化引起的施工难度增加，则可以通过历史数据和统计方法进行评估。

3. 引入累积风险概念

本书强调了累积风险的重要性，指出海底隧道施工过程中，风险因素通常协同发生，不断累积，最终可能引发严重后果。因此，在风险评估中，应充分考虑风险的累积效应，建立累积风险评估模型。该模型可以动态跟踪施工过程中各风险因素的变化情况，评估其对整体施工安全的影响，为风险控制提供科学依据。

二、构建风险传导网络与脆弱性分析

1. 构建风险传导网络

风险在海底隧道施工过程中的传导是一个复杂的过程，涉及多个风险因素之间的相互作用和影响。建议构建风险传导网络，通过解释结构模型（ISM）和结构方程模型（SEM）等方法，揭示风险因素之间的递阶关系和传导路径。这有助于管理者更清晰地理解风险的传导机制，从而采取更加有效的控制措施。

2. 分析系统脆弱性

系统脆弱性是风险传导的重要载体，其高低直接影响风险的累积和传导效果。正如本书前文所述，应从目标系统、对象系统、组织系统和行为系统四个维度识别海底隧道施工过程中的脆弱性因素，并通过问卷调查和专家打分等方式确定各因素的权重。进而，可以利用系统动力学等方法，构建脆弱性评估模型，动态分析系统脆弱性的变化情况，为风险控制提供有力支持。

三、实施动态风险控制

1. 制定针对性控制措施

根据风险评估和脆弱性分析的结果，应制订针对性的风险控制措施。控制措施应针对风险传导过程中的关键环节和脆弱性较高的因素进行设计。例如，对于地质条件复杂、易发生塌方的施工段，可以采取加强地质勘探、优化施工方案、增加支护措施等方式降低风险；对于政策风险和社会稳定风险较高的项目，则应加强与政府和相关方的沟通协调，争取有利政策和社会环境。

2. 引入系统动力学模型

系统动力学模型在风险控制中具有独特优势，能够清晰展现系统内部变量之间的反馈关系，并直观反映出控制措施施加后系统的表现。建议利用系统动力学软件（如 Vensim）构建海底隧道施工累积风险控制模型，通过仿真模拟不同控制措施下的系统行为，评估其有效性和可行性。这有助于管理者在实际施工中做出更加科学合理的决策。

3. 实现全过程动态管理

海底隧道施工风险管理应贯穿于项目的全过程，包括准备阶段、始发阶段、正常掘进阶段和接收阶段等。在每个阶段都应进行风险评估和控制措施的制订与实施，确保风险始终处于可控状态。同时，应建立动态监控机制，实时跟踪施工过程中各风险因素的变化情况，及时调整控制措施，确保施工安全顺利进行。

四、加强组织保障与应急管理

1. 完善组织架构与职责分工

有效的风险管理需要完善的组织架构和明确的职责分工。应建立健全风险管理组织体系，明确各级管理人员和施工人员的风险管理职责。同时，应加强项目团队之间的沟通与协作，确保风险信息在团队内部及时传递和共享，形成合力应对风险。

2. 加强培训与演练

提高施工人员的风险意识和应对能力是风险管理的重要环节。建议定期组织风险管理和应急救援培训，提高施工人员的风险识别、评估和控制能力。同时，应定期开展应急演练活动，检验和完善应急预案的可行性和有效性，确保在风险事件发生时能够迅速响应并有效处置。

3. 建立应急响应机制

针对可能发生的重大风险事件，应建立应急响应机制。应急响应机制应包括应急预案的制定、应急资源的储备和调配、应急指挥体系的建立等方面。在风险事件发生时，应迅速启动应急预案，调动应急资源进行处置，确保施工安全和人员生命安全。

五、借鉴国际经验与技术进步

1. 借鉴国际先进经验

海底隧道施工技术在国际上已有较长发展历史，许多国家积累了丰富的经验和技术成果。我国在海底隧道施工过程中应积极借鉴国际先进经验和技术成果，如挪威的海底隧道建设经验、日本的盾构施工技术等。通过引进和消化吸收国际先进技术和管理经验，可以快速提升我国海底隧道施工的风险管理水平。

2. 推动技术创新与应用

随着科技的不断进步和施工技术的不断完善，新的风险管理技术和工具不断涌现。我国应积极推动技术创新与应用在海底隧道施工风险管理中的实践。例如，可以利用大数据和人工智能技术建立风险预警系统，实时监测施工过程中各风险因素的变化情况；可以利用 BIM（建筑信息模型）技术进行施工模拟和优化设计，提前发现和解决潜在的风险问题。

3. 强化科研与产学研合作

科研与产学研合作是推动海底隧道施工风险管理技术进步的重要途径。建议加强与高校、科研院所等单位的合作与交流，共同开展风险管理技术研究和应用示范。通过产学研合作，可以汇聚各方优势资源和技术力量，加速风险管理技术的研发和应用进程。

六、注重案例总结与经验反馈

1. 开展案例总结与分析

对已完成的海底隧道施工项目进行案例总结与分析是提升风险管理水平的重要手段。应定期对已完成的项目进行回顾和总结，分析施工过程中的成功经验和存在的问题，提出改进措施和建议。通过案例总结与分析，可以积累宝贵经验并避免重复犯错。

2. 建立经验反馈机制

建立经验反馈机制是确保风险管理持续改进的重要保障。建议建立经验反馈机制，将案例总结与分析的结果及时反馈给项目团队和相关方，促进经验共享和知识传承。同时，应鼓励项目团队在施工过程中积极创新和实践新的风险管理方法和技术手段，并及时将成功经验纳入企业标准和管理体系中。

本章小结

本章通过一个实际的海底隧道盾构施工项目案例，详细阐述了系统动力学模型在风险控制中的应用过程和效果。首先，介绍了案例背景，明确了数据采集的目的和方法，通过调研和计算获取了模型所需的参数。其次，基于前文的理论框架，构建了海底隧道盾构施工累积风险控制模型，并进行了模型设定、检验和仿真模拟分析。结果显示，所构建的模型能够准确反映施工过程中累积风险的变化趋势，验证了控制措施的有效性。最后，结合理论分析和案例研究，提出了一系列具体、可操作的海底隧道施工风险管理建议，包括强化风险识别与评估、构建风险传导网络与脆弱性分析、实施动态风险控制、加强组织保障与应急管理、借鉴国际经验与技术进步以及注重案例总结与经验反馈等方面，以期为未来类似工程提供参考和借鉴，确保施工安全、质量和进度。

附录 A　针对海底隧道盾构施工风险因素的调查

尊敬的女士/先生：

您好！

非常荣幸能够针对我们目前研究工作向阁下请教，并期盼获得帮助。本课题组正在进行一项关于海底隧道盾构施工累积风险的调查分析，以遴选出影响海底隧道盾构施工的关键风险因素。本研究旨在构建海底隧道盾构施工累积风险动态评估模型，实现累积风险的动态评估与控制，为海底隧道盾构施工风险管理提供技术支持和参考。

诚挚邀请您参与本课题的调研，您的反馈将对本课题研究提供莫大的帮助。

感谢您的不吝赐教！

顺颂时祺！

说明：

本调查问卷列出了在海底隧道盾构施工过程中可能面临的风险因素。请依照您的实践经历和研究经验进行判断，选择各个风险因素对海底隧道盾构施工风险累积的重要性程度，请您在横线上填写相关信息，并在您认为合适的选项所对应"□"中画"√"。

背景资料：

1. 请问您的工作单位是：________________________________

2. 请问您的工作性质？

□ 高校、科研院所等学术机构；　　□ 建设单位；

□ 设计单位；　　□ 施工单位；

□ 其他____________________

3. 请问您在贵单位的职位（或职称）是：____________________

4. 请问您从事隧道工程领域的工作经验（包括科研经验）：

□ 1～5 年；□ 6～10 年；□ 11～15 年；□ 16 年以上

5. 请问您参与过以下哪些类型隧道工程的建设或者研究？

□ 水底隧道；□ 非水底隧道

6. 请问您涉及过的隧道工程采用哪种施工方法？

□ 盾构法；□ 沉管法；□ 钻爆法；
□ 明挖法；□ 盖挖法

拟定风险因素		重要性						
		非常小	小	偏小	中等	偏大	大	非常大
PR_1	公众反对	□	□	□	□	□	□	□
PR_2	始发端基座质量不合标准	□	□	□	□	□	□	□
PR_3	未勘明溶洞、障碍物	□	□	□	□	□	□	□
PR_4	不可抗力	□	□	□	□	□	□	□
PR_5	泥水仓压力突降	□	□	□	□	□	□	□
PR_6	海洋环境腐蚀	□	□	□	□	□	□	□
PR_7	盾构姿态偏差超标	□	□	□	□	□	□	□
PR_8	政策风险	□	□	□	□	□	□	□
PR_9	掌子面失稳	□	□	□	□	□	□	□
PR_{10}	盾构机突陷	□	□	□	□	□	□	□
PR_{11}	辅助设施损坏	□	□	□	□	□	□	□
PR_{12}	设备损坏、物体打击	□	□	□	□	□	□	□
PR_{13}	始发轴线偏离超标	□	□	□	□	□	□	□
PR_{14}	盾构机拆卸失误	□	□	□	□	□	□	□
PR_{15}	接收端基座质量不合格	□	□	□	□	□	□	□
PR_{16}	邻近建(构)筑物沉降	□	□	□	□	□	□	□
PR_{17}	工期风险	□	□	□	□	□	□	□
PR_{18}	掘进线路偏离超标	□	□	□	□	□	□	□
PR_{19}	洞门密封止水装置失效	□	□	□	□	□	□	□
PR_{20}	接收工作井失稳	□	□	□	□	□	□	□
PR_{21}	带压进仓作业	□	□	□	□	□	□	□
PR_{22}	盾构机拼装失误	□	□	□	□	□	□	□
PR_{23}	合同风险	□	□	□	□	□	□	□
PR_{24}	到达轴线偏离超标	□	□	□	□	□	□	□
PR_{25}	盾尾密封失效	□	□	□	□	□	□	□
PR_{26}	勘察设计有误	□	□	□	□	□	□	□
PR_{27}	盾构故障停机	□	□	□	□	□	□	□
PR_{28}	始发工作井失稳	□	□	□	□	□	□	□
PR_{29}	千斤顶故障	□	□	□	□	□	□	□
PR_{30}	盾构刀具损坏	□	□	□	□	□	□	□
PR_{31}	管片拼装不当	□	□	□	□	□	□	□

续表

	拟定风险因素	重要性						
		非常小	小	偏小	中等	偏大	大	非常大
PR_{32}	始发端加固不足	□	□	□	□	□	□	□
PR_{33}	管片质量不合格	□	□	□	□	□	□	□
PR_{34}	接收端加固不足	□	□	□	□	□	□	□
PR_{35}	注浆施工不当	□	□	□	□	□	□	□
PR_{36}	涌水涌泥	□	□	□	□	□	□	□
PR_{37}	盾构后靠不稳定	□	□	□	□	□	□	□
PR_{38}	接收端口密封失效	□	□	□	□	□	□	□

万分感激您的帮助与支持！

如若您认为还有其他风险因素是海底隧道盾构施工过程中所面临的，请您在下面留下宝贵的意见：

____

____

附录 B　针对海底隧道盾构施工脆弱性的调查

尊敬的女士/先生：

您好！

非常荣幸能够针对我们目前研究工作向阁下请教，并期盼获得帮助。本课题组正在进行一项关于海底隧道盾构施工脆弱性的识别和评估的调查分析。将海底隧道盾构施工过程视为一个系统，脆弱性即为该系统对抗风险的能力。脆弱性为系统的固有属性，由系统内部因素所决定，是风险发生的内在条件。研究脆弱性，有利于了解风险产生的机理，从而为预防和控制风险事件对系统的冲击提供条件。希望本研究可以为海底隧道盾构施工的风险管理提供有价值的技术支持和参考，实现对海底隧道盾构施工累积风险的动态评估和控制。

诚挚邀请您参与本课题的调研，您的反馈将对本课题研究提供莫大的帮助。

感谢您的不吝赐教！

顺颂时祺！

背景资料：

1. 请问您的工作单位是：______________________________

2. 请问您的工作性质？

□ 高校、科研院所等学术机构；　　□ 建设单位；

□ 设计单位；　　□ 施工单位；

□ 其他__________________

3. 请问您在贵单位的职位（或职称）是：__________________

4. 请问您从事隧道工程领域的工作经验（包括科研经验）：

□ 1～5 年；□ 6～10 年；□ 11～15 年；□ 16 年以上

5. 请问您参与过以下哪些类型隧道工程的建设或者研究？

□ 水底隧道；□ 非水底隧道

6. 请问您涉及过的隧道工程采用哪种施工方法？

□ 盾构法；□ 沉管法；□ 钻爆法；

□ 明挖法；□ 盖挖法

本问卷将分为问卷 B-1 和问卷 B-2 两个部分，详情如下：

问卷 B-1——关于海底隧道盾构施工脆弱性因素的调查

说明：

按照项目管理理论，将海底隧道盾构施工系统分解为四个子系统，分别为目标系统、对象系统、组织系统和行为系统，本研究分别对这四个子系统（即脆弱性的四个维度），基于文献研究和海底隧道盾构施工现场走访识别出影响脆弱性的影响因素（脆弱性因素）。请依照您的实践经历和研究经验进行判断，选择各个脆弱性维度中脆弱性因素的重要程度，在您认为合适的选项所对应“□”中画“√”。

拟定脆弱性因素			重要性						
			非常小	小	偏小	中等	偏大	大	非常大
目标系统 F_1	PF_1	项目的重要性	□	□	□	□	□	□	□
	PF_2	政治、经济稳定情况	□	□	□	□	□	□	□
	PF_3	公众支持态度	□	□	□	□	□	□	□
	PF_4	市场需求情况	□	□	□	□	□	□	□
	PF_5	生态环境条件	□	□	□	□	□	□	□
	PF_6	招投标规范性	□	□	□	□	□	□	□
对象系统 F_2	PF_7	项目建设规模	□	□	□	□	□	□	□
	PF_8	项目总投资额	□	□	□	□	□	□	□
	PF_9	项目地理位置	□	□	□	□	□	□	□
	PF_{10}	项目复杂程度	□	□	□	□	□	□	□
组织系统 F_3	PF_{11}	合同完备程度	□	□	□	□	□	□	□
	PF_{12}	政府的稳定性和连续性	□	□	□	□	□	□	□
	PF_{13}	组织构架合理性	□	□	□	□	□	□	□
	PF_{14}	参与各方伙伴关系	□	□	□	□	□	□	□
	PF_{15}	政府的支持程度	□	□	□	□	□	□	□
	PF_{16}	信息共享程度	□	□	□	□	□	□	□
	PF_{17}	项目审批程序的复杂程度	□	□	□	□	□	□	□
	PF_{18}	设计、施工单位资质	□	□	□	□	□	□	□
	PF_{19}	分包商、供应商选择的合理性	□	□	□	□	□	□	□
行为系统 F_4	PF_{20}	融资效率	□	□	□	□	□	□	□
	PF_{21}	前期工程质量	□	□	□	□	□	□	□
	PF_{22}	地质勘探准确性	□	□	□	□	□	□	□
	PF_{23}	施工组织合理性	□	□	□	□	□	□	□
	PF_{24}	设计方案合理性	□	□	□	□	□	□	□

续表

<table>
<tr><th colspan="3" rowspan="2">拟定脆弱性因素</th><th colspan="7">重要性</th></tr>
<tr><th>非常小</th><th>小</th><th>偏小</th><th>中等</th><th>偏大</th><th>大</th><th>非常大</th></tr>
<tr><td rowspan="9">行为系统 F_4</td><td>PF_{25}</td><td>承包商项目管理能力</td><td>□</td><td>□</td><td>□</td><td>□</td><td>□</td><td>□</td><td>□</td></tr>
<tr><td>PF_{26}</td><td>建设方项目管理能力</td><td>□</td><td>□</td><td>□</td><td>□</td><td>□</td><td>□</td><td>□</td></tr>
<tr><td>PF_{27}</td><td>刀具管理能力</td><td>□</td><td>□</td><td>□</td><td>□</td><td>□</td><td>□</td><td>□</td></tr>
<tr><td>PF_{28}</td><td>超前地质预报准确性</td><td>□</td><td>□</td><td>□</td><td>□</td><td>□</td><td>□</td><td>□</td></tr>
<tr><td>PF_{29}</td><td>技术力量储备情况</td><td>□</td><td>□</td><td>□</td><td>□</td><td>□</td><td>□</td><td>□</td></tr>
<tr><td>PF_{30}</td><td>应急预案合理性</td><td>□</td><td>□</td><td>□</td><td>□</td><td>□</td><td>□</td><td>□</td></tr>
<tr><td>PF_{31}</td><td>沟通协调能力</td><td>□</td><td>□</td><td>□</td><td>□</td><td>□</td><td>□</td><td>□</td></tr>
<tr><td>PF_{32}</td><td>参与各方能力水平</td><td>□</td><td>□</td><td>□</td><td>□</td><td>□</td><td>□</td><td>□</td></tr>
<tr><td>PF_{33}</td><td>施工安全教育情况</td><td>□</td><td>□</td><td>□</td><td>□</td><td>□</td><td>□</td><td>□</td></tr>
</table>

万分感激您的帮助与支持！

如若您认为还有其他脆弱性因素是海底隧道盾构施工系统所具备的，请您在下面留下宝贵的意见：

____

____

问卷 B-2——关于海底隧道盾构施工脆弱性的调查

说明：

本研究根据海底隧道盾构施工的特点，考虑施工的各个阶段，将海底隧道盾构施工涉及的所有风险因素划分为五个风险集群，即系统风险（R_S）、准备阶段风险（R_P）、始发阶段风险（R_L）、正常掘进阶段风险（R_N）和接收阶段风险（R_R），详见海底隧道盾构施工风险因素集合及风险因素对照表。面对不同风险集群，脆弱性的各个维度表现出不同的状态，分别将不同的脆弱性状态定义为 F_S、F_P、F_L、F_N 和 F_R。

请依照您的实践经历和研究经验，判断面对不同风险集群时，各个脆弱性维度所表现出的对脆弱性的重要程度。

海底隧道盾构施工风险集群及风险因素对照表

<table>
<tr><th>风险集群</th><th>风险因素</th><th>风险集群</th><th>风险因素</th></tr>
<tr><td rowspan="5">系统风险</td><td>政策风险</td><td rowspan="5">始发阶段风险</td><td>始发工作井失稳</td></tr>
<tr><td>公众反对</td><td>辅助设施损坏</td></tr>
<tr><td>不可抗力</td><td>设备损坏、物体打击</td></tr>
<tr><td>合同风险</td><td>盾构机拼装失误</td></tr>
<tr><td>工期风险</td><td>始发端加固不足</td></tr>
</table>

续表

风险集群	风险因素	风险集群	风险因素
始发阶段风险	洞门密封止水装置失效	正常掘进阶段风险	海洋环境腐蚀
	始发轴线偏离超标		注浆施工不当
	盾构后靠不稳定		管片质量不合格
	始发端基座质量不合标准		管片拼装不当
正常掘进阶段风险	未勘明溶洞、障碍物		邻近建(构)筑物沉降
	掘进线路偏离超标	接收阶段风险	到达轴线偏离超标
	掌子面失稳		接收端加固不足
	千斤顶故障		接收端口密封失效
	盾构姿态偏差超标		接收端基座质量不合格
	盾尾密封失效		接收工作井失稳
	泥水仓压力突降		盾构机拆卸失误
	带压进仓作业		

系统脆弱性	脆弱性维度		重要程度						
			非常小	小	偏小	中等	偏大	大	非常大
F_S	F_1	目标系统	□	□	□	□	□	□	□
	F_2	对象系统	□	□	□	□	□	□	□
	F_3	组织系统	□	□	□	□	□	□	□
	F_4	行为系统	□	□	□	□	□	□	□
F_P	F_1	目标系统	□	□	□	□	□	□	□
	F_2	对象系统	□	□	□	□	□	□	□
	F_3	组织系统	□	□	□	□	□	□	□
	F_4	行为系统	□	□	□	□	□	□	□
F_L	F_1	目标系统	□	□	□	□	□	□	□
	F_2	对象系统	□	□	□	□	□	□	□
	F_3	组织系统	□	□	□	□	□	□	□
	F_4	行为系统	□	□	□	□	□	□	□
F_N	F_1	目标系统	□	□	□	□	□	□	□
	F_2	对象系统	□	□	□	□	□	□	□
	F_3	组织系统	□	□	□	□	□	□	□
	F_4	行为系统	□	□	□	□	□	□	□
F_R	F_1	目标系统	□	□	□	□	□	□	□
	F_2	对象系统	□	□	□	□	□	□	□
	F_3	组织系统	□	□	□	□	□	□	□
	F_4	行为系统	□	□	□	□	□	□	□

万分感激您的帮助与支持！

如若您对此调查问卷还有其他想法和补充，请您在下面留下宝贵的意见：

附录 C　针对海底隧道盾构施工脆弱性的调查存量流量图

（1）风险控制模块存量流量图

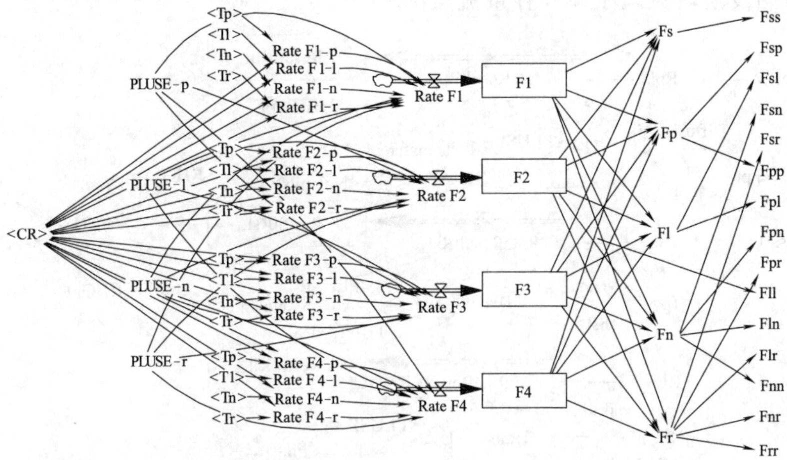

（2）风险传导网络模块存量流量图

① 系统风险子模块存量流量图

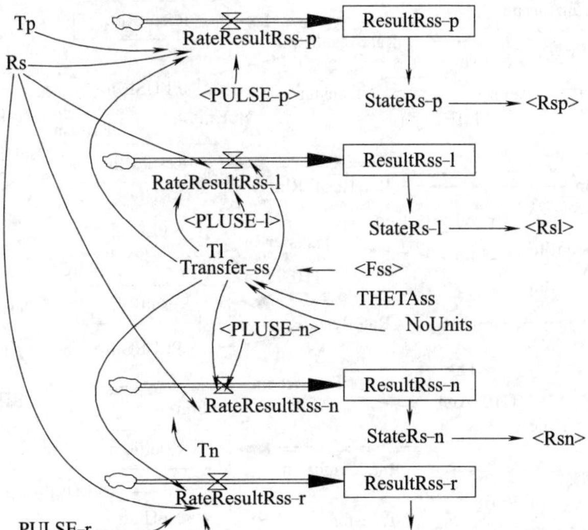

② 准备阶段风险子模块存量流量图

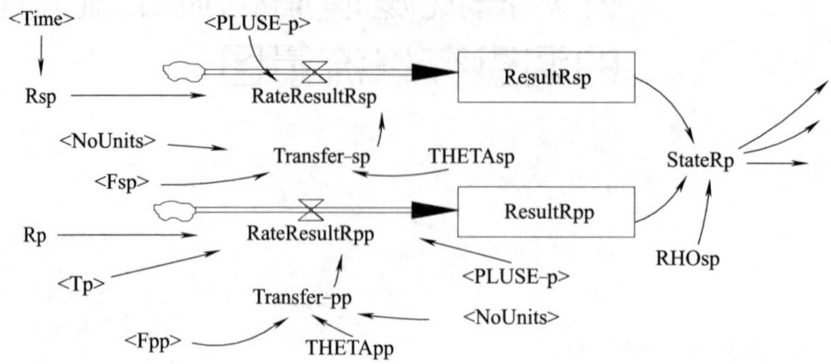

③ 始发阶段风险子模块存量流量图

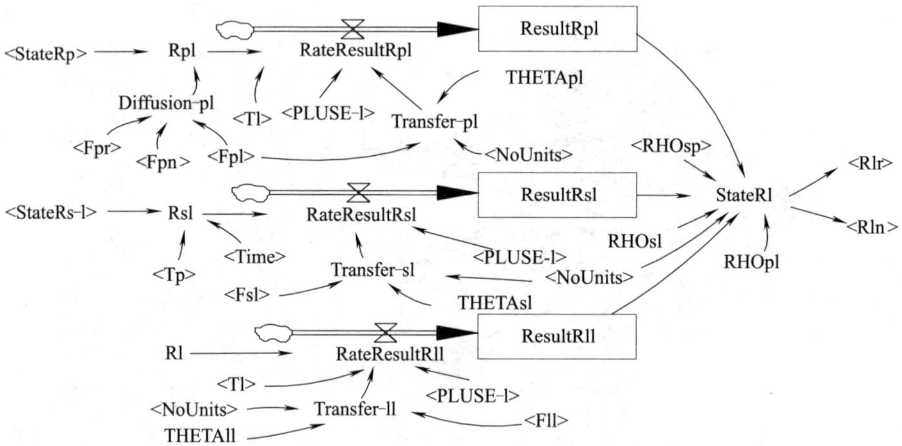

④ 正常掘进阶段风险子模块存量流量图

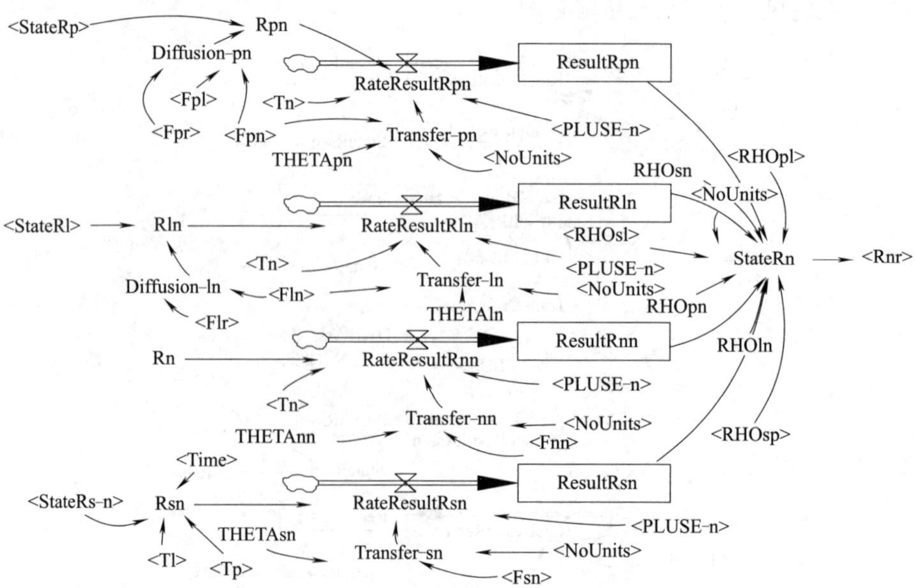

⑤ 接收阶段风险子模块存量流量图

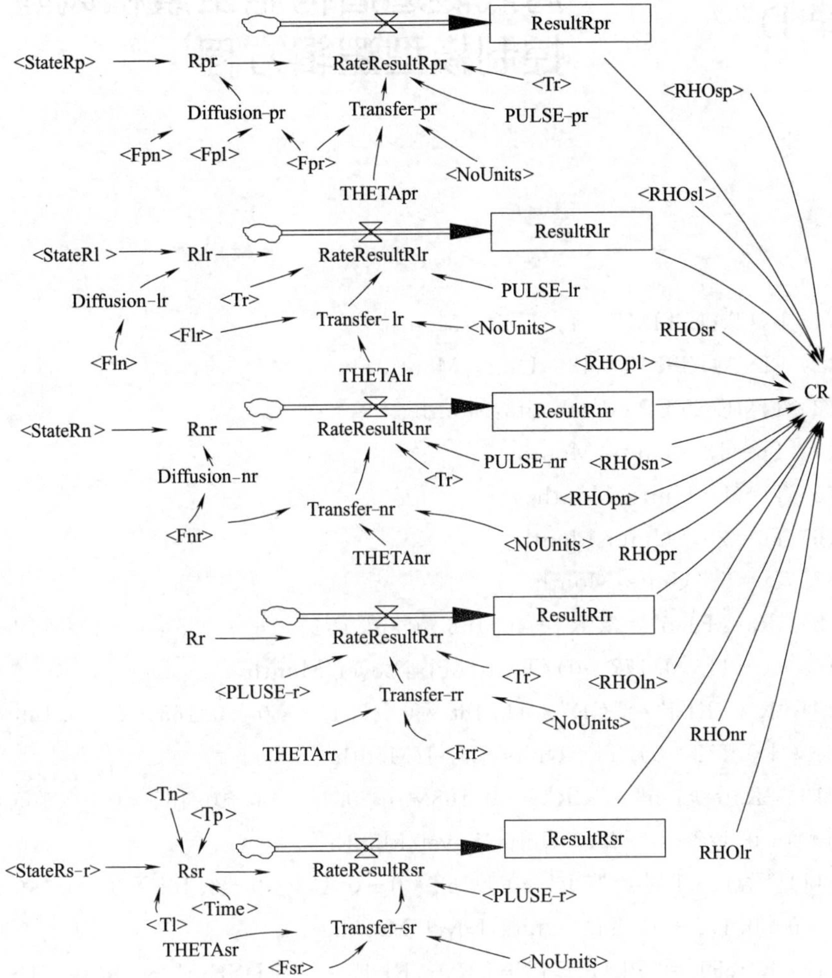

附录 D 海底隧道盾构施工累积风险控制模型逻辑方程

(1) INITAL TIME＝1　Units：Month

(2) FINAL TIME＝43　Units：Month

(3) TIME STEP＝1　Units：Month

(4) Tp＝13　Units：Month

(5) Tl＝4　Units：Month

(6) Tn＝20　Units：Month

(7) Tr＝6　Units：Month

(8) "Rate F1-p"＝"CR" ＊ (0.168 ＊ 0＋0.164 ＊ 0＋0.165 ＊ (－1)＋0.166 ＊ 0＋0.165 ＊ (－1)＋0.172 ＊ 0)/Tp　Units：Level/Month

(9) "Rate F1-l"＝"CR" ＊ (0.168 ＊ 0＋0.164 ＊ 0＋0.165 ＊ 0＋0.166 ＊ 0＋0.165 ＊ 0＋0.172 ＊ 0)/Tl　Units：Level/Month

(10) "Rate F1-n"＝"CR" ＊ (0.168 ＊ 0＋0.164 ＊ 0＋0.165 ＊ 0＋0.166 ＊ 0＋0.165 ＊ 0＋0.172 ＊ 0)/Tn　Units：Level/Month

(11) "Rate F1-r"＝"CR" ＊ (0.168 ＊ 0＋0.164 ＊ 0＋0.165 ＊ 0＋0.166 ＊ 0＋0.165 ＊ 0＋0.172 ＊ 0)/Tr　Units：Level/Month

(12) RateF1＝"PLUSE-l" ＊ "Rate F1-l"＋"PLUSE-n" ＊ "Rate F1-n"＋"PLUSE-p" ＊ "Rate F1-p"＋"PLUSE-r" ＊ "Rate F1-r"　Units：Level/Month

(13) F1＝INTEG("RateF1",2)　Units：Level

(14) "Rate F2-p"＝"CR" ＊ (0.25 ＊ (－1)＋0.24 ＊ (－1)＋0.257 ＊ (－1)＋0.252 ＊ (－2))/Tp　Units：Level/Month

(15) "Rate F2-l"＝"CR" ＊ (0.25 ＊ 0＋0.24 ＊ 0＋0.257 ＊ 0＋0.252 ＊ (－4))/Tl　Units：Level/Month

(16) "Rate F2-n"＝"CR" ＊ (0.25 ＊ 0＋0.24 ＊ (－1)＋0.257 ＊ 0＋0.252 ＊ 0)/Tn　Units：Level/Month

(17) "Rate F2-r"＝"CR" ＊ (0.25 ＊ 0＋0.24 ＊ 0＋0.257 ＊ 0＋0.252 ＊ 0)/Tr　Units：Level/Month

(18) F2＝INTEG("RateF2",3.75)　Units：Level

(19) "Rate F3-p"="CR" * (0.144 * 0+0.14 * 0+0.141 * 0+0.145 * 0+0.142 * (-1)+0.147 * 0+0.141 * 0)/Tp　Units:Level/Month

(20) "Rate F3-l"="CR" * (0.144 * 0+0.14 * 0+0.141 * 0+0.145 * 0+0.142 * 0+0.147 * 0+0.141 * 0)/Tl　Units:Level/Month

(21) "Rate F3-n"="CR" * (0.144 * 0+0.14 * 0+0.141 * 0+0.145 * (-2)+0.142 * 0+0.147 * 0+0.141 * 0)/Tn　Units:Level/Month

(22) "Rate F3-r"="CR" * (0.144 * 0+0.14 * 0+0.141 * 0+0.145 * 0+0.142 * 0+0.147 * 0+0.141 * 0)/Tr　Units:Level/Month

(23) F3=INTEG("RateF3",2.719)　Units:Level

(24) "Rate F4-p"="CR" * (0.096 * 0+0.104 * (-1)+0.094 * (-1)+0.096 * 0+0.098 * 0+0.093 * 0+0.105 * 0+0.104 * 0+0.104 * 0+0.106 * (-1))/Tp　Units:Level/Month

(25) "Rate F4-l"="CR" * (0.096 * 0+0.104 * (-1)+0.094 * 0+0.096 * (-2)+0.098 * (-2)+0.093 * (-3)+0.105 * (-1)+0.104 * 0+0.104 * 0+0.106 * 0)/Tl　Units:Level/Month

(26) "Rate F4-n"="CR" * (0.096 * 0+0.104 * 0+0.094 * 0+0.096 * (-2)+0.098 * 0+0.093 * 0+0.105 * 0+0.104 * (-1)+0.104 * (-2)+0.106 * 0)/Tn　Units:Level/Month

(27) "Rate F4-r"="CR" * (0.096 * 0+0.104 * 0+0.094 * 0+0.096 * 0+0.098 * 0+0.093 * 0+0.105 * 0+0.104 * 0+0.104 * 0+0.106 * 0)/Tr　Units:Level/Month

(28) F4=INTEG("RateF4",2.905)　Units:Level

(29) Fs=F1 * 0.263+F2 * 0.242+F3 * 0.252+F4 * 0.243　Units:Level

(30) Fp=F1 * 0.251+F2 * 0.245+F3 * 0.257+F4 * 0.248　Units:Level

(31) Fl=F1 * 0.256+F2 * 0.25+F3 * 0.246+F4 * 0.248　Units:Level

(32) Fn=F1 * 0.255+F2 * 0.254+F3 * 0.245+F4 * 0.246　Units:Level

(33) Fr=F1 * 0.245+F2 * 0.239+F3 * 0.259+F4 * 0.256　Units:Level

(34) Fss=Fs　Units:Level

(35) Fsp=Fp　Units:Level

(36) Fsl=Fl　Units:Level

(37) Fsn=Fn　Units:Level

(38) Fsr=Fr　Units:Level

(39) Fpp=Fp　Units:Level

(40) Fpl=Fl　Units:Level

(41) Fpn=Fn　Units:Level

(42) Fpr=Fr　Units:Level

(43) Fll=Fl Units:Level

(44) Fln=Fn Units:Level

(45) Flr=Fr Units:Level

(46) Fnn=Fn Units:Level

(47) Fnr=Fr Units:Level

(48) Frr=Fr Units:Level

(49) Rs=3.069 Units:Level

(50) Rp=2.592 Units:Level

(51) Rl=3.109 Units:Level

(52) Rn=3.007 Units:Level

(53) Rr=2.190 Units:Level

(54) NoUnits =1 Units:Level

(55) "PLUSE-p"=PULSE(1,13) Units:Dmnl

(56) "PLUSE-l"=PULSE(14,4) Units:Dmnl

(57) "PLUSE-n"=PULSE(18,20) Units:Dmnl

(58) "PLUSE-r"=PULSE(38,6) Units:Dmnl

(59) THETAss=0.2 Units:Dmnl

(60) "Transfer-ss"=1-EXP(-THETAss * EXP(Fss/NoUnits)) Units:Dmnl

(61) "RateResultRss-p"="PLUSE-p" * (Rs/Tp) * "Transfer-ss" Units:Level/Month

(62) "ResultRss-p"=INTEG("RateResultRss-p",0) Units:Level

(63) "StateRs-p"="ResultRss-p" Units:Level

(64) "RateResultRss-l"="PLUSE-l" * (Rs/Tl) * "Transfer-ss" Units:Level/Month

(65) "ResultRss-l"=INTEG("RateResultRss-l",0) Units:Level

(66) "StateRs-l"="ResultRss-l" Units:Level

(67) "RateResultRss-n"="PLUSE-n" * (Rs/Tn) * "Transfer-ss" Units:Level/Month

(68) "ResultRss-n"=INTEG("RateResultRss-n",0) Units:Level

(69) "StateRs-n"="ResultRss-n" Units:Level

(70) "RateResultRss-r"="PULSE-r" * (Rs/Tr) * "Transfer-ss" Units:Level/Month

(71) "ResultRss-r"=INTEG("RateResultRss-r",0) Units:Level

(72) "StateRs-r"="ResultRss-r" Units:Level

(73) Rsp=ZIDZ("StateRs-p",Time) Units:Level/Month

(74) THETAsp=0.2　Units:Dmnl

(75) "Transfer-sp" = 1 − EXP(− THETAsp * EXP(Fsp/NoUnits)) Units:Dmnl

(76) "RateResultRsp" = "PLUSE-p" * Rsp * "Transfer-sp"　Units: Level/Month

(77) "ResultRsp"=INTEG("RateResultRsp",0)　Units:Level

(78) THETApp=0.2　Units:Dmnl

(79) "Transfer-pp"=1−EXP(−THETApp * EXP(Fpp/NoUnits))　Units:Dmnl

(80) "RateResultRpp"="PLUSE-p" * (Rp/Tp) * "Transfer-pp"　Units: Level/Month

(81) "ResultRpp"=INTEG("RateResultRpp",0)　Units:Level

(82) RHOsp=−1.000　Units:Dmnl

(83) "StateRp" = ResultRpp + ResultRsp + (2 * RHOsp * ((ResultRpp/NoUnits)^0.5) * ((ResultRsp/NoUnits)^0.5)) * NoUnits　Units:Level

(84) "Diffusion-pl"=Fpl/(Fpl+Fpn+Fpr)　Units:Dmnl

(85) Rpl=StateRp * "Diffusion-pl"　Units:Level

(86) THETApl=0.2　Units:Dmnl

(87) "Transfer-pl" = 1 − EXP(− THETApl * EXP(Fpl/NoUnits)) Units:Dmnl

(88) "RateResultRpl" = "PLUSE-l" * (Rpl/Tl) * "Transfer-pl"　Units: Level/Month

(89) "ResultRpl"=INTEG("RateResultRpl",0)　Units:Level

(90) Rsl=ZIDZ("StateRs-l",Time-Tp)　Units:Level

(91) THETAsl=0.2　Units:Dmnl

(92) "Transfer-sl"=1−EXP(−THETAsl * EXP(Fsl/NoUnits))

(93) "ResultRsl"=INTEG("RateResultRsl",0)　Units:Level

(94) THETAll=0.2　Units:Dmnl

(95) "Transfer-ll" = 1 − EXP(− THETAll * EXP(Fll/NoUnits)) Units:Dmnl

(96) "RateResultRll" = "PLUSE-l" * (Rl/Tl) * "Transfer-ll"　Units: Level/Month

(97) "ResultRll"=INTEG("RateResultRll",0)　Units:Level

(98) RHOsl=−0.770

(99) RHOpl=−1.000

(100) "StateRl"=ResultRll+ResultRpl+ResultRsl+2 * RHOsp * ((Resul-

tRsl/NoUnits)^0.5) * ((ResultRpl/NoUnits)^0.5) * NoUnits + 2 * RHOsl * ((ResultRsl/NoUnits)^0.5) * ((ResultRll/NoUnits)^0.5) * NoUnits + 2 * RHOpl * ((ResultRpl/NoUnits)^0.5) * ((ResultRll/NoUnits)^0.5) * NoUnits Units: Level

(101) THETApn=0.2 Units: Dmnl

(102) "Transfer-pn"=1-EXP(-THETApn * EXP(Fpn/NoUnits)) Units: Dmnl

(103) "Diffusion-pn"=Fpn/(Fpl+Fpn+Fpr) Units: Dmnl

(104) Rpn=StateRp * "Diffusion-pn" Units: Level

(105) "RateResultRpn"="PLUSE-n" * (Rpn/Tn) * "Transfer-pn" Units: Level/Month

(106) "ResultRpn"=INTEG("RateResultRpn",0) Units: Level

(107) "Diffusion-ln"=Fln/(Fln+Flr) Units: Dmnl

(108) Rln=StateRl * "Diffusion-ln" Units: Level

(109) THETAln=0.2 Units: Dmnl

(110) "Transfer-ln"=1-EXP(-THETAln * EXP(Fln/NoUnits)) Units: Dmnl

(111) "RateResultRln"="PLUSE-n" * (Rln/Tn) * "Transfer-ln" Units: Level/Month

(112) "ResultRln"=INTEG("RateResultRln",0) Units: Level

(113) THETAnn=0.2 Units: Dmnl

(114) "Transfer-nn"=1-EXP(-THETAnn * EXP(Fnn/NoUnits)) Units: Dmnl

(115) "RateResultRnn"="PLUSE-n" * (Rn/Tn) * "Transfer-nn" Units: Level/Month

(116) "ResultRnn"=INTEG("RateResultRnn",0) Units: Level

(117) Rsn=ZIDZ("StateRs-n",Time-Tp-Tl) Units: Level/Month

(118) THETAsn=0.2 Units: Dmnl

(119) "Transfer-sn"=1-EXP(-THETAsn * EXP(Fsn/NoUnits)) Units: Dmnl

(120) "RateResultRsn"="PLUSE-n" * Rsn * "Transfer-sn" Units: Level/Month

(121) "ResultRsn"=INTEG("RateResultRsn",0) Units: Level

(122) RHOsn=-0.639 Units: Dmnl

(123) RHOpn=-1.000 Units: Dmnl

(124) RHOln=-0.953 Units: Dmnl

(125) "StateRn" = ResultRln + ResultRnn + ResultRpn + ResultRsn + (2 * RHOsp * ((ResultRsn/NoUnits)^0.5) * ((ResultRpn/NoUnits)^0.5) + 2 * RHOsl * ((ResultRsn/NoUnits)^0.5) * ((ResultRln/NoUnits)^0.5) + 2 * RHOsn * ((ResultRsn/NoUnits)^0.5) * ((ResultRnn/NoUnits)^0.5) + 2 * RHOpl * ((ResultRpn/NoUnits)^0.5) * ((ResultRln/NoUnits)^0.5) + 2 * RHOpn * ((ResultRpn/NoUnits)^0.5) * ((ResultRnn/NoUnits)^0.5) + 2 * RHOln * ((ResultRln/NoUnits)^0.5) * ((ResultRnn/NoUnits)^0.5)) * NoUnits　Units: Level

(126) "Diffusion-pr" = Fpr/(Fpl + Fpn + Fpr)

(127) Rpr = "StateRp" * "Diffusion-pr"　Units: Dmnl

(128) THETApr = 0.2　Units: Dmnl

(129) "Transfer-pr" = 1 − EXP(− THETApr * EXP(Fpr/NoUnits))　Units: Dmnl

(130) "PULSE-pr" = PULSE(1,43)　Units: Dmnl

(131) "RateResultRpr" = "PULSE-pr" * (Rpr/Tr) * "Transfer-pr"　Units: Level/Month

(132) "ResultRpr" = INTEG("RateResultRpr",0)　Units: Level

(133) "Diffusion-lr" = Flr/(Fln + Flr)　Units: Dmnl

(134) Rlr = "StateRl" * "Diffusion-lr"　Units: Level

(135) THETAlr = 0.2　Units: Dmnl

(136) "Transfer-lr" = 1 − EXP(− THETAlr * EXP(Flr/NoUnits))　Units: Dmnl

(137) "PULSE-lr" = PULSE(14,30)　Units: Dmnl

(138) "RateResultRlr" = "PULSE-lr" * (Rlr/Tr) * "Transfer-lr"　Units: Level/Month

(139) "ResultRlr" = INTEG("RateResultRlr",0)　Units: Level

(140) "Diffusion-nr" = Fnr/Fnr　Units: Dmnl

(141) Rnr = StateRn * "Diffusion-nr"　Units: Level

(142) THETAnr = 0.2　Units: Dmnl

(143) "Transfer-nr" = 1 − EXP(− THETAnr * EXP(Fnr/NoUnits))　Units: Dmnl

(144) "PULSE-nr" = PULSE(18,26)　Units: Dmnl

(145) "ResultRnr" = INTEG("RateResultRnr",0)　Units: Level

(146) THETArr = 0.2　Units: Dmnl

(147) "Transfer-rr" = 1 − EXP(− THETArr * EXP(Frr/NoUnits))　Units: Dmnl

(148) "RateResultRrr" = "PLUSE-r" * (Rr/Tr) * "Transfer-rr"　Units:

Level/Month

(149) Rsr=ZIDZ("StateRs-r",Time -Tp -Tl -Tn) Units:Level/Month

(150) THETAsr=0.2 Units:Dmnl

(151) "Transfer-sr"=1 -EXP(-THETAsr * EXP(Fsr/NoUnits)) Units:Dmnl

(152) " RateResultRsr " = " PLUSE-r " * Rsr * " Transfer-sr " Units:Level/Month

(153) "ResultRsr"=INTEG("RateResultRsr",0) Units:Level

(154) RHOsr=-0.441 Units:Dmnl

(155) RHOpr=-0.032 Units:Dmnl

(156) RHOnr =-1.000 Units:Dmnl

(157) RHOlr=-0.839 Units:Dmnl

(158) CR=(ResultRlr+ResultRnr+ResultRpr+ResultRrr+ResultRsr+(2 * RHOsp * ((ResultRsr/NoUnits)^0 .5) * ((ResultRpr/NoUnits)^0.5)+2 * RHOsl * ((ResultRsr/NoUnits)^0.5) * ((ResultRlr/NoUnits)^0.5)+2 * RHOsn * ((ResultRsr/NoUnits)^0.5) * ((ResultRnr/NoUnits)^0.5)+2 * RHOsr * ((ResultRsr/NoUnits)^0.5) * ((ResultRrr/NoUnits)^0.5)+2 * RHOpl * ((ResultRpr/NoUnits)^0.5) * ((ResultRlr/NoUnits)^0.5)+2 * RHOpn * ((ResultRpr/NoUnits)^0.5) * ((ResultRnr/NoUnits)^0.5)+2 * RHOpr * ((ResultRpr/NoUnits)^0.5) * ((ResultRrr/NoUnits)^0.5)+2 * RHOln * ((ResultRlr/NoUnits)^0.5) * ((ResultRnr/NoUnits)^0.5)+2 * RHOlr * ((ResultRlr/NoUnits)^0.5) * ((ResultRrr/NoUnits)^0.5)+2 * RHOnr * ((ResultRnr/NoUnits)^0.5) * ((ResultRrr/NoUnits)^0.5)) * NoUnits) Units:Level

参考文献

[1] 中国大百科全书总编辑委员会《地质学》. 中国大百科全书:地质学[M]. 北京: 中国大百科全书出版社, 1993.
[2] 钱久康. 地铁盾构法施工技术探析[J]. 安徽建筑, 2021, 28(08): 211+217.
[3] 刘辉. 浅埋暗挖法和盾构法在地铁修建中的适应性问题研究[D]. 成都: 西南交通大学, 2004.
[4] Palmstrom A, Huang Z P. Application of Norwegian subsea tunnel experiences to construction of Xiamen Xiang' an Subsea Tunnel[J]. Chinese Journal of Rock Mechanics and Engineering, 2007, 26(11): 2236-2246.
[5] 王楠楠. 世界各国海底隧道盘点 滔滔沧海变通途[J]. 交通建设与管理, 2017(04): 52-55.
[6] 金星宇. 马尔马雷海底隧道: 地震带上的现代丝绸之路[J]. 地球, 2014(09): 84-85.
[7] 佚名. 中国代表性跨海海底隧道工程[J]. 科技导报, 2016, 34(21): 121.
[8] 本刊综合. 安徽未来十五年——《安徽省高速公路网规划修编(2020—2035年)》解读[J]. 中国公路, 2021(14): 24-25.
[9] 中国大陆第一条海底隧道——翔安隧道[J]. 地图, 2005(05): 6-7.
[10] 汪玚. 海平面下的超级工程[J]. 交通建设与管理, 2017(04): 48-51.
[11] 孟康, 李明达, 周晶. 基于ISM-FT-BN的海底隧道盾构施工风险分析[J]. 人民长江, 2021, 52(3): 151-157.
[12] Gallagher, Russell. Risk management: new phase of cost control[J]. Harvard Business Review, 2014, 5(34): 75-86.
[13] Cooper D F, Chapman C B. Risk analysis for large projects: models, and cases[M]. New Jersey: John Wiley and Sons, 1987.
[14] 龟井利明. 危险管理论[M]. 北京: 中国金融出版社, 1988.
[15] 郭仲伟. 风险分析与决策[M]. 北京: 机械工业出版社, 1987.
[16] 高军, 刘先涛. 企业风险管理决策问题探析[J]. 现代企业, 2003(06): 41-42.
[17] 王霞, 张永, 彭智才. 如何保障中小企业信息系统安全[J]. 软件工程师, 2004(09): 55-56.
[18] 陈华, 杜霞, 王丽珍. 全面风险管理对企业经营效率的影响——基于45家寿险公司的实证研究[J]. 保险研究, 2019(02): 3-15.
[19] Ren H. Risk lifecycle and risk relationships on construction projects[J]. International Journal of Project Management, 1994, 12(2): 68-74.
[20] 卢有杰, 卢家仪. 项目风险管理[M]. 北京: 清华大学出版社, 1998.
[21] 赵振宇, 刘伊生, 杨华春. 故障树法引入工程项目风险管理研究[J]. 现代电力, 2002(02): 95-99.
[22] 马锋, 索清辉, 宋吉荣. 效用理论在工程建设风险管理决策中的应用[J]. 四川建筑, 2003(02): 85-86.
[23] 曹丽. 基于人工神经网络的工程项目风险管理研究[D]. 西安: 西安理工大学, 2006.
[24] 牛宏. 大跨度连续刚构桥建设期风险分析研究[D]. 西安: 长安大学, 2009.
[25] 谭军. 成西高铁项目风险管理研究[D]. 成都: 西南交通大学, 2011.
[26] 纪新伟, 刘健哲, 李付栋, 等. 境外工程项目的全过程风险管理——老挝赛德2水电站项目风险管理案例浅析[J]. 国际经济合作, 2013(08): 77-81.
[27] 可嘉, 张文珍. 某PTA石化污水处理项目的风险管理研究[J]. 施工技术, 2016, 45(S1): 824-829.

[28] 席彦强. D公司菲律宾M电站项目风险管理研究 [D]. 大连: 大连理工大学, 2019.
[29] 董悦. 220kV钱塘变电站工程项目风险管理研究 [D]. 杭州: 浙江大学, 2021.
[30] 颜明. 基于蒙特卡罗的B风电项目投资风险评估 [D]. 厦门: 厦门大学, 2018.
[31] 郭鹏, 文晓阁. 基于BP人工神经网络的BOT项目风险评估研究 [J]. 科技管理研究, 2015, 35(21): 210-214.
[32] 缪杰. 轨道交通建设风险集成管理模式及管理平台研究 [J]. 科技创新与应用, 2021(01): 185-187.
[33] Ancione G, Milazzo M F. The management of Na-tech risk using Bayesian network [J]. Water, 2021, 13(14): 1966.
[34] Han B J, Jiang Y S, Wang Z H, et al. Analysis of the risk path of the pipeline corridor based on system dynamics [J]. Shock and Vibration, 2021,2021:5529642.
[35] Burdland H J, Houlsby G T, Augarde C E, et al. Modeling tunnelling-induced settlement of masonry buildings [J]. Proceedings of the Institution of Civil Engineers-Geotechnical Engineering, 2000, 143(1): 17-29.
[36] Burland J B. Proceedings of 1st International Conference on Earthquake and Geotechnical Engineering [C]. IS-Tokyo, 1995.
[37] Burland J B, Worth C P. Proceedings of Conference on Settlement of Structures [C]. Cambridge: BTS, 1997.
[38] Einstein H H, Vick S G. Geological model for tunnel cost model [J]. Proceedings Rapid Excavation and Tunneling Conference, 1974(02): 1701-1720.
[39] Einstein H H. Risk analysis for alder tunnel [J]. Tunnels and Tunneling, 1994, 26(11): 28-30.
[40] Einstein H H. Risk and risk analysis in rock engineering [J]. Tunnelling and Underground Space Technology, 1996, 11(2): 141-155.
[41] Einstein H H. Halabe V B, Dudt J P, et al. Geologic uncertainties in tunnelling [J]. Geotechnical Special Publication, 1996, 58(1): 239-253.
[42] Einstein H H. Tunnel boring machines [M]. Oxford: Taylor and Francis Group, 2020: 13-26.
[43] Reilly J J. Spring Geotechnical Seminar. Urban underground infrastructure projects, The American Society of Civil Engineers [C]. New York: Metropolitan Section, 1999.
[44] Isaksson M T. Tunnelling in poor ground: Choice of shield method based on reliability [M]//Geotechnical Hazards. Boca Raton: CRC Press, 2020: 527-534.
[45] Chapman C B, Pinfold M. Design engineering:A need to rethink the solution using knowledge based engineering [J]. Knowledge-Based Systems, 1999, 12(5/6): 257-267.
[46] Sturk R,Olsson L, Johansson J. Risk and decision analysis for large underground projects,as applied to the Stockholm Ring Road tunnels [J].Tunnelling and Underground Space Technology,1996,11(2):157-164.
[47] Zhen H, Wei Z, Huaiyuan S, et al. Risk uncertainty analysis in shield tunnel projects [J]. Tunnelling and Underground Space Technology Incorporating Trenchless Technology Research, 2023, 132.
[48] 先明其. 日本隧道工程的发展和灾难情况的统计 [J]. 隧道及地下工程, 1998(4): 1-9.

[49] Degn Eskesen S, Tengborg P, Kampmann J, et al. Guidelines for tunnelling risk management: International Tunnelling Association, Working Group No. 2 [J]. Tunnelling and Underground Space Technology, 2004, 19(3): 217-237.

[50] He M C, Leal e Sousa R, Müeller A, et al. Analysis of excessive deformations in tunnels for safety evaluation [J]. Tunnelling and Underground Space Technology, 2015, 45(1): 190-202.

[51] Hyun K C, Min S, Choi H, et al. Risk analysis using fault-tree analysis(FTA)and analytic hierarchy process(AHP)applicable to shield TBM tunnels [J]. Tunnelling and Underground Space Technology, 2015, 49: 121-129.

[52] 白峰青, 卢兰萍, 姜兴阁. 地下工程的可靠性与风险决策 [J]. 辽宁工程技术大学学报(自然科学版), 2000(03): 237-239.

[53] 范益群, 沈秀芳, 乔宗昭. 隧道及地下工程设计系统的风险管理 [J]. 地下工程与隧道, 2007(01): 11-15+52.

[54] Mcfeat-Smith I. Risk management for tunnelling in extreme geological conditions in Hong Kong Paper No. 371 [C] //Proceedings of the ISRM-Sponsored International Symposium on Rock Mechanics: "Rock Characterisation, Modelling and Engineering Design Methods"(SINOROCK2009). 2009.

[55] 陶履彬, 张奎鸿, 汪炳鑑. 长江口越江工程桥隧方案比选风险评估 [J]. 上海公路, 2004(01): 43-47+56-5.

[56] 陶履彬, 张奎鸿, 汪炳鑑. 上海市崇明越江通道工程风险分析研究 [C] //中国公路学会. 第二届全国公路科技创新高层论坛论文集(上卷). 朝华出版社, 2004: 101-106.

[57] 黄宏伟. 隧道及地下工程建设中的风险管理研究进展 [J]. 地下空间与工程学报, 2006(01): 13-20.

[58] 张顶立, 李兵, 房倩, 等. 基于风险系数的海底隧道纵断面确定方法 [J]. 岩石力学与工程学报, 2009, 28(01): 9-19.

[59] 张顶立, 孙振宇. 高速铁路隧道关键科学问题及发展趋势 [J]. 铁道建筑, 2018, 58(11): 1-4.

[60] 周峰. 山岭隧道塌方风险模糊层次评估研究 [D]. 长沙: 中南大学, 2008.

[61] 桂志敬, 吴忠广, 严琼, 等. 公路隧道施工安全风险评估方法优化研究 [J]. 中国安全生产科学技术, 2018, 14(09): 136-143.

[62] Zhang C S, Liu N, Chu W J. Key technologies and risk management of deep tunnel construction at Jinping II hydropower station [J]. Journal of Rock Mechanics and Geotechnical Engineering, 2016, 8(4):499-512.

[63] 黄俐, 梁鹏. 北京地铁六号线盾构施工风险分析 [J]. 科学技术与工程, 2016, 16(06): 238-243.

[64] 曾铁梅, 吴贤国, 张立茂, 等. 公路地铁合建越江段大直径盾构隧道工程风险分析 [J]. 城市轨道交通研究, 2016, 19(10): 18-22.

[65] Zhu Y M, Zhou J J, Zhang B, et al . Statistical analysis of major tunnel construction accidents in China from 2010 to 2020 [J]. Tunnelling and Underground Space Technology, 2022, 124: 104460.

[66] Nilsen B, Palmstrom A, Stille H. Quality control of a sub-sea tunnel project in complex ground conditions [J]. Challenges for The 21st Century, 1992: 137-145.

[67] Duddeck H. Challenges to tunnelling engineers [J]. Tunnelling and Underground Space Technology, 1996, 11(1): 5-10.

[68] 吕明, Grov E, Nilsen B, et al. 挪威海底隧道经验 [J]. 岩石力学与工程学报, 2005(23): 4219-4225.

[69] 王梦恕, 张梅. 铁路隧道建设理念和设计原则 [J]. 中国工程科学, 2009, 11(12): 4-8.

[70] 王梦恕. 隧道及地下工程面临的几点问题 [J]. 建筑技术开发, 2015, 42(03): 3-6.
[71] 王梦恕. 厦门海底隧道设计、施工、运营安全风险分析 [J]. 施工技术, 2005(S1): 7-10.
[72] 宋浩然, 张顶立, 谭光宗. 大连湾海底隧道风险评估及对策研究 [J]. 北京交通大学学报, 2013, 37(04): 1-6.
[73] 李永宽, 张顶立, 房倩. 海底隧道建设全过程风险评估分析 [J]. 现代隧道技术, 2015, 52(03): 47-54.
[74] 黄威然, 竺维彬, 刘人怀. 深穗中跨珠江口通道选用盾构法隧道方案的风险及对策 [J]. 现代隧道技术, 2014, 51(04): 178-184.
[75] 肖观平. 汕头市苏埃通道大直径盾构海底隧道建设条件风险分析 [J]. 土工基础, 2017, 31(04): 431-434.
[76] 陈仁东. 妈湾跨海通道前海湾隧道工法方案比选 [J]. 地下空间与工程学报, 2017, 13(05): 1319-1328.
[77] 罗金晶, 董洪宁, 丁晴雯, 等. 累积生态风险对青少年网络成瘾的影响: 意志控制的调节作用 [J]. 中国临床心理学杂志, 2017, 25(05): 893-896+ 901.
[78] Nagai T, Yachi S J, Inao K. Temporal and regional variability of cumulative ecological risks of pesticides in Japanese river waters for 1990-2010 [J]. Journal of Pesticide Science, 2022, 47 (1): 22-29.
[79] 邱峰. 房地产信托业发展综述及展望 [J]. 吉林金融研究, 2012 (02): 35-38+ 57.
[80] 袁野, 王慧芳, 应高亮, 等. 基于最小累积风险度的电网等风险检修决策 [J]. 电力自动化设备, 2017, 37(11): 151-155.
[81] 张琳, 程育琦, 谢亚凤. 基于 COPULA 的农险巨灾及累积风险分析——以湖南省种植险为例 [J]. 保险研究, 2018(02): 65-71.
[82] Bronfenbrenner U, Morris P A. The ecology of developmental processes [J]. R. M. Lerner Handbook of Child Psychology, 1998.
[83] Turner R J, Lloyd D A. Stress burden and the lifetime incidence of psychiatric disorder in Young adults: Racial and ethnic contrasts [J]. Arohives of General Psychiatry, 2004, 61(5): 481.
[84] Masten A S. Global perspectives on resilience in children and youth [J]. Child Development, 2014,85(1): 6-20.
[85] Browne D T, Plamondon A, Prime H, et al. Cumulative risk and developmental health: An argument for the importance of a family-wide science [J]. WIREs Cognitive Science, 2015, 6(4): 397-407.
[86] 张凡. 累积生态风险对青少年抑郁的影响: 一个有调节的中介模型 [D]. 哈尔滨: 哈尔滨师范大学, 2018.
[87] 熊俊梅, 海曼, 黄飞, 等. 家庭累积风险与青少年心理健康的关系——心理资本的补偿效应和调节效应 [J]. 心理发展与教育, 2020, 36(01): 94-102.
[88] Kortenkamp A, Evans R, Faust M, et al. Investigation of the state of the science on combined actions of chemicals in food through dissimilar modes of action and proposal for science-based approach for performing related cumulative risk assessment [J]. EFSA Supporting Publications, 2012, 9(1).
[89] Lau K, McLean W G, Williams D P, et al. Synergistic interactions between commonly used food additives in a developmental neurotoxicity test [J]. Toxicological Sciences, 2006, 90 (1): 178-187.
[90] Park M, Park H R, Kim S J, et al. Risk assessment for the combinational effects of food color additives: Neural progenitor cells and hippocampal neurogenesis [J]. Journal of Toxicology and

Environmental Health, Part A, 2009, 72(21/22): 1412-1423.
[91] 常炯炯, 李善雅文, 雍凌, 等. 我国食品添加剂联合使用情况及累积风险评估 [J]. 中国食品卫生杂志, 2021, 33(02): 206-214.
[92] Kennedy M C, Glass C R, Fustinoni S, et al. Testing a cumulative and aggregate exposure model using biomonitoring studies and dietary records for Italian vineyard spray operators [J]. Food and Chemical Toxicology, 2015, 79: 45-53.
[93] 李喆. 新烟碱类杀虫剂的环境残留及风险评价研究 [D]. 杭州: 浙江工业大学, 2017.
[94] 陈志军. 基于监测大数据的蔬菜中农药残留安全性评价 [D]. 北京: 中国农业科学院, 2019.
[95] Bankoff G, Frerks G, Hilhorst D. Mapping vulnerability, disaster development and people [M]. London: Earthscan Publishers, 2004.
[96] Karamouzis N, Minsky H P. Stabilizing an unstable economy [J]. Southern Economic Journal, 1986, 54(2):506.
[97] 王志涛, 徐兵霞. 产业扶贫降低了贫困脆弱性吗? ——基于 CLDS 的准实验研究 [J]. 云南财经大学学报, 2020, 36(10): 32-44.
[98] Metzger M J, Leemans R, Schröter D. A multidisciplinary multi-scale framework for assessing vulnerabilities to global change [J]. International Journal of Applied Earth Observation and Geoinformation, 2005, 7(4): 253-267.
[99] Santos S M, Mira A, Salgueiro P A, et al. Avian trait-mediated vulnerability to road traffic collisions [J]. Biological Conservation, 2016, 200: 122-130.
[100] Agarwal J, Blockley D I. Structural integrity: Hazard, vulnerability and risk [J]. International Journal of Materials and structural Integrity. 2007, 1(1/2/3): 117
[101] 刘铁民. 事故灾难成因再认识——脆弱性研究 [J]. 中国安全生产科学技术, 2010, 6(05): 5-10.
[102] Chowdhury I, Zulkernine M. Using complexity, coupling, and cohesion metrics as early indicators of vulnerabilities [J]. Journal of Systems Architecture, 2011, 57(3): 294-313.
[103] Margat J. Vulnerability of groundwater to pollution [R]. Orléans: France, 1968: 6-7.
[104] White G F. Natural hazards: local, national and global [M]. New York: Oxford University Press, 1974.
[105] Moss R H, Malone E L, Brenkert A L. Vulnerability to climate change: a quantitative approach [J]. Advances in Science and Research, 2001.
[106] IPCC. Climate change: impacts, adaptation and vulnerability [R]. Cambridge, UK: Cambridge University Press, 2001.
[107] UN/ISDR. Living with risk: a global review of disaster reduction initiatives [R]. Geneva, Switzerland: UN Publications, 2004.
[108] Blaikie P, Cannon T, Davis I, et al. At risk: natural hazards, people's vulnerability and disasters [M]. London: Psychology Press, 2004.
[109] Metzger M J, Leemans R, Schröter D. A multidisciplinary multi-scale framework for assessing vulnerabilities to global change [J]. International Journal of Applied Earth Observation and Geoinformation, 2005, 7(4): 253-267.
[110] Foden W B, Young B E, Akcakaya H R, et al. Climate change vulnerability assessment of species [J]. WIRES Climate Change, 2019, 10:e551.
[111] Schilling J, Hertig E, Tramblay Y, et al. Climate change vulnerability, water resources and social implications in North Africa

[J]. Regional Environmental Change, 2020, 20(1):15.
[112] 周永娟, 仇江啸, 王姣. 三峡库区消落带生态环境脆弱性评价 [J]. 生态学报, 2010, 30(24): 6726-6733.
[113] 张良侠, 樊江文, 张海燕, 等. 黄土高原地区生态脆弱性时空变化及其驱动因子分析 [J]. 环境科学, 2022, 43(09): 4902-4910.
[114] Kaminsky G L, Reinhart C M. The twin crises: The causes of banking and balance of payments problems [J]. American Economic Review, 1999, 89(3):473-500.
[115] 黄金老. 金融自由化与金融脆弱性 [M]. 北京: 中国城市出版社, 2001.
[116] Neil Adger W. Social vulnerability to climate change and extremes in coastal Vietnam [J]. World Development, 1999, 27 (2): 249-269.
[117] 黄晓军, 黄馨, 崔彩兰, 等. 社会脆弱性概念——分析框架与评价方法 [J]. 地理科学进展, 2014, 33(11): 1512-1525.
[118] 佟瑞鹏, 李丹, 翟存利. 社区安全脆弱性评估模型的构建与应用 [J]. 中国安全生产科学技术, 2017, 13(3): 108-112.
[119] 田水承, 张成镇. 安全工程领域脆弱性"玻璃心"模型构建 [J]. 中国安全生产科学技术, 2018, 14(6): 160-164.
[120] M' cleod L, Vecsler R, Shi Y, et al. Vulnerability of transportation networks: The New York City subway system under simultaneous disruptive events [J]. Procedia Computer Science, 2017, 119: 42-50.
[121] 史忠科. 线性系统理论 [M]. 北京: 科学出版社, 2008.
[122] 吴昱. 我国村镇银行信用风险传导机理及管控模式研究 [D]. 武汉: 武汉理工大学, 2014.
[123] 杜晓利. 富有生命力的文献研究法 [J]. 上海教育科研, 2013 (10): 1.
[124] 陈玉祥. 专家调查法 [J]. 青年研究, 1983(04): 63-64.
[125] 郑震. 社会学方法的综合——以问卷法和访谈法为例 [J]. 社会科学, 2016(11): 93-100.
[126] Wang X, Lu H L, Su W Y, et al. 2022 8th International Conference On Hydraulic And Civil Engineering: Deep Space Intelligent Development and Utilization Forum. Risk analysis and assessment of shield tunnel construction in Karst area, Institute of Electrical and Electronics Engineers [C]. Xian, 2022.
[127] 姚占虎. 南京纬三路过江通道工程盾构段施工风险评估 [J]. 现代隧道技术, 2015, 52(04): 49-54.
[128] Wu Z, Z S. A static risk assessment model for underwater shield tunnel construction [J]. Sadhana: Academy Proceedings in Engineering Science, 2020, 45(1).
[129] 张继超, 周建军, 孙飞祥, 等. 厦门地铁 3 号线过海段隧道盾构法与矿山法海下对接施工风险评估 [J]. 隧道建设(中英文), 2021, 41 (02): 225-231.
[130] 张一凡, 廖一蕾, 张子新. 琼州海峡跨海工程高水压下盾构施工风险评估 [C] //中国土木工程学会, 上海土木工程学会, 上海城建隧道股份有限公司. 地下交通工程与工程安全——第五届中国国际隧道工程研讨会文集. 上海: 同济大学出版社, 2011.
[131] 方俊. 越江隧道工程盾构进洞施工风险控制 [J]. 地下空间与工程学报, 2013, 9(01): 211-215+ 222.
[132] Hyun K C, Min S, Choi H, et al. Risk analysis using fault-tree analysis(FTA)and analytic hierarchy process(AHP)applicable to shield TBM tunnels [J]. Tunnelling and Underground Space Technology, 2015, 49: 121-129.
[133] 孙威, 林黎, 李翔宇. 妈湾跨海通道工程盾构施工过程风险评估

[J]. 地基处理, 2020, 2(02): 158-163.
[134] 王涵, 贺维国, 袁勇. 琼州海峡铁路跨海隧道全寿命风险评价[J]. 隧道建设(中英文), 2018, 38(09): 1513-1519.
[135] Meng G W, Ye Y C, Wu B, et al. Risk assessment of shield tunnel construction in karst strata based on fuzzy analytic hierarchy process and cloud model[J]. Shock and Vibration, 2021, 2021:7237136.
[136] 王公忠, 刘星魁, 李凤琴. 层次分析法的海底隧道盾构施工风险评价[J]. 辽宁工程技术大学学报(自然科学版), 2015, 34(11): 1240-1243.
[137] 姜影, 叶卓卉, 杨澜. 海底隧道 PPP 项目关键风险识别实证研究——以 D 市海底隧道 PPP 项目为例[J]. 建筑经济, 2021, 42(05): 62-66.
[138] 荀晓霖, 袁永博. 基于 IFQFD 的海底隧道施工风险因素排序[J]. 土木工程与管理学报, 2020, 37(06): 101-107.
[139] 丁敏. 基于贝叶斯网络法的厦门地铁 3 号线过海通道盾构法施工风险评价[D]. 厦门: 厦门大学, 2018.
[140] Xun X L, Zhang J, Yuan Y B. Multi-information fusion based on BIM and intuitionistic fuzzy D-S evidence theory for safety risk assessment of undersea tunnel construction projects[J]. Buildings, 2022, 12(11): 1802.
[141] 王燕, 黄宏伟, 李术才. 海底隧道施工风险辨识及其控制[J]. 地下空间与工程学报, 2007(S1): 1261-1264.
[142] 沈俊. 企业财务风险传导机理及控制研究[D]. 武汉: 武汉理工大学, 2011.
[143] 夏喆. 论企业财务风险的传导机理[J]. 财会月刊, 2009(21): 19-22.
[144] 石友蓉. 风险传导机理与风险能量理论[J]. 武汉理工大学学报(信息与管理工程版), 2006(09): 48-51.
[145] Liu Y Q, Chen Y W. Study on the simplified interpretative structural modeling method for the directed acyclic graph[J]. Systems Engineering and Electronics, 2006, 28(3): 399-402.
[146] Cheung M W, Chan W. Meta-analytic structural equation modeling: A two-stage approach[J]. Psychological Methods, 2005, 10(1): 40-64.
[147] Hair J F. 多元数据分析[M]. 北京: 机械工业出版社, 2011.
[148] Cheung G W, Rensvold R B. Evaluating goodness-of-fit indexes for testing measurement invariance[J]. Structural Equation Modeling: A Multidisciplinary Journal, 2002,9(2):233-255.
[149] Dewi N A, Supriadi L S R, Latief Y. Development of WBS(Work breakdown structure) dictionary and checklist for safety planning of tunnel construction[J]. IOP Conference Series: Materials Science and Engineering, 2020, 1007(1):012009.
[150] 潘海泽, 李根, 陈怡西, 等. 基于 SEM-IPA 的地铁盾构隧道施工安全脆弱性关键影响因素研究[J]. 隧道建设(中英文), 2023, 43(06): 936-947.
[151] 占庆林. 地铁施工安全管理系统脆弱性评估研究[D]. 长沙: 长沙理工大学, 2023.
[152] 乔任. 复杂工程项目脆弱性评价指标体系构建[J]. 价值工程, 2019, 38(19): 39-41.
[153] 白海卫, 宋守信, 王剑晨. 基于脆弱性的地下工程穿越施工风险评价与控制[J]. 安全与环境学报, 2019, 19(05): 1504-1510.
[154] 贾增科, 邱菀华, 赵丽坤. 基于脆弱性理论的建筑安全管理研究[J]. 建筑经济, 2015, 36(02): 97-100.
[155] 向鹏成, 李佳. 跨区域重大工程项目脆弱性研究[J]. 系统工程理

论与实践, 2016, 36(09): 2383-2390.

[156] 段晓红, 牛天勇, 李晓婉. 基于 Vague 集的隧道施工安全管理脆弱性评价 [J]. 安全, 2019, 40(02): 33-38+ 42.

[157] 罗聪, 綦春明, 卜波. 基于系统动力学的建筑施工安全系统脆弱性仿真分析 [J]. 安全与环境工程, 2021, 28(01): 1-7+ 43.

[158] 张蕾, 段晓红, 牛天勇, 等. 基于脆弱性分析的隧道施工安全管理问题研究 [J]. 安全与环境学报, 2017, 17(05): 1863-1868.

[159] 胡建华, 林阳帆, 周科平, 等. 地下矿山突水通道脆弱性的模糊层次评价 [J]. 灾害学, 2013, 28(04): 16-21.

[160] 李书全, 吴秀宇, 袁小妹, 等. 施工企业安全系统脆弱性的 BP-SD 仿真研究 [J]. 中国安全科学学报, 2014, 24(09): 26-32.

[161] 乐云, 万静远, 曹玲燕, 等. 重大工程社会系统脆弱性评价与实证 [J]. 统计与决策, 2019, 35(09): 52-55.

[162] 侯公羽, 刘伟, 李乐, 等. 多风险因素耦合的地铁施工安全系统脆弱性分析 [J]. 土木工程学报, 2022, 55(02): 111-119.

[163] 孙剑, 耿萌, 李恺. 城市基础设施系统脆弱性影响因素的 ISM 分析 [J]. 安全与环境学报, 2018, 18(05): 1663-1669.

[164] Forrester J W, 胡汝鼎. 工业动力学 [M]. 北京: 科学出版社, 1985.

[165] 王亮. 绿色创新视角下建筑企业可持续建设提升机制研究 [D]. 大连: 大连理工大学, 2021.

[166] 向鹏成, 聂晟, 贾富源. 基于 SD 模型的海绵城市建设风险传导效应评价研究 [J]. 建筑经济, 2020, 41(02): 108-114.

[167] Rodrigues A, Bowers J. The role of system dynamics in project management [J]. International Journal of Project Management, 1996, 14(4): 213-220.

[168] Lyneis J M, Cooper K G, Els S A. Strategic management of complex projects: A case study using system dynamics [J]. System Dynamics Review, 2001, 17(3): 237-260.

[169] 陈萌, 黄建文, 谭传世, 等. 基于系统动力学的高拱坝混凝土施工进度风险演化模型 [J]. 水电能源科学, 2021, 39(02): 59-63+ 68.

[170] 蒋聪. 基于系统动力学的旧城改造项目全生命周期风险评价 [D]. 扬州: 扬州大学, 2022.

[171] 郑有志. 作战风险的系统动力学控制方法研究 [J]. 军事运筹与系统工程, 2015, 29(04): 30-34.

[172] 杨扬, 杨小佳, 喻庆芳. 基于系统动力学的生鲜农产品国际冷链物流运作风险控制研究——以云南省生鲜蔬菜国际冷链物流为例 [J]. 北京交通大学学报(社会科学版), 2017, 16(03): 119-128.

[173] 康前军. 某轨道列车弹簧制造企业的产品质量风险控制研究 [D]. 重庆: 重庆大学, 2021.

[174] 滕铁岚. 基础设施 PPP 项目残值风险的动态调控、优化及仿真研究 [D]. 南京: 东南大学, 2016.

[175] Li M D, Meng K, Zhou J. Seismic response and damage analysis of shield tunnel with lateral karst cavity under oblique SV waves [J]. Buildings, 2023: 13(3), 605.

[176] Bargès M, Cossette H, Marceau E. TVaR-based capital allocation with copulas [J]. Insurance Mathematics and Economics. 2009, 45(3): 348-361.

[177] Meng K, Li M D, Zhou J. Study on control of cumulative risk for submarine tunnel shield construction [J]. Advances in Civil Engineering, 2023, 2023: 8819066.

[178] 钟永光, 贾晓菁, 钱颖. 系统动力学 [M].2 版. 北京: 科学出版社, 2013.